JN051436

科学社会学

松本三和夫——［編］

東京大学出版会

Sociology of Science and Technology
Miwao MATSUMOTO, Editor
University of Tokyo Press, 2021
ISBN 978-4-13-052029-4

まえがき

　社会学はあらゆるものを社会現象とみる．ただし，例外がひとつある．例外は，科学技術である．事柄が科学技術に及ぶと，事実上社会現象には属さないとみなされることが多い．称揚されるにせよ，批判の対象になるにせよ，科学技術は所与とみなされてきた．社会学にとって科学技術はタブーに属する主題であった．はたして，福島第一原子力発電所事故を経験した後でも，事故の背景にある科学技術と社会のかかわりを分析する社会学者の試みは乏しい．

　他方で，科学者や技術者は，自然を対象とする際に用いる精緻な方法を社会に向けることはない．もちろん，科学技術の社会的インパクトが大きくなるにつれて，科学者や技術者によって科学技術と社会のつながりが説かれる機会は増えた．そういう場合，科学者や技術者にとって社会は所与とみなされがちである．たとえば，科学者や技術者によって想定される社会とは，しばしば社会なるものという一様な性質を想定されることが少なくない．その内訳に異質なステークホルダーが同居し，互いがコンフリクトを生むといった状況は存在しないかのようだ．

　以上のような状態の結果，科学技術のリアリティにも社会のリアリティにも同じように立ち入り，科学技術と社会がかかわるときのダイナミズムを統一的な視点から捉えるような学問的な試みは手薄な状態が続いてきた．ひるがえって，一般の人びとに眼を転じると，科学技術と社会のかかわりに関心を向けることを余儀なくされて久しい．成層圏オゾン層の破壊による特定フロン規制，地球温暖化による生産活動の規制，化学物質の規制基準，遺伝子治療にかかわるガイドライン，福島原発事故による除染解除区域の基準等々，科学技術と社会のかかわりに否応なしに向き合うことを余儀なくされ続けている．そういう状況のもとで，一般の人びとが科学技術と社会のかかわりによせる関心の広がりや深さと，社会学者，科学者，技術者等が科学技術と社会のかかわりによせる関心の広がりや深さとのあいだには，微妙なずれが生じている．

この本は，そのようなずれを乗りこえ，科学技術と社会のかかわりを社会学の視点から捉えるための知的枠組みを提供しようとする．考えてみると，科学技術と社会のかかわりをめぐっては，学際研究，学融合，異分野交流等々といったさまざまなフレーズが掲げられてきた．そうしたフレーズで想定されるスタンスとこの本のスタンスに異なる点があるとすれば，この本は社会学の視点を科学技術に適用できればそれでよしとする試みではかならずしもない点であろう．すなわち，いかなる分野であれ，科学技術という知の営みを対象とすることは，当該分野への反作用を被ることは避けられず，そういう反作用をふまえつつ，それでもなおみずからの分野のなかに学問的な基盤を新たにつくりあげるという再帰性（reflexivity）と向きあわざるをえない．この本は，そういう反作用を受け止め，科学技術と社会のかかわりをあえて社会学の視点をふまえて捉えなおそうとする．

　国際的な場面に眼を転じると，科学技術と社会のかかわりを扱うハンドブックが登場している（Feld, Fouché, Miller, and Smith-Doerr, eds. 2017）．さらに，科学技術と社会のかかわりを扱ういくつかの概説書もすでに登場している（Bucchi 2004; Sismondo 2004）．このようなハンドブック，概説書と本書の異なる点は，科学社会学（sociology of science and technology）が学問として成立する基盤を問う姿勢かもしれない．たとえば，ハンドブックや概説書には，現時点の研究前線を是として一元的な発展の過程を提示するという，いわゆる教科書史観にかかわる問題が不断につきまとう．なるほど，すでに確立した学問分野であれば，そのような一元的な発展という話法は一定の説得力と有効性がある．他方，科学社会学のような起伏に富む展開を経て現在にいたる発展途上にある分野では，到達すべき状態を現時点で性急に固定してしまわないほうがむしろ重要だと思われる．学問的な成熟の結果としてその分野の知的内容が確立していない状態で一元的な発展という成功史を提示することは，かえってその分野の豊かな可能性を取り落としてしまうことにもなりかねないと思えるからである．それゆえ，本書では，科学社会学の基礎をおさえたうえで，起伏に富む科学社会学の展開過程の機微を浮き彫りにし，次世代の知的発展のために必要なさまざまな手がかりをできるかぎりとどめるように心掛けた．

　そもそも，科学社会学とはどのような学問なのだろうか．たとえば，科学者

や技術者や彼（女）らの利害関係者をめぐるゴシップ語りと科学社会学とは，どう異なるのだろうか．そこで想定される「社会学」は，いかにして，豊かな理論的，実証的知見をわたしたちに与えてくれるだろうか．現代社会において科学社会学には，いかなる意味と意義と課題があるのだろうか．さらに，現代社会学における科学社会学の意味と意義とは何だろうか．この本は，これらの疑問にできるかぎり系統的にこたえようとする．

現在の社会状況に眼を向けると，COVID-19（新型コロナウィルス）によるパンデミックが発生する以前に，以下の各章は書かれている．したがって，本書の各章でパンデミックの今後の予測であるとか，ポストコロナ社会のあり方についての予測が直接述べられているわけではない．けれども，COVID-19によるパンデミックが象徴するような不確実性の只中で生きなければならない人が，理性的につぎの一歩を踏み出すときに，どのような考え方を参考にすることができ，何に注意しなければならないかを，日常生活で見過ごされがちな次元に立ち帰って示唆してくれていると思う．たとえば，科学と政治の関係がどのようなものであるべきかという問題を判断する手がかりなどはそのなかに含まれる．科学技術と社会の関係が加速度的に複雑になっている現在，科学技術と社会の境界で発生する多種多様な問題群に取り組もうとする次世代に，知的なプラットフォームを提供できれば望外の幸せである．

【文献】

Bucchi, M., 2004, *Science in Society: An Introduction to Social Studies of Science*, Routledge.

Feld, U., R. Fouché, C. Miller, and L. Smith-Doerr, eds., 2017, *The Handbook of Science and Technology Studies, 4th edition*, The MIT Press.

Sismondo, S., 2004, *An Introduction to Science and Technology Studies*, Blackwell.

2020 年 12 月 3 日　　　　　　　　　　　　　　　　松本三和夫

目　次

1章
科学社会学の見取り図
研究事始めからポスト「第三の波」まで

松本　三和夫

はじめに

　この章では，科学社会学の基本から研究の前線にいたるまでの筋道を系統的に展望したい．科学社会学（sociology of science and technology）とは，科学技術を対象にした社会学的な方法による探究と考えていただきたい．

　筆者は社会学者であるけれども，じつはその昔社会学が嫌いだった．社会学が扱う（はずの）現実の問題には関心があった．個人の人生模様と集団力学はどうすれちがっているかであるとか，殺菌された水を利用する子供もいれば，汚水のなかで人知れず短い命を閉じる子供もいるのはなぜだろうといったような問いが頭のどこかにあった．職業的な研究者となる過程で，社会学への印象はしだいに心映えしなくなる．

　とりわけ，一般的な主張からなる理論であれ，個別の事実に即した実証であれ，何をもってその主張が成立しうるかという証拠や論拠を系統的に吟味して，たしからしさを周到に考察する要素が比較的手薄で，いろいろな効能書きが登場する，とそのときの筆者の眼には映った．そこで，できるかぎり普通の社会学者の取り組まない（つまり，なるべく効能書きの少ない）対象をあえて選んで，社会学の別のあり方を模索してみようと思った．若気の至りといえばまさしくそのとおりなのだが，科学や技術（さらに災害，環境，知的公共財）を対象に据えるという筆者の関心はその過程で育まれた側面があると思う．

　最近は，みずからの属する社会のタブーに挑戦できる，ユニークな試みという印象を社会学に対してもつことが少なくない．筆者が年齢を重ねて印象が変

化した，というだけでもない．上記の2つの異なる印象の背景には，社会学という学問に特有の問題状況がありそうだ（次節で，その状況の一端を述べたい）．

この本は，読者が社会学の見方をとおして科学社会学という学問の基本的なものの考え方を身に付け，その面白さを垣間見ることを期待して書かれている[1]．そのために，この章では大きく3つの部分に分けて叙述をすすめたい．まず，科学社会学という分野の仕事に取り組んできた筆者の眼をとおして社会学に特有と思える問題状況を平明に浮き彫りにし，社会学の基本的な作法を述べたい（1節）．つぎに，社会学の基本的な作法をふまえて科学社会学の基礎となる事柄を示したうえで，代表的な学説の展開に即して科学社会学の研究の前線で明らかになった知見を述べ，そうした知見の含意を敷衍したい（2節，3節，4節）．最後に，全体の論点をまとめ，この本の以下の各章の内容を展望し，後続する時代における科学社会学の課題を述べたい（5節）．

1 社会学とはそもそも何か——科学社会学の前提

とある委員会にて

時計を30年以上前に戻していただきたい．1985年10月，大阪科学技術センターで行われたとある委員会の席上でのことだ．当時起こった日航機墜落事故の原因として金属疲労が話題にのぼった．金属疲労説は説得的だが，プレスリリースの場面では一般の人にわかりにくいのでは，という発言が出た．その直後のことだ．「金属疲労というのはちゃんとした学術用語として定着しています．それを使って事故の原因が明確に表現できるなら，そうすべきでしょう」．誰かが，そういった．沈黙が支配した．みると，よく日焼けした，元気のよさそうなお爺さんが座っている．泰然たる風情だ．工学的安全理論の先駆者のひとりとして知られる大阪大学工学部名誉教授の石谷清幹氏だった．確率論的リスク論の手法を用いて日本の海難事故のデータを分析する論文をその当時出していた[2]．この場面にあえて言及したのは，社会学がどれほど専門分化しようと，社会学のそれぞれの専門分野には同一の対象（この例の場合，リスク）を研究する他分野の専門家が存在する状況をものがたっているためであ

る.

　それは, 筆者が科学社会学の領域で仕事をしてきたという事情に由来する
わけではない. 社会学のなかのどのような専門領域にも, かならず他分野の
専門家が存在する. たとえば, 日本社会学会の作成する専門領域の分類をなが
めると, 以下のように, かつて K. マンハイム（K. Mannheim）が連字符社会学
（Bindestrich-Soziologie）と評した○○社会学と名の付けられるような多くの専
門領域が掲げられている[3].

家族, 農山漁村, 地域社会, 都市, 社会運動, 経営, 産業, 労働, 人口, 教
育, 文化, 宗教, 道徳, 情報, 社会病理, 社会問題, 社会保障, 社会福祉, 医
療, 経済, 法律, 性, 世代, 知識, 科学, 余暇, スポーツ, 環境

　このように多様な専門領域のそれぞれについて, 同じ対象を扱う他分野の
専門家が想定される[4]. そのことは, 社会学の専門領域が他分野と固有の対象
によって区別されるわけではないことを意味する. では, 同じ対象を扱う他分
野からいかにして区別できるのだろうか. 同じ対象を扱う以上, この問いに対
するこたえは, 対象を扱うときの扱い方, すなわち対象にどう接近するかとい
う方法の差異にもとめるほかない. 方法といっても, 方法論的手続, 仮説—検
証, データの実証性といった類の, 科学論（Wissenschaftlehre）にかかわる事
柄をさしているわけではない. ここでは, もう少し実質的な社会学的なものの
考え方, すなわち設問と解答の仕方を意味している.

社会学の設問と解答の仕方

　このような観点からながめると, 社会現象が個人のふるまいに分解して理解
できるかどうか, 分解して理解できるならどのようにしてか, 分解して理解で
きないとすればなぜかという点が, 社会学的な設問の根幹にかかわる. この問
いに対して, 社会学には, 大きく 2 通りの解答の仕方が存在する. ひとつは,
個人のふるまい方についてじゅうぶんな情報が与えられれば, そこから出発し
て社会現象を説明することができるとする見方が存在する. この見方は, 個人
がなぜそのようにふるまうかについての理解と結びつかない社会現象の探究

は，社会学的な説明として不十分とみる．たとえば，拡大再生産をもとめる近代資本主義がヨーロッパに登場するという社会現象は，経済活動と縁もゆかりもない，神の栄光のもとで魂の救済をもとめる個人の内面的な力が，特定の宗派の教説（予定教説）によって水路づけられたことの「意図せざる結果」であると説明される（Weber 1904/1905=1989/1994）．あるいは，近代科学がヨーロッパに登場するという社会現象は，特定の宗派（プロテスタンティズム）における神の栄光を現世で称える目的と，そのための手段である観察できる事実を証拠とする態度が親和的だったことの「意図せざる結果」であると説明される（いわゆるマートン・テーゼ，Merton 1938/1970）．

　いまひとつの見方は，これに対し，社会現象は個人のふるまいに分解して理解することができない，あるいは，個人のふるまい方に関する情報をどこまで足し合わせても社会現象の特性に到達できないとみる．いいかえると，社会現象には個人のふるまい方に還元できない独自の性質（創発特性）が存在するとみる．すなわち，社会現象は個人がつくりだすが，つくりだされた社会現象は個人の外にあって個人のふるまいを拘束する性質を帯びると主張する．たとえば，一見きわめて個人的なふるまいにみえる自殺には，個人の外部にあって個人のふるまいを拘束する性質が失われた「社会的無秩序（アノミー）」状態によって引き起こされるタイプが存在すると説明される（Durkheim 1897=1985）．あるいは，貨幣を介した交換価値を志向する近代資本主義の特性が定量化を志向する個人の出現を促すと説明される（Sohn-Rethel 1970=1975）．

　前者の見方は方法論的個人主義，後者の見方は方法論的集合主義と呼ばれる．つまり，社会現象に接近する際に，個人から出発して社会にいたる考え方と，社会から出発して個人にいたる考え方の2種類の接近法が伝統的に存在する．

個人と社会のあいだのつかまえ方

　さて，現代社会学では，上記の2つの接近法のうちのどちらかを適用してそのまま記述，分析を終えるという作法は影を潜めている．むしろ，個人と社会のあいだにいくつかの異なる水準の概念を設定して，個人と社会がかかわるようすをよりきめ細かに探究することが多い（**図1-1**参照）．

```
個人
社会的行為（個人の目的，動機，状況）
社会関係（ネットワークの安定性，持続性）
社会集団（集団の成員と非成員を識別する境界）
社会制度（制度の目的，規範，正当性）
社会システム
```

図 1-1　個人と社会をつなぐ諸水準

　図 1-1 の左側に書いてあるのは，個人と社会のあいだをつなぐ際に社会学が注目するいくつかの異なる水準に属する現象の次元をさしている．その右側のかっこの中に書いてあるのは，それらの現象のようすを決める要因をさしている．たとえば，これまで言及した「個人のふるまい」とは，ロビンソン・クルーソーのようにたった 1 人で存在する個人がふるまうということをさしているのではない．自分以外の他者とのかかわりのなかで，個人がふるまいを決める一連の過程をさしている．社会的行為という術語には，そのような他者とのかかわりのなかでふるまい方を決めるという意味が含まれる．むろん，たった 1 人の個人に限定したとしても，そのような意味での社会的行為は，進路選択をしたり，ボランティア活動をしたり，ラブレターを書いたり，仕事のクレーム処理をしたり，論文を引用したり等々，具体的には千差万別であり，それを 1 人の個人に張り付いて 1 つ 1 つ枚挙して観察，記述してゆくと，おそらく 1 人の個人の実人生と同じだけの時間を要する．いわんや，同じ作業をすべての個人について実行するとなると，かりに人生が 2 度，3 度と与えられたとしてもとうてい処理しきれない分量になる．

　すべての個人の人生をかたちづくる社会的行為をそのように余すところなくつぶさに記述することは，どだい不可能である．すなわち，直接観察するやり方で社会の全域を追体験することは不可能だ．他方，A. コント（A. Comte）が 19 世紀前半に社会学（sociologie）という言葉を創出して以来，社会学は社会全域の状態をつかまえ，できればこれをなんとか予測しようとしてきた．では，直接観察できる範囲をこえた社会の全域を対象とする学問的営みは，いかにして成立するのだろうか．

　この問いに対して社会学が開発したのは，個別に立ち入れば無限に近い多様性を備えた社会的行為について，繰り返し設定可能な問いに注目するという考

え方だ．前記の例でいうと，進路選択をするにせよ，ボランティア活動をするにせよ，ラブレターを書くにせよ，仕事のクレーム処理にあたるにせよ，論文を引用するにせよ，何のためにそうするかは，繰り返し設定可能な問いだ．また，なぜその目的を追求するかは別種の問いである．かりに同じ目的をめざしても，なぜその目的をあえて追求するのかは千差万別である．社会的行為の内容が何であれ，行為の目的と動機が何であるかを特定することは，このように繰り返し設定可能な問いである．

さらに，社会的行為の目的と動機がまったく同じであっても，状況によって行為の意味は一変する．たとえば，愛情を伝えるという目的で，内発的な動機にもとづいてラブレターを書くという行為であっても，平和を謳歌できる者がいつでも差し出せる状況で出すラブレターと，帰還する見込みのない戦地へと赴く被徴兵者が出発する間際という状況で出すラブレターとではおよそ意味が異なる．前者の状況では再会の，後者の状況では別離のメッセージを伝えているからである．このように，社会的行為がいかなる状況でなされるかは，行為の目的や動機とならび，社会的行為の意味を決めるうえで不可欠な，繰り返し設定可能な問いである．**図 1-1** の社会的行為の右側のかっこの中に記した個人の目的，動機，状況とは，このような意味で社会的行為のようすを決める要因にほかならない．

同様に，社会関係には安定して持続する関係もあれば，ごく一時的な関係もある．ネットワークの安定性，持続性とは，そうした関係の粗密をあらわしている．安定して持続する関係が社会集団になった場合，集団の成員と非成員を識別する境界が形成される．社会集団の境界とは，そのようにして形成された線引きをあらわす．社会集団が個人の目的とは異なる目的を備え，その達成のためにすべきことと，してはならないことが定まり，それらが当然のこととして自明視されるとき，社会制度と呼ばれる．社会制度の目的，規範，正当性は，そのような状態に対応している[5]．そのようにして成立した社会制度は科学や技術だけでなく，病院も大学も会社も役所もといった具合に，他のさまざまな活動において社会制度が存在している．そして，そのような社会制度同士が互いに情報，物財，資金，人材をやりとりしながら，社会全体が維持されたり，発展したり，衰退したりする．社会システムの次元はそのようなやりとり

の全体に対応する.

科学社会学の前提となる基本的な見方

　科学社会学はこれらの基本的な見方にもとづいている. そして, これらの基本的な見方は, 社会学にほぼ共通する概念を用いて表現されている. ただし, これらの社会学の概念から科学社会学の内容が自動的に演繹されるわけではない. というのも, これらの概念と同程度に, 含蓄のある事実が科学社会学にとって決定的に重要だからである[6]. 含蓄のある事実は, これらの概念を用いて仮説を立て, 仮説の内容を洗練し, 彫琢する際に重要な役割を演ずる[7].

　たとえば, 科学社会学における古典的な例である前記のマートン・テーゼでは, 現世において神の栄光を称える手段としてのノミの解剖から弾道力学にいたるまでの広汎な自然の摂理を知る試みが実験科学的方法にもとづくという点が, 含蓄のある事実になってきた (実験科学的方法に関する科学社会学の研究として, Shapin and Schaffer 1985=2016 を参照). また, マートン・テーゼの妥当性をめぐって科学史家とのあいだで戦わされた論争では, 神の栄光というときの, プロテスタンティズムと水平派, 快楽主義, 英国国教会自由派 (ないし広教派) などとの差異が含蓄のある事実になってきた (Needham 1938; Feuer 1963; Jacob 1988). さらに, 前記の近代資本主義と定量化のかかわりについては, 近代資本主義市場を前提とした交換価値に由来する経済的需要や技術的要求の特性と, 数学的に抽象化された方法との対応関係が含蓄のある事実になってきた (Sohn-Rethel 1970=1975: 178-180).

　現代科学においてもそのような含蓄のある事実が見本例 (exemplar) として重要な役割を演ずることは, 科学社会学にかかわるキーイシューのひとつである T. クーン (T. Kuhn) の「パラダイム」論がつとに示すとおりである (Kuhn 1962=1971)[8].

　考えてみると, 科学社会学は, 久しく社会学の探究の対象に含まれないとみなされてきた科学技術を問いの領域に新たに組み入れる. そして, わたしたちが日常的に接する地域社会や学校や会社や役所と同格の社会現象として科学技術を眺めると, どのような特性が浮びあがってくるかを詳らかにする. 同時に, 科学や技術に特有の特性にも注意を払う. そういう, いわば科学技術と社

会を串刺しにしたうえで，両者の異同を特定するという，従来あまり試みられ
てこなかった営みを行おうとしている[9]．そして，17世紀の近代科学革命か
ら数えて400年足らず，19世紀なかば以降に科学と技術が接近しはじめてか
ら200年足らずの科学技術という春秋に富む活動の特性の光（利益）の面と影
（不利益）の面を等身大で捉えようとする．

　では，他と区別されるいかなる方法によって科学社会学は科学や技術という
活動を捉えようとするのだろうか．

2　科学社会学は科学技術をどう捉えるか

　手がかりは，さきに示した**図1-1**の諸水準にある．**図1-1**に照らして解釈
すると，科学技術にはすくなくともつぎの6つの活動水準が識別できる（**図
1-2**参照）．

　(a) 科学者，技術者は経験的に観察できる存在である．社会システムも，個
人と別の集合として存在している．そして，両者を媒介する(b)科学者，技術者
の行動，(c)科学者，技術者のネットワーク，(d)科学者集団，技術者集団，(e)科
学制度，技術制度は，科学社会学の術語をふまえるとそれぞれつぎのように定
義できる．

　(b) 科学者，技術者が一定の動機（名声，威信，報酬の獲得など）につき動か
され，一定の目標（論文発表，特許権取得など）をめざしてふるまうとき，科
学者の行動，技術者の行動と呼ぶ．

　(c) 科学者，技術者が単独ではなく他者と互いに関係をもち（情報，影響の
やりとり，認知的妥協，交渉など），この関係が安定して持続するとき，科学者
のネットワーク，技術者のネットワークと呼ぶ．

　(d) 科学者，技術者のネットワークに粗密が存在し，仲間うちの内集団と仲
間以外の外集団に明確な境界設定がみられるとき，科学者，技術者の所属する
内集団を科学者集団，技術者集団と呼ぶ．

　(e) 科学者，技術者の行動の適否を決め，それに沿う彼らの行動をコントロ
ールする規範（norm）と報酬（reward）が科学者集団，技術者集団に存在し，
規範と報酬によってコントロールされることが科学者，技術者によって正当と

	解　釈	鍵概念
(a)	科学者（技術者）	個　人
(b)	科学者（技術者）の行動	行　為
(c)	科学者（技術者）のネットワーク	関　係
(d)	科学者集団（技術者集団）	集　団
(e)	科学制度（技術制度）	制　度
(f)	社会システム	全体社会

図 1-2　科学技術活動の 6 つの水準

みなされるとき，そのようなしくみを備えた科学者集団，技術者集団を科学制度，技術制度と呼ぶ．

　そして，科学制度，技術制度が他の社会制度と相互作用する系全体が(f)社会システムと考えられる[10]．こうした概念をここで識別するのは，そうすることにより科学社会学の議論領域を過不足なく導くことができるからである．

内部構造論，制度化論，相互作用論

　科学社会学の議論領域は，大きくつぎの 3 つに分かれる（松本 1998/2016; 松本 2009; Matsumoto 2017）．

　(1) 内部構造論：専門職業化した科学者，技術者がどのようなふるまい方をし，互いにどのようなネットワークが存在し，科学者集団，技術者集団の内部にいかなる構造が存在するかを扱う．

　(2) 制度化論：科学者集団，技術者集団が，どのような経過を辿って科学制度，技術制度に移行し，社会のなかで専門職業化した存在として定常的に維持されるようになるかを扱う．

　(3) 相互作用論：科学制度，技術制度が他の社会制度と情報，人材，資金，物財をどのようにやりとりして互いに存続，変化，衰退するかにかかわる過程を扱う[11]．

　内部構造論は，理論社会学者の R. K. マートン（R. K. Merton）の薫陶を受けたマートン学派を標榜する社会学者による科学者の標本調査に典型的にみられる（Cole and Cole 1973）．制度化論は，X 線結晶学から科学の科学へ転じた

イギリスの J. D. バナール（J. D. Bernal）や初期のマートンなどによってはじめられた歴史社会学的研究に端を発する（Merton 1938/1970; Bernal 1939=1981）．相互作用論は，科学史家 T. クーンの「パラダイム」論の影響を受けて 1980 年代に登場するポスト・クーン学派の社会学者によるマートン学派の理論への批判，とくに社会に対して科学制度，技術制度を閉鎖系と仮定し，科学知，技術知の内容をブラックボックスに入れて捉える見方への批判に端を発する（Whitley 1972）．各議論領域の課題は，それぞれ独立に追究するに値する．論理的に再構成してみると，これらの議論領域の課題群は(1)→(2)→(3)の経路をたどって展開し，(3)に帰結する構造をもつ（松本 1998/2016）．とりわけ，現代の科学技術と社会の関係の分析には，科学制度，技術制度を閉鎖系と捉えるのではなく，他の社会制度とのやりとりが常に開かれた開放系と見立てる，(3)相互作用論の視点が不可欠である．それゆえ，以下では相互作用論に注目し（部分的に，関連する制度化論の記述も援用し），科学社会学が科学や技術という活動をどのように捉えるかを明らかにしてみよう．

　問題を，科学技術活動の利益と不利益があらわれるメカニズムを例に考えてみよう．相互作用論の視点からみると，科学技術の利益と不利益があらわれるメカニズムは，科学と技術と社会が相互作用する界面の特性に戻して考えることができる．とくに，科学，技術，社会の界面が非対称構造をもつ点が重要だ．ここで非対称構造とは，物財，情報，人材，資金がそれぞれ流れやすい界面と，流れにくい界面が科学，技術，社会の界面に存在することを意味する．たとえば，科学と技術の界面では，技術から科学へよりも，科学から技術へのほうが人材が流れやすい（例，科学分野出身者の技術分野へのスピンオフ，科学分野出身者のファイナンシャルエンジニアへの転身など）．技術と社会の界面では，物財のほうが情報より技術から社会へ流れやすい（例，正確な技術情報，リスク情報を上回る勢いで消費財［パソコン，スマートフォンなど］，生産財［発電用原子炉］が社会に定着する）．科学と社会の界面では，科学から社会へよりも，社会から科学へのほうが物財，資金が流れやすい（例，巨大科学）．

　このような非対称構造は，科学や技術がもたらす利益，不利益をともに増幅して発現させるはたらきをもつ．たとえば，科学と技術の界面で物理学者は科学技術動員（例，マンハッタン計画，弾道計算用高速演算機械計画など）で

技術分野へ流れ，原子爆弾，コンピュータを生む．技術と社会の界面では，発電用原子炉，コンピュータは，それらの正確な技術情報（例，安全性，完全性に関する情報）がじゅうぶんともなうより先に，社会へ流れる．物財の急速な普及だ．物財の急速な普及は，使用頻度を上昇させ，利益（電力供給，機械支援）と不利益（過酷事故のリスク，未知のバグのリスク）をともに増幅する．科学と社会の界面の非対称構造により，かりに不利益が発現したとしても，社会から科学への物財，資金の流れにマイナスのフィードバックはかかりにくい．その結果，いわば対症療法がその都度施され，同型の問題が再生産される．これが，科学，技術，社会の界面の非対称構造から予想される，科学や技術の利益，不利益が発現するメカニズムである．

　もとより，このメカニズムは科学，技術，社会が相互作用する現実へのひとつの近似にとどまる．科学，技術，社会が相互作用する界面にはさらにいろいろな条件が介在し，現実にはより複雑な構造がみられるからだ．とりわけ問題は，科学と技術が個別に社会と相互作用するというのでなく，科学と技術が一体となった科学技術が社会と相互作用するという状態の特性にかかわる．

3　科学技術と社会の相互作用のメカニズム

科学，技術から科学技術へ

　元来，科学と技術の特性は大きく異なる．科学の来歴は 17 世紀のいわゆる近代科学革命を推進した自然哲学に端を発する．技術は，治水，種まき，灌漑といった目前の実用にこたえる技として古代以来蓄積されてきた経験則（例，農事暦，求積法など）に端を発する．科学の担い手の多くは学者の出自であり，技術の担い手の多くは職人の出自である．科学者の目的は論文を書くことであり，未決の問題には，わからないとこたえる（例，フェルマー予想が証明されるのに 300 年以上を要した）．技術者の目的は有用物を生みだすことであり，往々にして未決の問題を繰り延べにすることができない（極端な場合，なぜそうなるかはともかく，とにかくなんとかすることがもとめられる）[12]．

　このように，来歴も，担い手も，目的もおよそ趣を異にする（場合により，正反対である）にもかかわらず，科学と技術は接近の度合いをふかめ，あたか

も科学技術（techno-science）というひとつのものであるかのようにふるまいはじめる[13]．そういう状態がはじまるのは，19世紀なかば以降のことである．科学の原理を活用した軍事技術の開発競争や企業内研究開発を介した市場競争といった社会の側の要因が，科学技術の成立に与って力のあったことが知られる．すなわち，そうした社会的要因をきっかけとして，科学と技術のあいだに資金，人材，情報，物財の定常的な相互作用が生じるようになる．たとえば，大速力と航続距離を両立させる最適船型決定のための軍艦用の模型実験，機体表面の乱流を最小化するための軍用機用の風洞実験，早期警戒レーダーの要素技術となるマグネトロンの開発，原爆開発に必要な連鎖反応の臨界決定やウラン濃縮のための核物理学の研究動員等々，軍事技術の開発競争がきっかけとなって科学と技術の一体化を促した例は枚挙にいとまがない．

　他方，企業内研究開発を介した市場競争においても，直流発電を推進しようとするT. エジソン（T. Edison）と交流発電を推進しようとするN. テスラ（N. Tesla）が長距離送電をめぐって競い合い，それまで実績のなかったテスラが科学の原理を活用することにより経験則をもとに生涯1,000件をこえる特許を取得したエジソンに勝利を収める過程が，ジェネラルエレックトリック対ウェスチングハウスという市場における企業間競争と軌を一にしていたことが知られる（Hughes 1983=1996: 165-176）．ことほどさように，ナイロン，合成染料，ディーゼルエンジン，蒸気タービンの開発等々，それまで経験則に支配されていた技術開発が科学の原理の活用抜きには市場競争に勝利を収めることが困難になるという例は枚挙にいとまがない[14]．

　専門職業化した学会，生産工程における新たなポスト，大学の講座，科学技術行政機構などは，そうして一体化の度合いを深めた科学技術と社会のあいだのやりとりを媒介するチャンネルの役割を演ずるようになる．その過程をとおして，科学活動そのものの性質が変容してゆく．とりわけ，専門家どうしがやりとりをする科学者集団の原型が17世紀の近代科学革命期に成立したとすると，19世紀なかば以降，特定分野の専門家として雇用される専門職業人としての役割が新たに生まれてくる．

　はたして，1851年，イギリスの第6回国勢調査において，「科学に従事する者」（scientific person）という新分類が登場している．「完全に定義されてはい

ないが，にもかかわらず，他から区別され，計上するに値する……人びとの職業の変化」が起こりつつあったからである[15]．技術者に眼を転じても，専門職団体によって資格を認定され，クライアントに対するサービスと引き換えに得られる対価をもとにした専門職業人としての技術者の役割がほぼ同時期に成立しはじめる（技術にかかわる学協会の登場）．明治以来のわたしたちが知るのも，そのような科学技術の成立を背景に登場する専門職業人としての科学者，技術者のすがたであろう．

専門職業のジレンマ

19世紀中葉以降，科学者や技術者は専門職業人となる基盤を獲得した可能性が高い．だとすると，科学技術と社会の相互作用には独特の複雑さが生じる．専門職業化することにより，専門職業人としての科学者や技術者はある種の緊張関係を抱えこむことになるからだ．

一般に，科学者，技術者は特定のパトロンに奉仕するのではなく，真理の追究，物的有用性の実現といった社会全体の普遍的目的に志向するといわれる．他方，生命科学や巨大技術などの推進をめぐって問題化する場合があるように，科学者や技術者の「不正」や「逸脱」も存在する．そうした状態をそのまま記述すると，科学者，技術者には，よい（bona fide）人と悪い（mala fide）人が存在するという記述とあまり変わらなくなりそうだ．そうした理解の枠組みのもとでは，倫理規定の強化，罰則規定の強化が抱き合わせになって進行することが想定される．

他方，科学者，技術者が科学技術を基盤に専門職業化するという19世紀なかば以降の事実に立ち返って考えると，科学技術の利益と不利益は，あくまでも普遍的目的を追求する専門主義と，あくまでも局所的目的（例，科学技術活動の拡大，国家目標の達成等々）を追求する職業主義の緊張関係からひとしく生まれるという可能性が浮かびあがってくる．この見方からすると，科学技術の利益と不利益は，科学者や技術者がよい人であるか悪い人であるかといった倫理的特性と独立である．逆に，科学者，技術者の側に最大限の善意が存在したとしても，普遍的目的を追求する専門主義と局所的目的を追求する職業主義がともに効力をもつかぎり，すくなくとも19世紀なかば以降の科学技術は利

益と不利益を構造的に生みだす可能性をもつ．たとえば，人類の普遍的利害に
かなう放射性物質の拡散予測情報が事前に開示されれば危険回避の利益を生
むが，特定機関の体面維持という局所的利害により事後開示になる場合，人類
にとって不利益を生みかねない．専門職業化する基盤に立ち返ることは，こう
した緊張関係をはらむ科学技術の二面性に眼を向けさせてくれる．普遍的目的
（真理の追究，公共利益の実現）に資する専門主義と局所的目的（特定組織の利
益極大化）に資する職業主義のあいだの緊張関係という二面性である．

　生命倫理，環境倫理といった応用倫理や巨大科学技術の推進などをめぐって
発生する科学技術の利益と不利益という二面性の背景には，科学技術の善用—
悪用という要因にとどまらず，19世紀なかば以降の専門職業化した科学技術
のはらむこのような構造的な二面性が介在している可能性が存在する．倫理規
定や特定技術のアセスメントは，いわば対症療法として意味をもちうるが，こ
のような構造的な二面性から不断に発生する予期せぬ問題に対応することは困
難である．

　なにより，利益と不利益が発現する問題のメカニズムを，科学技術に埋めこ
まれた多様な社会的要因に系統的に立ち入ってくわしく解明することがもとめ
られよう．次節では，こうした視点から，相互作用論にかかわる科学社会学の
学説の展開をふまえ，科学技術と社会の界面のあり方について，どのような分
析の枠組みのもとで何が争点とされ，いかなる知見が蓄積されてきたかを述べ
る．

4　理論枠組みの基礎と展開

　科学社会学の着想は，アメリカの理論社会学者ロバート・マートンが1937
年にハーバード大学に提出した博士学位論文「17世紀イングランドにおける
科学，技術，社会」に端を発する（Merton 1938/1970）．同論文は，史料批判を
めぐり科学史家とのあいだでさまざまな論争を生むが，近代科学革命に関与し
た王立協会（Royal Society）に集った自然哲学者をめぐる制度化論のモノグラ
フというだけにとどまらず，社会制度間の相互依存関係を分析する相互作用論
の嚆矢となる構想力を含む．その後，1960年代になってマートンの薫陶を受

けたマートン学派の社会学者により，科学者集団の規範を前提とした科学者の論文生産行動，さらに科学者集団の報酬系（reward system）や評価系（evaluation system）にかかわる，多彩な内部構造論の実証研究が蓄積される．その反面，科学という社会制度と他の社会制度のあいだのダイナミックな相互作用の分析はしだいに背景に退いてゆく（たとえば，Merton 1973 など）[16]．

　1970 年代になると，前記のとおり，科学史家のトーマス・クーンの『科学革命の構造』（Kuhn 1962=1971）の影響を受けた新クーン学派のヨーロッパの社会学者を中心に，科学知の生産過程，とくに追試や決定実験の微妙な場面にかかわる詳細な事例研究が蓄積されはじめる．ここでは，その系譜において1970 年代後半以降に登場し，その後の科学社会学の理論的支柱となった学説を中心に，科学社会学の学説の展開，分析の枠組み，争点，知見を相互作用論の視点から鳥瞰したい．アメリカではマートン学派の理論枠組みの支配力が強かったのに対し[17]，ヨーロッパではさまざまな理論枠組みを詳細な事例研究を見本例としながら比較的自由に試行，検討する余地が生じ，現在の科学社会学の基礎となる理論的な新機軸を生んだと思われる．

科学知識の社会学と技術の構築主義

　もっとも早い時点の試みとして，1976 年にデービッド・ブルア（David Bloor）が以下のような因果性，不偏性，対称性，再帰性の原理をもとに定式化した「ストロング・プログラム」（strong programme）の提唱があげられる（Bloor 1976=1985: 7–8）[18]．

　(1)　因果性（causality）

　知（科学知，技術知を含む）は，知の生産者に意識されるか否かにかかわらず，それを生む社会的関心を想定して理解可能である（例，鉱山の排水用動力，発電用動力としての蒸気動力に対する広汎な関心は，熱理論ならびに熱力学の立ちあがりにおける線図の使用を促す）．

　(2)　不偏性（impartiality）

　知が真か偽か，合理的か非合理的か，成功か失敗か問わず，知の成立過程はそれぞれの場合につき，ひとしく説明がもとめられる（例，F. ゴールトン（F.

Galton）の導入した記述統計の基礎としての相関，回帰概念の成立過程も，彼の手になる優生学の成立過程もひとしく説明がもとめられる）.

(3) 対称性（symmetry）

それぞれの場合につき，(1)の意味での因果的な説明が可能である.

(4) 再帰性（reflexivity）

因果性，不偏性，対称性の原則は，知の生産者にも，知の生産を説明しようとする社会学者にも適用できる.

知は「社会的真空」のもとで生まれるのではなく，特定の社会的起源に立ち返って説明できる側面をもつという知識社会学の主張を科学知にも拡張し，かつ科学に関する主張にも再帰的に適用する（その主張から免れうる特異点をつくらない）という説明原理である．ストロング・プログラムは1970年代末から1980年代にかけて，数学（Bloor 1976=1985），似非科学（Wallis 1979=1986），数理統計学（MacKenzie 1981），自然哲学（Shapin and Schaffer 1985=2016）等々に関する，多彩かつ詳細な事例研究に体現され，その後の科学社会学の理論展開に大きな足跡を残した．同プログラムから展開した科学社会学の業績は，その提唱者の集った大学名を冠し，エジンバラ学派の名で呼ばれ，科学知識の社会学（sociology of scientific knowledge: SSKと略記される）として知られる.

科学知識の社会学の理論的な射程は，科学社会学のひとつの学派の理論枠組みにとどまらぬ含意をもつ．なぜなら，元来知識社会学が宿していた知の認識内容とマクロ社会要因とのダイナミックな関連を社会学的に描く道筋とじっさいの分析の見本例を提供した点において，一見した以上に大きな理論展開上の意味を内包するからである．たとえば，現在正しいとされる科学知（例，数理統計学，集団遺伝学）と誤りとされる似非科学知（例，優生学）が抱き合わせになって出現するようすは，ヴィクトリア期の専門職従事者が属す中産階層の社会的役割（例，管理職，教員，心理学者など）からひとしく説明される（MacKenzie 1981）.

1980年代後半から，科学と同格の対象としての技術に科学知識の社会学の接近法を適用する試みが登場する．それまで技術は科学の原理の適用の産物で

あるという話法が支配的だった状況に対し，ストロング・プログラムの原理と科学知識の社会学が開発した精緻な事例分析の手法を用いて，複数の型の技術のなかからひとつの技術が選ばれてゆく社会過程に注目する新たな技術社会学が技術の構築主義（social construction of technology: SCOT と略記される）の名のもとに展開する[19]．大陸間弾道ミサイルの慣性誘導装置（MacKenzie 1990），人工衛星の画像観測技術（Mack 1990），自転車（Bijker 1995），シンセサイザー（Pinch and Trocco 2004）などをはじめ，核爆弾の被害想定に用いられる予測モデル（Eden 2004）といったよりソフトな技術にいたるまで，厚い叙述を特徴とする膨大な構築主義的な技術社会学の業績が蓄積される．この系譜の仕事は，いかなる理論的立場を表明しようと，厚い叙述をとおして理論的立場の実質的な意味を示さないかぎり，研究として認められにくいという知的伝統の形成を促し，現在の科学社会学の評価基準に与えた影響は少なくない．

アクターネットワーク理論

　1980 年代後半にあらわれた理論枠組みとして言及しておかなければならないいまひとつの流れは，アクターネットワーク理論（actor network theory: ANTと略記される）である．アクターネットワーク理論は，科学知識の社会学の依拠するストロング・プログラムの再帰性の原理が社会学的な説明形式に対して不徹底に適用されるにとどまり，悪しき社会学主義に陥っていると指摘する．そして，科学，技術，社会のいずれに対しても対称性の原理を徹底するかぎり，対象における自然と社会のあいだにも，またいかなる説明形式のあいだにもアプリオリな想定を持ち込まない理論形式が要請されるべきだとする．そして，一般化された記述の単位となるアクターのあいだの作用の連関をあらわすアクターネットワークに注目する（Callon 1986; Latour 1991=2008）．提唱者が集った地名にちなみ，エジンバラ学派に対してパリ学派と呼ばれることもある．科学社会学者ミシェル・キャロン（Michel Callon），科学人類学者ブルーノ・ラトゥール（Bruno Latour），技術社会学者ジョン・ロー（John Law）らが提唱した．

　1970 年代末に刊行されたソーク研究所のロジェ・ギルマン研究室での参与観察をもとにした実験室研究（Latour and Woolgar 1979）に端緒となる着想の

一部が含まれるが，実質的には 1980 年代になって書かれた帆立貝の養殖技術に関する論文（Callon 1986）をもって嚆矢とする．アクターネットワーク理論は，科学知識の社会学のストロング・プログラムと異なるつぎの 3 つの説明原理を定式化する（Callon 1986）．

(1) 不可知論的な態度を社会科学それ自身にも拡張する原理．すなわち，社会科学の対象となる社会を説明する際，どの特定の説明の図式からも等距離をとる，あるいは，どの特定の説明の図式に対しても特権的な地位を与えない．
(2) 「一般化された対称性」の原理．科学や技術における諸立場を統一的な術語を用いて記述するだけでなく，科学，技術，社会のいずれをも統一的な術語を用いて記述する．
(3) 「自由関連」（libre association）の原理．自然の事象と社会の事象のあいだのいかなるアプリオリな区別も廃棄する．記述の単位となるアクター（自然の事物も社会の事物も含まれる）どうしを関係づける際にも，いかなるアプリオリな関係をもあらかじめ想定しない．

このような説明原理の採用により，いわば単子論が単子に全宇宙を見いだすように，アクターネットワーク理論は万物に社会を見いだす．すなわち，アクターネットワーク理論の視点に立つかぎり，社会は万物にすでに宿っていることになる．それゆえ，いかなる対象（例，帆立貝等々）をとりあげようと，科学知識の社会学と異なり，それに見合う社会を実体（例，特定の社会集団）として探しだして同定しなくとも，任意の対象に不可分の要素として社会は張り付いてくることになる（例，帆立貝と政府機関の研究員と科学者と漁民の「社会的」連関等々）．すなわち，実験室の内部のミクロな記述を，社会全体に関するマクロな記述に読み替えてくれる．
　アクターネットワーク理論は，このように実体として社会を想定することなく，自然も社会もともに含むアクターによる「ずらし」（déplacements）のともなう作用の過程を詳細に記述する．そのなかで，自然と社会の境界がその都度引き直され，そうした線引きにより社会のようすがその都度与えられる．あらゆる対象のうちに社会を見いだすことを可能にする着想は，独特のものといえ

る[20]．

　アクターネットワーク理論は，帆立貝の養殖技術以外にも，細菌学（Latour 1984），電気自動車（Callon 1986），地下鉄の制御系（Latour 1993/1996），ジェットエンジン（Law 2002）等々，多様な科学分野や技術分野に関する厚い叙述を見本例にして導入されている．導入される過程で，科学知識の社会学とのあいだに「認識論的チキン」（epistemological chicken）論争と呼ばれる，科学社会学理論の説明力をめぐる激しい論争を巻き起こす（Pickering, ed. 1992: Part 2）．アクターネットワーク理論の経験科学の理論としての性能は，科学知識の社会学とのあいだで争われる余地を残す．他方，同論争は，事例の場合に応じて，複数の理論枠組みを有効なかぎりで使い分けるといった実用主義的な理論観を科学社会学に醸成する背景になった．

　以上のように，一方における科学知識の社会学ならびにそこから派生した構築主義的な技術社会学，他方におけるアクターネットワーク理論という系譜を2つの大きな柱として，科学社会学の理論は展開してきた．1990年代末から2000年代に入ると，そうした理論枠組みの提示と厚い見本例の叙述のダイナミックな組み合わせを軸に展開してきた動向に変化が生じる．

参加型の実務手法の導入

　1980年代のなかばに王立協会の設置したアドホックグループに端を発する科学の公衆理解（public understanding of science: PUSと略記される）運動をきっかけにして（The Royal Society ad hoc Group 1985=1986），その後，市民参加を謳い文句に，双方向コミュニケーション，討議，関与といった一連の実務手法が科学社会学にもちこまれるようになる．ゲノム医療，高レベル放射性廃棄物処分，化学物質の規制基準等々，科学技術と社会のあいだで唯一解や最適解を容易に見いだすことが困難な不確実性の高い争点が日常的にあらわれはじめたことが背景となっている．ただし，参加型の実務手法をもちこむことによって不確実性が減少し，唯一解，最適解が得られるようになるわけではない．むしろ，市民とは誰のことか，参加の代表性をどう担保するのか，実施担当の事務局による専門家と市民の境界の線引きの妥当性，政策当局との適切な関係の正当性をどう担保するか等々の社会的意思決定過程に含まれる不確実性がさらに

問題を増幅させる可能性も潜む（松本 2009: 191）．そのため，発祥の地のヨーロッパ，さらにはアジアにおいても，参加型の実務手法の問題点の指摘と不断の変革をもとめる動きがみられる（Irwin 2006; Lin 2006; Evans and Plows 2007; Kerr, Cunningham-Burley, and Tutton 2007; Rothstein 2007）．

　このように現在の科学社会学の研究は，理論枠組みと厚い叙述の見本例にくわえて，参加型の手法が導入されるとともに研究と政策と運動の境界が流動的になり，多様性が増大している．それは，科学技術と社会の相互作用の多様性を示し，広い視野を可能にする．他方で，注意点も存在する．とりわけ，ハリー・コリンズ（Harry Collins）とロバート・エバンス（Robert Evans）の「第三の波」（the third wave）論の提起した「政策的転回」と参加型の実務手法の抱き合わせのもとで生じる専門知の社会的位置づけにかかわる問題は，相互作用論の視点から注目に値する（Collins and Evans 2007=2020: 171-174）．「第三の波」論は，科学社会学も含む専門知とさまざまな現場，たとえば政策現場や市民参加の現場との適切な関係とはいかなることであるかを問いかけている．

「第三の波」論

　コリンズとエバンスの「第三の波」の原著論文は 2002 年に発表され（Collins and Evans 2002），発表以来，とくに専門知のあり方をめぐって激しい論争を巻き起こした（Symposium on 'The Third Wave of Science Studies' 2003）．彼らは，科学社会学の展開を 3 つの時期に区分する．第一の波は，科学知の成功を社会的に説明する「実証主義」の波で，1950 年代から 1960 年代にかけて訪れる．この波は，1970 年代のおわりまでに「砕け散った」とされる．第二の波は，1970 年代初頭に訪れ，現在まで続く広義の「社会構築主義」の波．第三の波は現在訪れつつあり，公共的な争点をめぐる科学知の合意が形成されていない状況で，科学知をもとにいかなる社会的意思決定が可能かという問題を扱うとされる．彼らは，「社会学的転回」と呼ばれる，科学知識の社会学やアクターネットワーク理論に代表される第二の波が，「政策的転回」ともいうべき第三の波を招きよせた側面に注目する．すなわち，科学技術の論争の決着は科学技術以外の社会的要因を導入しないと説明がつかないことがあるという第二の波の知見を，「専門家の後退」と読み替える．なぜなら，科学技術論争にお

ける社会的要因の導入は，公共的な争点をめぐる論争では非専門家に近い「下流」（downstream）の人びとの関与に対応するからである．いったんそのような関与を認めると，専門家とはあくまでも相対的に定義できることになり，論理的にはどこまでいってもより「下流」寄りの人びとの関与が可能になる（たとえば，非科学者は参加の専門家として関与するといった類の無限後退）．

彼らの問題提起は，そのような相対的に定義された意味での「素人専門家」（lay expert）が関与する可能性が論理的に存在することをもって，公共的な争点をめぐる意思決定に「素人専門家」が関与すべきだという規範的な主張を引きだすことは誤りだという点にある．なぜなら，経験的には，「素人専門家」の関与が望ましい場合も，使用済核燃料の陸上輸送の安全性評価のようにそうでない場合も，ひとしく存在するからである．

にもかかわらず，素人が公共的争点をめぐる意思決定に関与することはとにかくよいことだという定言的命法をあらかじめ仮定して，関与した結果を正当化するために関与した人びとを「後知恵」的に「素人専門家」とラベリングするとすれば，「あたり一面，突然専門家だらけになってしまう」という（以上の記述は，Collins and Evans 2002 による）．

この問題提起は，科学社会学への鋭い自己言及となっている．同時に，公共的な争点の意思決定過程に科学者，技術者以外の素人が参加すればするほど善であるという参加の単調増加理論の結果，参加した素人が専門知の欠如のゆえに不利益を被った場合，いったい誰が責任をとるのかという鋭い問題を提起している．参加型の意思決定が民主主義の質を高め，公益にかなう場合があることは論を俟たない．他方で，参加型の意思決定の装いが特定の方向に意見を誘導する場合もある．社会的意思決定と専門知の適切な関係とはいかなることであるかは，相互作用論における科学社会学の現代的争点のひとつとなっている（くわしくは，本書の 3 章，『思想』特集：科学社会学の前線にて 2011，松本 2009: 171-174 などを参照）．

5　この本で展開する論点の見通し——次世代に向けて

以上まとめると，この章で得た知見はつぎの 4 点に集約できる．

(1)　科学社会学は内部構造論，制度化論，相互作用論の 3 つの課題群を追究する社会学的な方法による探究と定義できる．どの課題にどのような順序で取り組むことも可能だが，課題群全体の焦点は相互作用論に帰着する論理構成をもつ．

　(2)　科学技術が社会に利益と不利益をもたらすメカニズムには 2 つの要因が関与している．ひとつは，科学，技術，社会の相互作用する界面における非対称構造，いまひとつは，科学技術が社会において専門職業化する基盤に潜む専門主義と職業主義の緊張関係である．

　(3)　相互作用論にかかわる視点から科学社会学の枠組みの展開をみると，初期のマートンによる制度間の相互依存分析の枠組みが最初の枠組みといえるものの，その後発展させられずに現在にいたる．現在の科学社会学の枠組みはストロング・プログラムに立脚する科学知識の社会学ならびに技術の構築主義と，「一般化された対称性原理」に立脚するアクターネットワーク理論の対抗を軸に展開してきた．

　(4)　現在の相互作用論では，「第三の波」論が提起した専門知の無限後退と参加型意思決定の責任帰属の問題をはじめとして，科学社会学と市民参加の現場や政策現場との適切な関係のあり方という新たな次元の問題が重要な争点となっている．

　このように，科学社会学の来し方は起伏に富む．その展開過程を一元的な発展過程と捉えることはその過程に潜む貴重な教訓を見失うことにもなりかねない．現在までのところ，こうした来し方の起伏のさまざまな社会学的意味をきちんと総括して次世代の科学社会学を展望する試みは乏しい．これに対し，この章では科学社会学，とりわけ相互作用論は，前記のとおり，社会学のひとつの専門領域というだけにとどまらず，社会における学問のあり方そのものにかかわる多面的かつ再帰的な争点，枠組み，知見を積み重ねている点に注意を向けてきた．

　こうした視点から，この本ではつぎのような論点に以下の各章で言及し，科学社会学のこれまでの研究をふまえて次世代に伝えることが望ましいと思われる科学社会学の内容を提示したい．その際，立論の論拠，証拠に可能なかぎり

注意を払うように心掛けた.

　まず，科学社会学の理論展開の画期となった構築主義以降の科学社会学のさまざまな理論的新機軸の意味と意義を概観する（2章）. そして，「第三の波」論をへて提起された政策と参加型の実務手法との抱き合わせをとおして生じる専門知の空洞化をめぐる問題の捉え方を紹介する（3章）. こうした基礎的な理論枠組みと学説の展開をふまえたうえで，これまで独自に位置づけられていない3つの個別問題を，科学社会学の視点から分析する. ひとつは，科学的合理性と社会的合理性を二分法的に対置する発想がリスク論の脈絡から生まれたようすを紹介し，科学社会学からみるとそうした対置型の問題設定のどこが問題であるかを分析する（4章）. 福島原発事故と抱き合わせになったいわゆる御用学者論や原子力村論の背後に伏在する，専門知と社会のあいだの適切な関係を科学社会学がどう捉えるのかを考察する（5章）. そして，対立の枠組みで捉えられることの多い社会運動と学者のあいだの関係がわかりやすい対立関係に回収できない個別具体的な理由を分析する（6章）. こうした基礎枠組みと個別問題の展開をみたうえで，科学技術と社会の境界の探究にかかわる隣接問題領域と科学社会学の関係をできるかぎり慎重に位置づける. すなわち，科学技術史（7章），医療社会学（8章），科学ジャーナリズム論（9章）と科学社会学との関係をそれぞれ検討し，次世代の科学社会学を担う広汎な人びとに対し，科学社会学に独自のどのような知的展望が期待できるかを浮き彫りにする.

　考えてみると，科学技術と社会の相互作用に関する知的営みとは，特定の時期の特定の国の特定の助成プログラムによって成否が判定されるのは困難かもしれない. たしかに，その種の短期的，局所的な問題設定と成果評価は，わたしたちの慣れ親しんだ手法である. 他方，科学技術と社会の相互作用という問題がそういう手法をこえた大きな奥行きと価値をもっている可能性に思いをいたし，その意味を考えてみる必要があるかもしれない. ささやかながら，筆者の来し方において体験したエピソードにふれてその理由の一端を述べ，むすびとしたい.

　1988年. 科学の社会研究学会（Society for the Social Studies of Science）とヨーロッパ科学技術論協会（European Association for the Study of Science and Technology）の合同会議がアムステルダムで開かれた．科学社会学にかかわるこのふたつの代表的な団体の合同会議はこのときわずかに2回目で，国籍（約30カ国にのぼる），人種等を異にする老若男女のるつぼであった．帰途はモスクワ経由．隣席に，堂々たる恰幅の紳士が座った．おもむろに1冊の本を取り出した．ラトヴィア語と英語の対訳辞典だ．聞くと，リガ市出身の由．ロシア人に対しては，掌を返すようにとげとげしい．リガの位置を，しきりに地図で示す．なにやら，茶色に変色した写真をみせる．白いシャツに吊りズボンの男が写っている．背景は工場で，どうやら造船所のようだ．腕に，5歳くらいの男の子が抱かれている．その男の子は自分だという．白いシャツに吊りズボンの男は父親で，技術者とのこと．男の子は，なかなかに聡明そうだ．へえ，といって見入った刹那，こういうことをいった．1945年のリガで，父はドイツ軍に殺された．

　ささやかな体験だが，鋭く印象に残る．ソ連が崩壊したとき，バルト3国の歴史と自分の体験を結びつけて理解できたからだけではない．社会が抱えこむ裂け目を示唆していると思えるからだ．あえて言葉にすれば，眼にみえない，合理的な理解に還元できぬ，しかし特定の個人ないし集団の行動に対して歴然と力をもち続ける出来事の経験によって，社会は共約困難な（中立的な基準から全域を判断できない）特性をもつという事態に行き着く．一般に，近代以降の社会の構成員はひとしく自由にふるまえる市民だといわれる．これに対し，上記の事態は，共約困難な経験により市民はあらかじめ異なる行動の自由度をもち，それゆえ，均質な点のように扱えぬことを示唆する．すでに80年前，イタリアの社会学者，V. パレート（V. Pareto）は非論理的な感情である残基（residui）を基礎にして社会の説明を試みた（Pareto 1916=1987）．現代社会がパレートの説明と異なるのは，パレートがそのような社会の説明と切り離した科学技術が，社会の共約困難な特性とも相互作用する可能性にある．

　それゆえ，共約困難な境界をもつ社会と，万人に対する普遍性を原則とする科学技術がどこで，どのように折り合いをつけうる（えない）かは，相互作用論の決定的に重要な論点である．たとえば，国籍，人種，宗教，性別，階層，業界などといった，いわば社会における市民という仮構のもとでみえにくい，共約困難な境界で，科学技術との折り合いを付けにくくなるどの程度のひず

みが発生し，社会問題となる可能性をもつかを事前に察知することが，短期的な成果評価や，事後的な対症療法にもまして必要になってくると思われる．この本が，そうした事前の察知を理性的に試みる人の一助となることを願っている．

1) 教科書ではないが，科学社会学を含む科学技術論（Science and Technology Studies）の直近の研究前線の情報を包括的にまとめたハンドブックとして，Feld, Fouché, Miller, and Smith-Doerr, eds.（2017）を参照．

2) 以上，石谷清幹先生メモリアルシンポジウム・追悼会実行委員会編（2011: 175）による．

3) 日本社会学会入会手続ご案内の専攻分野一覧をもとに作成（https://jss-sociology.org/wp/wp-content/uploads/2019/12/guide2020.pdf 2020 年 4 月 13 日確認）．マンハイムの出典は，Mannheim（1932=1976: 284）．

4) さらにいうなら，このように多様な専門領域のそれぞれについて当事者が存在しており，それらの当事者とどのような関係を取り結ぶかという問題が生じる．この問題は社会学にかぎらず，広く社会科学の全領域で生じることが想定されるが，たとえば科学社会学の場合，科学研究の当事者である物理学者の一部と科学社会学を含む科学技術論の一部の研究者のあいだでかつて科学戦争（Science War）と評される論争が生じたことがある．当事者の物理学者の反応の例として，さしあたり Sokal and Bricmont（1998=2000）を参照．

5) ここでいう社会制度には社会組織も含まれる．

6) 社会学では，理論研究，データを用いた実証研究といったように理論と実証を二分法的に分けて語ることが少なくない．しかし，理論と通常呼ばれているものは，データによって洗練，彫琢されてとりあえず生き残ったモデルにほかならない．

7) すでにふれた例を用いて述べると，「意図せざる結果」というモデルの原型は M. ウェーバーが周到に吟味したプロテスタンティズムの倫理や資本主義の精神に関する事実の解釈を抜きに理解することは困難であり，事実，同モデルをその後洗練，彫琢する過程においてプロテスタンティズムの倫理や資本主義の精神に関する事実はさまざまに解釈し直されて繰り返し言及されてきた．同様に，「社会的無秩序（アノミー）」というモデルの原型は E. デュルケムが吟味した自殺率に関する事実の解釈を抜きに理解することは困難であり，同モデルをその後洗練，彫琢する過程においてそれらの事実はさまざまに解釈し直されてきた．

8) パラダイム概念の与えた知的影響のスナップショットとして，さしあたり中山編著（1996）などを参照．

9) 社会学以外の分野に眼を向けると，科学技術を各分野の手法で分析する試みが行われてきている．生産関数論や産業連関論のなかで（経済学），国際関係におけるバーゲニングパワーのひとつとして（国際関係論），あるいは発見や発明にいたる認知過程を追跡する見本例として（認知科学），研究がみられる．

10) じっさいの科学技術活動は，前記のいずれの特性も含むが，それらを分解して，付加される特性の数のもっとも少ない科学者，技術者の水準からもっとも多い社会システムの水準へと，順に概念を構成している．

11) 相互作用論には，科学制度，技術制度の成立にともない新たに生まれる科学者集団，技術者集団と他の社会集団，社会制度とのやりとりも含まれる（以下同様）.

12) ここで与えた科学と技術の特徴はひとまずの類型的な対比にとどまる．本格的な議論は，紙幅の制約のため挙示しきれない．さしあたりの導入として，廣重（1973），古川（2000）などを参照.

13) 科学技術をめぐる論点整理としては，Special Issue: Technoscientific Productivity（2005）などを参照.

14) こうした例を網羅すると膨大な文献を要し，挙示しきれない．さしあたり蒸気タービンについては，Matsumoto（2006）を参照.

15) Census of England & Wales for the Year 1861, Vol. III, London, 1863, p. 32．こうした新分類に象徴される科学の専門職業化の紆余曲折に満ちた過程については，Cardwell（1972=1989）などを参照.

16) この間の科学社会学の制度化については，Cole and Zuckerman（1975）などを参照．マートン学派の想定する科学の規範とは異なる現代科学の実態の一端については，Ziman（1994=1995）などを参照．以下でふれるように，その後ヨーロッパで展開した新クーン学派以降の科学社会学の成果がアメリカに移植されて定着するとともに，科学制度と他の社会制度との関係の分析もアメリカであらわれるようになる（Jasanoff 1995=2015 など）.

17) マートン学派の視野の外にある社会学の潮流（たとえば，エスノメソドロジー）と科学社会学の関係については，Lynch（1993=2012）を参照.

18) ここで挙げたストロング・プログラムの例証は筆者による.

19) ストロング・プログラムや科学知識の社会学の関与が認められる点で，社会問題の構築主義と SCOT は理論的出自を異にする．社会問題の構築主義も含めた検討については，2 章を参照.

20) アクターネットワーク理論の独特である点を提唱者みずからがどう捉えているかについては，Latour（2005=2019）を参照．アクターネットワーク理論と異なる立場からフランスで科学社会学を批判的に展望する試みとして，Bourdieu（2001=2010）を参照.

【文献】

Bernal, John D., 1939, *The Social Function of Science*, George Routledge & Sons　坂田昌一・星野芳郎・龍岡誠訳『科学の社会的機能』勁草書房，1981.

Bijker, Wiebe E., 1995, *Of Bicycles, Bakelites, and Bulbs: Toward a Theory of Sociotechnical Change*, The MIT Press.

Bloor, David, 1976, *Knowledge and Social Imagery*, Routledge & Kegan Paul　佐々木力・古川安訳『数学の社会学』培風館，1985.

Bourdieu, Pierre, 2001, *Science de la science et réflexivité*, Éditions Raisons d'Agir　加藤晴久訳『科学の科学』藤原書店，2010.

Callon, Michel, 1986, "Éléments pour une sociologie de la traduction: la domestication des co-quilles Saint-Jacques et des marins-pêcheurs dans la baie de Saint-Brieuc," *L'Année sociologique*, 36: 169–208.

Cardwell, Donald S. L., 1972, *The Organisation of Science in England*, Heinemann Educational, Revised edition　宮下晋吉・和田武訳『科学の社会史——イギリスにおける科学の組織化』昭和堂，1989.

Cole, Jonathan R. and Stephen Cole, 1973, *Social Stratification in Science*, The University of Chicago Press.

Cole, Jonathan R. and Harriet Zuckerman, 1975, "The emergence of a scientific specialty: the self-exemplifying case of the sociology of science," in L. A. Coser, ed., *The Idea of Social Structure: Papers in Honor of R. K. Merton*, Harcourt Brace Jovanovich, pp.139–174.

Collins, Harry and Robert Evans, 2002, "The third wave of science studies: studies of expertise and experience," *Social Studies of Science*, Vol. 32, No. 2: 235–296.

Collins, Harry and Robert Evans, 2007, *Rethinking Expertise*, The University of Chicago Press 奥田太郎監訳・和田慈・清水右郷訳『専門知を再考する』名古屋大学出版会，2020.

Durkheim, Émile, 1897, *Le suicides: Étude de sociologie*, Alcan　宮島喬訳『自殺論』中央公論社，1985.

Eden, Lynn, 2004, *Whole World on Fire: Organizations, Knowledge, and Nuclear Weapons Devastation*, Cornell University Press.

Evans, Robert and Alexandra Plows, 2007, "Listening without prejudice?: re-discovering the value of the disinterested citizen," *Social Studies of Science*, Vol. 37, No. 6: 827–853.

Feld, Ulrike, Rayvon Fouché, Clark Miller, and Laurel Smith-Doerr, eds., 2017, *The Handbook of Science and Technology Studies 4th edition*, The MIT Press.

Feuer, Lewis S., 1963, *The Scientific Intellectual*, Basic Books.

古川安，2000,『科学の社会史』南窓社.

廣重徹，1973,『科学の社会史——近代日本の科学体制』中央公論社.

Hughes, Thomas P., 1983, *Networks of Power: Electrification in Western Society: 1880-1930*, The Johns Hopkins University Press　市場泰男訳『電力の歴史』平凡社，1996.

Irwin, Alan, 2006, "The politics of talk: coming to term with the 'new'," *Social Studies of Science*, Vol. 36, No. 2: 299–320.

石谷清幹先生メモリアルシンポジウム・追悼会実行委員会編，2011,『水と炎の日々（第三集）——石谷清幹先生追悼論文集』.

Jacob, Margaret C., 1988, *The Cultural Meaning of the Scientific Revolution*, Temple University Press.

Jasanoff, Sheila, 1995, *Science at the Bar*, Harvard University Press　渡辺千原・吉良貴之監訳『法廷に立つ科学——「法と科学」入門』勁草書房，2015.

Kerr, Anne, Sarah Cunningham-Burley and Richard Tutton, 2007, "Shifting subject positions: experts and lay people in public dialogue," *Social Studies of Science*, Vol. 37, No. 3: 385–411.

Kuhn, Thomas S., 1962, *The Structure of Scientific Revolutions*, The University of Chicago Press 中山茂訳『科学革命の構造』みすず書房，1971.

Latour, Bruno, 1984, *Les microbes: guerre et paix, suivi de irréductions*, A. M. Métaillé.

Latour, Bruno, 1991, *Nous n'avons jamais été modernes: essai d'anthropologie symétrique*, Editions La Découverte　川村久美子訳『虚構の「近代」——科学人類学は警告する』新評論，2008.

Latour, Bruno, 1993, *ARAMIS ou l'amour des techniques*, La Découverte, translated by C. Porter, *ARAMIS or the Love of Technology*, Harvard University Press, 1996.

Latour, Bruno, 2005, *Reassembling the Social: An Introduction to Actor-Network-Theory*, Oxford University Press　伊藤嘉高訳『社会的なものを組み直す——アクターネットワーク理論入門』法政大学出版局，2019.

Latour, Bruno and Steve Woolgar, 1979, *Laboratory Life: The Construction of Scientific Facts*, Sage.

Law, John, 2002, *Aircraft Stories: Decentering the Object in Technoscience*, Duke University Press.

Lin, K., 2006, "Inequalities, knowledge and public deliberation: three consensus conferences in Taiwan," Proceeding of EASTS Conference, pp. 1-28.

Lynch, Michael, 1993, *Scientific Practice and Ordinary Action*, Cambridge University Press　水川喜文・中村和生監訳『エスノメソドロジーと科学実践の社会学』勁草書房，2012.

Mack, P. E., 1990, *Viewing the Earth: The Social Construction of the Landsat Satellite System*, The MIT Press.

MacKenzie, Donald, 1981, *Statistics in Britain: 1865-1930*, Edinburgh University Press.

MacKenzie, Donald, 1990, *Inventing Accuracy: A Historical Sociology of Nuclear Missile Guidance*, The MIT Press.

Mannheim, Karl, 1932, *Die Gegenwartsaufgaben der Soziologie*, Verlag von J.C.B.Mohr〈Paul Seibeck〉　朝倉恵俊訳「社会学の現代的課題」『マンハイム全集 3　社会学の課題』潮出版社，1976.

松本三和夫，1998/2016，『科学技術社会学の理論』木鐸社（『科学社会学の理論』講談社学術文庫として復刊）.

松本三和夫，2009,『テクノサイエンス・リスクと社会学——科学社会学の新たな展開』東京大学出版会.

Matsumoto, Miwao, 2006, *Technology Gatekeepers for War and Peace*, Palgrave Macmillan.

Matsumoto, Miwao, 2017, "The sociology of science and technology," in K. Korgen, ed., *Cambridge Handbook of Sociology*, Cambridge University Press, Vol. 2, pp. 166-177.

Merton, Robert K., 1938/1970, *Science, Technology and Society in Seventeenth Century England*, originally published in *Osiris*, Vol. IV, Part 2, 1938: 360-632, published in book form by Howard Fertig in 1970.

Merton, Robert K., 1973, *The Sociology of Science: Theoretical and Empirical Investigations*, The University of Chicago Press.

中山茂編著，1996，『パラダイム再考』ミネルヴァ書房.

Needham, Joseph, 1938, "Book Review: R. K. Merton, *Science, Technology & Society in 17th Century England*," *Science and Society*, Vol. II, No. 4: 566-571.

Pareto, Vilfredo, 1916, *Trattato di sociologia generale*, 2 vols., G. Barbèra　北川隆吉・廣田明・板倉達文訳『社会学大綱』青木書店，1987.

Pickering, Andrew, ed., 1992, *Science as Practice and Culture*, The University of Chicago Press.

Pinch, Trevor J. and Frank Trocco, 2004, *Analog Days: The Invention and Impact of the Moog Synthesizer*, Harvard University Press.

Rothstein, Henry, 2007, "Talking shops or talking turkey?: institutionalizing consumer representation in risk regulation," *Science, Technology and Human Values*, Vol. 32, No. 5: 582-607.

The Royal Society ad hoc Group, 1985, *Public Understanding of Science*, The Royal Society　大山雄二訳「公衆に科学を理解してもらうために（The Public Understanding of Science）」『科学』第 56 巻：21-29，96-102，171-181，1986.

Shapin, Steven and Simon Schaffer, 1985, *Leviathan and the Air Pump: Hobbes, Boyle and the Experimental Life*, Princeton University Press　吉本秀之監訳，柴田和宏・坂本邦暢訳『リヴ

ァイアサンと空気ポンプ——ホッブズ，ボイル，実験的生活』名古屋大学出版会，2016.

『思想』特集：科学社会学の前線にて——「第三の波」を越えて，第 1046 号，2011.

Sohn-Rethel, Alfred, 1970, *Geistige und köperliche Arbeit: Zur Theorie der gesellschaftlichen Synthesis*, Suhrkamp　寺田光雄・水田洋訳『精神労働と肉体労働』合同出版，1975.

Sokal, Alan and Jean Bricmont, 1998, *Fashionable Nonsense: Postmodern Intellectuals' Abuse of Science*, Brockman, Inc.　田崎晴明・大野克嗣・堀茂樹訳『「知」の欺瞞』岩波書店，2000.

Special Issue: Technoscientific Productivity, Part 2, 2005, *Perspectives on Science*, Vol. 13, No. 3: 285-425.

Symposium on 'The Third Wave of Science Studies', 2003, *Social Studies of Science*, Vol. 33, No. 3: 389-452.

Wallis, Roy, 1979, *On the Margin of Science: The Social Construction of Rejected Knowledge*, Routledge & Kegan Paul　高田紀代志・杉山滋郎・下坂英・横山輝雄・佐野正博訳『排除される知——社会的に認知されない科学』青土社，1986.

Weber, Max, 1904/1905, "*Die protestantische Ethik und der »Geist« des Kapitalismus*," *Archiv für Sozialwissenschaft und Sozialpolitik*, Bd. 20, S. 1-54; Bd. 21, S. 1-110　大塚久雄訳『プロテスタンティズムの倫理と資本主義の精神』岩波文庫，1989, 梶山力訳・安藤英治編『プロテスタンティズムの倫理と資本主義の《精神》』未來社，1994.

Whitley, Richard D., 1972, "Black boxism and the sociology of science: a discussion of the major developments in the field," in P. Halmos and A. Albrow, eds., *The Sociological Review Monograph, 18: The Sociology of Science*, University of Keele, pp. 61-92.

Ziman, John, 1994, *Prometheus Bound: Science in a Dynamic Steady State*, Cambridge University Press　村上陽一郎・川﨑勝・三宅苞訳『縛られたプロメテウス——動的定常状態における科学』シュプリンガー・フェアラーク東京，1995.

2章
科学社会学と構築主義

立石　裕二

1　構築主義とは何か

　今日，専門家の発言は信頼を失っている．2011 年 3 月の福島第一原発事故の後，政府の対策方針を支持する放射線防護の専門家に対しては，SNS などで厳しい目が向けられた．「原子力業界からお金をもらっていて信用できない」「わざと難しい専門用語を使って，煙に巻こうとしている」といった具合である．他方，放射線被曝の危険性を訴える専門家に対しても，「不安をあおって注目を集めるのは売名行為だ」といった見方が出てきた．専門家に対する正面からの批判・反論もあったものの，それ以上に，「御用学者」というレッテル貼りに象徴されるように，専門家たちの意図や立場，利害関係などを指摘することで，その発言の信用度を疑う声が多かったと思われる．

　本章では，このような専門家批判の言説にみられる独特の態度に注目したい．すなわち，専門家のいう「事実」をそのまま受け入れるのではなく，かといって正面から批判・反論するのでもなく，専門家の発言の意図や文脈を探り出すことで，そうした発言をどれだけ真に受けるかを判断しようとする態度である．こうした姿勢と密接に関わるのが，本章で取り上げる「構築主義」である．

　「（社会）構築主義 social constructionism」[1) とは，「事実」に関する言説や知識について，それらが生み出され，社会の中で事実として受け入れられていくプロセスを明らかにしようとする研究アプローチを指す．構築主義的な議論の一例を，J. A. ハニガン（J. A. Hannigan）の環境社会学の教科書から引用しよ

う．

　　酸性雨が最初に同定されたのは遙か昔の 19 世紀のことだったが，無名だ
　　が進取の気性に溢れたスウェーデンの生物学者が思いがけずそれをスカン
　　ディナヴィアの湖における魚類の死と関連づけた 1960 年代まで，それに
　　したがって，何らかの行動がとられることはなかった．オゾン層に開いた
　　穴としてのオゾンホールは実際にはなく，むしろ，あるのは濃度の希薄化
　　である．穴のイメージは，状況をより劇的で理解可能にするために科学的
　　に構築されたのである（Hannigan 1995=2007: 4）．

　急いで補足しておくと，「構築」という言葉には，事実でないものを事実で
あるかのように偽っているという意味合いはない．ハニガンは，「グローバル
な環境問題は……メディア（もしくは，科学やエコロジー運動の活動家）の創作
にすぎない，と主張する極端な構築主義的立場に惹きつけられているわけでは
決してない」（Hannigan 1995=2007: 4）と繰り返し強調している．酸性雨によっ
て現に被害が生じていることと，それが社会問題として公に認められることの
間には距離がある．問題だという声が科学者や社会運動から上がり，その声に
押されて酸性雨の状況や被害実態が調査されたから，問題の存在が公に認めら
れるに至った，という点に注目するのが構築主義のアプローチである．したが
って，酸性雨の問題が社会的に構築された過程を分析することと，その問題を
事実と認めて，解決にむけて努力することは完全に両立しうる．

構築主義の 3 つの特徴

　科学哲学者の I. ハッキング（I. Hacking）は，構築主義的な議論がもつ特徴
を偶然性・唯名論・外在的安定の 3 つに整理している（Hacking 1999=2006: 45）．
ここでは，彼自身があげている「児童虐待」を例に紹介しよう（**表 2-1**）．

　たとえば，誰かが「児童虐待は近年深刻化している」と言い出す．あるいは
文章で書く．このように誰かが口にした言葉や書いた文章をまとめて，本章で
は「言説」と呼ぶ[2]．「児童虐待」のように，その言説を聞いただけでは，対
応する何らかの事実や事物があるように思えることに対して，そのような認

表 2-1　構築主義的な議論がもつ特徴の整理

	内　容	関連のある事実
偶然性	児童虐待に関する議論は，現行の議論がたどってきた道筋とは決定的に違う仕方で発展することが可能であった（178-179）．	児童虐待の論じられ方の国家間差異．
唯名論	われわれが「児童虐待」と呼んでいる対象の間には，それが児童虐待と呼ばれているということ以上の実質的な共有性質は一切ない（187）．	「児童虐待」と呼ばれる範囲の拡大（身体的接触の範囲や言葉による虐待など）．
外在的安定	児童虐待を示すデータがあるというだけでは，それが安定的に受け入れられていることの説明として不十分である．外在的な要因による説明が（少なくとも部分的には）可能である（207）．	児童虐待を問題にする一方で，子どもの貧困や欠乏から目をそらそうとする政治的思惑．

出典：Hacking（1999=2006）の議論をふまえて著者作成．（　）内は同書での頁をあらわす．

識を成立させている「言説」を分析対象として，なぜそう思えるのか（そのような認識が成立しているのか）を問い直す．そうした言説はいつ出てきたのか．昔と今では，あるいは国・地域に応じてどう違うのか．言説の担い手はどのような人たちなのか，反対する人はいないのか．どういう場で，誰に向けて語られているのか．こうした検討を通じて，言説がもつ偶然性や言説の背後にある社会的要因などを明らかにしようとするわけである．

構築主義的なスタンスをとることの意味

　言説の偶然性や唯名論的な側面を指摘することは，とくに専門家による言説が唯一の「事実」として流通する状況においては，大きな社会的インパクトをもつ．実際，社会学者や関連分野の学者，ジャーナリスト，社会運動家などの手による構築主義的な観点に立った成果は，大きな社会的インパクトをもってきた．

　まず，一般に流布している「事実」や「専門知識」に対して，それが形作られた経緯と背景を明らかにすることには，専門家がまとっている「まやかし」の権威をはぎとり，疑問を差し挟む余地を広げる効果がある．このことを鮮やかに示しているのが，科学社会学者の M. リンチ（M. Lynch）が分析した DNA 鑑定をめぐる裁判の事例である（Lynch 1998）．有名アメリカンフットボール選手が殺人容疑で起訴されたこの裁判では，当時米国に導入されつつあった

DNA鑑定の証拠能力がおもな争点となった．被告人の弁護団は「DNA鑑定の結果が犯人だと示している」という検察側の主張に対して，徹底的に疑問を提起していった．鑑定に使われたサンプルは本当に殺人現場で採取されたものなのか．サンプル管理や鑑定実験の際に不手際があったのではないか．偶然DNAが一致する確率はきわめて低いというが，その計算で用いた母集団の設定は適切なのか，等々．これらの点を徹底的に追及し，DNA鑑定の手続きに不確実性が避けがたく入り込んでいること，専門家集団の合意が必ずしも得られていないことなどを強調した結果，弁護団は最終的に無罪を勝ち取ったのである．構築主義アプローチの研究がおこなっているのも基本的に同じ作業だというのがリンチの見立てである[3]．

　また，「○○は社会的に構築されている」として，その構築プロセスを明らかにすることには，「他でもありうる」というメッセージを発して，社会変革を促す意味もある（Hacking 1999=2006）．「男性／女性」「国家」「人種」「精神病」などは昔からあって，一見すると変えようがない存在のように思える．だが，実はそうではないことを構築主義の研究によって示す．そのうえで，「○○を根こそぎ取り除こう（根本的に改めていこう）」とアピールする．このような政治的な文脈でも構築主義的な議論は利用されてきた．

　さらに，「事実」「本質」をいったん棚上げにして，社会的に構築された問題，「解釈」「コミュニケーション」の問題としてとらえ直すことで，立場が異なる人どうしの対話の手がかりになるという側面もある（Gergen 1999=2004）．唯一の「事実」があると想定して，何が「事実」かをめぐって議論する場合，どちらかが全面降伏しない限り，合意に達することは不可能である．それに対して，それぞれの人が異なる「事実」を見ていると想定すれば，意見の違いをなくせないことを前提にして対話を重ね，調整・妥協をはかる余地が見えやすい．科学技術社会論（STS）研究者のS. ジャザノフ（S. Jasanoff）は，科学知識のもつ構築的な側面を踏まえたうえで，化学物質に関して異なるスタンスに立つ専門家どうし，専門家とステークホルダーとの対話をいかに可能にするかについて論じている（Jasanoff 1990）．

2 社会問題の構築主義

社会学において「社会的構成（構築）」という概念を広めたのは，P. バーガー（P. Berger）と T. ルックマン（T. Luckmann）の『現実の社会的構成』である（Berger and Luckmann 1966=2003）．すべての知識は人間が作り出したものであるが，そうした知識はいったん社会のなかで受け入れられると，今度は抗しがたく人間を規定するものとして立ち現れる．このようなバーガーらの視座は，その後の構築主義アプローチの研究において広く共有されてきた．ただ，バーガーらの議論においては，特定の言説が「客観的」な事実として押しつけられることに対する批判的な問題意識はあまり前面に出ていない．

何が「事実」なのかをめぐる争いという意味での構築性に注目し，その過程を実証的に分析する手法を確立したのは，M. スペクター（M. Spector）と J. I. キッセ（J. I. Kitsuse）が提唱した，社会問題の構築主義アプローチである（Spector and Kitsuse 1977=1990）．彼らは社会問題に関するある特定の見方を広めようとする活動を「クレイム申し立て活動」と呼び，社会運動家や専門家らによるクレイム申し立ての連鎖として，社会問題の展開をとらえるべきだと提唱した．1970 年代以降，医療社会学においても「医療化」の概念が提唱され，アルコール依存症や薬物常用，精神疾患，子どもの注意欠如・多動（ADHD），少年非行などに関して，それらが個人の気質や家庭環境の問題ではなく，医療の対象となる疾患として構築されていく過程について分析をおこなってきた（Conrad and Schneider 1992=2003）．

社会問題や医療の分野を皮切りにして，社会学全般へと広まった構築主義の研究は，しばしば，そこに対策をとるべき問題があるかどうかに関して，意見が割れるようなケースを取り上げてきた．子どもの多動の医療化や，暴力・性描写を含む「有害マンガ」の規制（中河 1999；赤川 2012）といった「微妙」な社会問題を取り上げ，誰がいかにしてそれらを問題として定義（構築）したのかを分析してきた．

構築主義の社会問題論にとって重要な分析対象となってきたのが，大学／研究機関に属する学者や，医師といった「専門家」による言説である．まず，

専門家自身がクレイム申し立ての主体である．彼らは研究資金やポストを確保するため，自らの研究がいかに重大な「問題」を扱っているか，いかにその解決に貢献しうるかを，世間にむけて積極的にアピールする（Aronson 1984）．また，社会問題に関するクレイムが妥当かどうかを判断するゲートキーパーの役割を担っているのも，しばしば専門家である．病気の例でいえば，患者やその家族がどう思っていようと，医師の診断があれば病気になるし，逆に，医師が病気でないといえば，病気とは認められない（Conrad and Schneider 1992=2003）．このように，専門家は問題を定義する大きな権力をもっていることが多い．その一方で，多くの社会問題において，専門家以外の当事者（患者や被害者など）の声はなかなか反映されてこなかった（宇井 1968；飯島ほか 2007）．こうした状況に対する批判が背景となって，当事者自身による問題の定義に着目する構築主義アプローチが広がっていったのである．

3 科学知識の社会学（SSK）

1960 年代から 70 年代にかけては，科学や技術そのものに対する批判的な見方も強かった．端的に言えば，科学や技術がいくら発達しても，私たちは幸せになれないのではないか，と感じる人が増えてきたのである．最先端の核物理学を応用して開発された原子爆弾や水素爆弾は，科学技術がもたらす災いの象徴として受け止められたし，このころ深刻な社会問題となった環境破壊についても，その責任の一端は科学技術の発達にあるとされた（中山 1981）．

こうした科学技術に対する批判的な見方に応える形で，科学社会学において展開されたのが，科学知識の社会学 sociology of scientific knowledge（以下，SSK と略す）である．ここでいう科学知識とは，科学者が生み出した言説が（多かれ少なかれ）共有されており，かつ裏づけがあると思われている（少なくともそう期待されている）ことを指す．それまでの科学社会学は「科学者の社会学」とでも呼ぶべきもので，分析上のおもな関心は，科学者のキャリアパスや科学者集団の力学，大学・学会といった諸制度の成立過程などにあった．それに対して，D. ブルア（D. Bloor）や B. バーンズ（B. Barnes）らを中心とする英国の科学社会学者のグループは，科学知識を対象とした社会学的分析が必要

だと主張したのである.

　科学知識を分析するにあたって，ブルアらが注目したのは知識社会学のイデオロギー分析という手法である（Bloor 1976=1985）.本章の冒頭で触れたような，発言を額面通りには受け取らない態度を，イデオロギー分析という方法論として洗練させたのは，ドイツの社会学者の K. マンハイム（K. Mannheim）である.マンハイムは，「保守」対「革新」といった思想的な対立について，それぞれの思想を唱える人が属する社会集団（階級や職業集団など）と照らしあわせて，それらによっていかに規定されているか（存在拘束性）を理解するというアプローチをとった（例，Mannheim 1929=2006）.ただしマンハイムは，自然科学の場合には発言者の立ち位置から規定される部分が少ないと考え，イデオロギー分析の対象から自然科学を除外していた.それに対してブルアは，自然科学だけを特別扱いする理由はなく，科学知識であってもイデオロギー分析の手法を用いて分析できる，と主張したのである.

　科学知識の社会学を展開していく際，大きな拠り所とされたのは，科学史家 T. クーン（T. Kuhn）が提唱していたパラダイム論である（Kuhn 1962=1971）.天動説から地動説への変化のような科学の大転換期には，手本とされる論文のありよう（これをクーンは「パラダイム」と呼ぶ）も大きく変わる.パラダイム転換の前後では，「科学的」かどうかをはかる基準自体が変わるため，古いパラダイム（たとえば天動説）が新しいパラダイム（地動説）と比べて非科学的とか，非論理的とはいえない，とクーンは論じた.SSK が科学知識を分析する際，その対象の多くは，ある知識をめぐって 2 つ以上の異なる見解がある状況，すなわち，2 つ以上の学派の間で対立が生じているケース（科学論争）や，時代・地域によって認識が大きく変化しているケースだった.こうした事例において，異なる見解どうしを比較する際，劣った認識から優れた認識へ，といった直線的・進歩的な図式から離れて捉える視座を与えてくれたのが，クーンのパラダイム論だったのである.さらに，クーンの議論は，現在のパラダイムとは根本的に異なる方法論・評価基準をもった新しい科学のパラダイムがありうる，という相対主義的な立場として受け止められ，（現在の）科学に対して批判的な主張をする論者たちの拠り所ともなっていった[4].

ストロング・プログラムと近代科学のイデオロギー性

　ブルアは科学知識の中身を分析するための自らの方法論を「ストロング・プログラム」と呼び，その基本原則として因果性（causal），不偏性（impartial），対称性（symmetrical），再帰性（reflexive）の4つを挙げている．たとえば大気汚染を例にすると，ある研究者が「調査の結果，大気汚染による健康被害が明らかになった」と発表する．それに対して，別の研究者が「健康被害とされる症状は，大気汚染によるものではない」と反論する．このような論争が起きているとき，どちらか一方の側（自分から見て納得がいかない側）だけを取り上げて，そちらがなぜ誤った議論に陥ったのかを分析する（他方，「正しい」議論に関しては，そうした結論になるのは当然として分析の対象としない）のは不適切であり，分析対象の選択は（自分から見た）真／偽にかかわらず行うべきだ，とするのが「不偏性」の原則である．次に，取り上げた各陣営について，証拠の多少といった（科学内在的な）要素だけでなく，メンバーの思想信条や政治・産業界とのつながり，資金源，組織の存立などの社会的要素もふくめて分析をおこない，論争の発生や展開，帰結に影響を与えた要因についての説明をめざすべきだとするのが「因果性」の原則である．そして，たとえば「資金」という要因に注目して分析すると決めたら，その説明様式をどちらの陣営の言説にも等しく適用すべきだというのが「対称性」の原則である．このように，真／偽（とみなされている主張）のどちら側も取り上げ，同じスタンスからの分析を徹底するわけである．

　最後の「再帰性」の原則は，以上の方針は科学社会学それ自体にも適用可能でなければならないということである．再帰性については，後述する構築主義アプローチへの批判のなかでも出てくるので，そこであらためて触れることにする（5節）．

　こうした問題意識から出発したブルアたちは，自然科学を対象にしたイデオロギー分析という宣言を早速実行に移していく．彼らがまず対象としたのは，基礎数学や統計学，物理学など，自然科学の中でも「純粋」科学，人間の社会生活との接点が薄いとされる領域だった．ただし，こうして進められたSSKの研究プログラムが，科学技術と社会の境界面で生じていた諸問題と無縁だったわけではない．1970年代当時，科学のあり方をめぐってくりかえし議論

の的になったのは，問題は科学の使われ方にあるのか，それとも科学の方法論自体が問題性をはらんでいるのか，という点だった（中山 1981）．科学の方法論の見本例とされる物理学や数学といった分野でも，問題発生の契機が見られれば，それは科学「本来」のやり方に問題があることになる．この点にこそ，SSK があえて科学の「本丸」にアタックした狙いがあった．

SSK のプログラムのもと進められた研究の例として，D. マッケンジー（D. MacKenzie）による統計学の事例分析を見ておこう（MacKenzie 1978）．記述統計学の創始者として知られる K. ピアソン（K. Pearson）は，2 行 × 2 列のクロス集計表の相関をはかる指標として四分点相関係数を提唱したのに対し，同時代の統計学者 G. U. ユール（G. U. Yule）は，「ユールの Q」として知られる指標のほうが適切だと主張した（どちらも現在でも使われている）．一見すると，人間・社会との関わりが薄いテクニカルな争点のようにも見えるが，その背景には思想的な違いや階級対立がからんでいるとマッケンジーは指摘する．ピアソンが統計手法を次々と開発した狙いは，なかなか測りにくい人間の能力を指標化することにあった．それらの指標を参照しながら，能力の高い人間が力を発揮できる社会，さらには，能力の高い人間がより子孫を残しやすい社会にしていこう，と考えたのである．当時の英国において，民族（あるいは人類）全体の「遺伝的素質」の向上をうたう優生思想は，新興の専門職集団において支持者が多かった．彼らとの親交が深かったピアソンに対し，ユールは貴族が多くを占める王立協会を活動の場としており，優生思想にもほとんど関心がなかった．このように，今日では何の「色」もついていないように見える科学の知識や方法論であっても，その起源をたどれば，時代背景や特定の社会集団の利害などを反映しながら成立したことを示すのが SSK の眼目だった．

さらに SSK の研究者たちは，対象を科学から技術の領域へと広げ，「技術の社会的構成 social construction of technology」について論じるようになった（例，Bijker *et al.*, eds. 1987）．当たり前に使われているモノ（例，自転車）を取り上げて，それが今あるようなデザイン・用途である必然性はなく，関連する利害集団（スポーツとして乗りたい若い男性，ドレスを着て乗りたい女性など）の間の駆け引きのなかで，ある種の偶然性をはらみつつ，現在のデザインや用途が形成されてきたことを明らかにしていった．

4 科学知識の社会学に対する批判

　ここまで構築主義の2つの流れ，社会問題論と科学知識の社会学（SSK）について紹介してきた．構築主義の考え方が広く知られるようになり，実証的な研究が次々と発表されるようになると，これらのアプローチに対する批判も出てきた．

　まず，SSK に対する批判として，後述する『実験室生活』の共著者でもある，科学社会学者の S. ウールガー（S. Woolgar）による批判を見ていこう（Woolgar 1981）．ウールガーは先ほど紹介したマッケンジーの統計学の事例研究を題材にして，そこで採られた方法論を「利害モデル」と名づけて批判している．ウールガーによれば，マッケンジーは，特定の科学的命題（例，四分点相関係数）を主張するに至った原因を，当該研究者の欲求（例，人間の測定）によって説明し，さらにそうした欲求が出てきた背景を，その人物の属する社会集団（例，新興の専門職集団）の利害によって説明している．その場合，ある科学者の行為に対して，どのような欲求・利害を持ち出すかは，分析する社会学者の側である程度自由に選択できてしまう．すると，後付けで，自分の議論に都合がよいようにどうとでも説明できてしまうのではないか．ウールガーはこう指摘したうえで，科学者がどういう利害をもっていたかを所属集団などから推量するのではなく，科学者自身が利害についてどう語っていたか，その実践の記述にとどめるべきだと主張した．これはあとで紹介するエスノメソドロジーと基本的に同じ立場である．

　利害モデルに対しては，そこでの利害のとらえ方が固定的すぎる点も指摘された．科学社会学者の M. キャロン（M. Callon）と J. ロー（J. Law）は，実際の科学研究においては，研究が進むなかで利害はダイナミックに変化し，また，ほかのアクターとの接触を通じて調整されていくものだと指摘する（Callon and Law 1982）．それにもかかわらず，マッケンジーの分析枠組みの中では，ピアソンやユールの抱えている利害が所与の原因となって，論争の構図を規定したかのような議論になっているのはおかしい，というのである[5]．

　こうした批判に対して SSK 陣営も反論し，1980 年代を通じて活発に議論が

おこなわれた．ただ，今から振り返れば，初期の SSK の方法論は大きな難点を含んでいたことは否めない．科学論争の多くでは，当事者たちは，（少なくとも表面的には）テクニカルな言葉を使って議論を戦わせており，「階級」や「利害集団」について直接言及することはめったにない．そのなかで，分析者の側がさまざまな資料をつなぎ合わせ，「社会」的な軸を持ち込んで分析しようとする限り，資料のつなぎ方次第で，社会的影響が大きいようにも小さいようにも見えてしまうのは避けがたいことだった．

実験室におけるミクロな構築過程への注目

　SSK 陣営に属する研究者たちは，批判に対して反論する一方で，研究のアプローチを少しずつ変えていった．階級やイデオロギーよりも，もっとミクロな局面で働く社会的メカニズムの解明に重点を置くようになったのである（例，Mackenzie 1990）．時期は少し遡るが，ミクロなアプローチの先駆けとなったのは，B. ラトゥール（B. Latour）とウールガーによる『実験室生活——科学的事実の構築』である（Latour and Woolgar 1979）．彼らは，神経内分泌学の研究室における長期の参与観察をもとにして，実験室において科学者はいかに「事実」を構築していくのかを明らかにした[6]．彼らの研究はその後の科学社会学に大きな影響を与えたものの，この時点では（本人たちも認めているように）方法論的に未整備であり，実験室の一員として観察できた事柄，得られたデータは何でも分析の俎上にのせてみるといった具合だった．その後の研究は，（研究成果として発表されるまでの）実験室の中の世界を丹念に見るアプローチと，（成果が発表された後の）学者どうしの議論（噂話などをふくむ）の世界を丹念に見るアプローチへと洗練されていった．

　前者のアプローチの一例として，1981 年の H. ガーフィンケル（H. Garfinkel），リンチらの論文を紹介しよう（Garfinkel *et al.* 1981）．彼らが分析したのは，2 人の天文学者による可視光パルサー（規則的な周期で電波や光などを発する天体）の発見の事例である．発見した当夜の 2 人のやりとりがテープ録音として残っており，ガーフィンケルらはそれをスクリプト化（一定の様式で文字起こし）して分析をおこなった．スクリプトからは，スクリーン上に現れた正体不明の「何か」をめぐって，本当に見えているかを確認しあったり，実験機器の

不具合を疑ったり，同様の結果がもう一度観測されるかを確かめたり，といったプロセスを経ながら，徐々に「それ」が実在するという確信を深めていく様子が見てとれる．巨視的な「社会」や「社会集団」を分析に持ち込まずに，あくまで実験室という「場」の中に限った上で，大発見かもしれない現象に直面した場合，研究者はどう振る舞うのか，当の研究者たちはいかにして事実として受け入れていったのか，というミクロな視点が貫かれている．ここで採られているエスノメソドロジーの研究手法は，共著者の1人であるリンチによって科学社会学へと本格的に導入されていった（Lynch 1993=2012）．

　しかし，科学的発見について理解するには，「その晩に起きたこと」を観察するだけで本当に十分なのだろうか．ガーフィンケルらの論文に対してこのような疑問を提起したのが，SSK 陣営に属する H. コリンズ（H. Collins）である（Collins 1983）[7]．2人の天文学者がその晩にしたようなことは，ほかの研究者も当然やっている．彼らの仕事のどこが大発見につながったかを知るためには，一夜の観測を丁寧に記述するだけでは不十分で，その夜の仕事の外側を見ないといけない．専門分野の研究者どうしのやりとりを調べて，彼らの発見が評価され，受け入れられていくプロセスをたどることが不可欠だ，とコリンズは主張したのである．

　コリンズが分析したのは，宇宙物理学者 J. ウェーバー（J. Weber）のおこなった重力波実験の事例である（Collins and Pinch 1994=1997）．この実験をめぐっては，「重力波を検出した」というウェーバーの結果は誤りだったとして論争はほぼ決着したのだが，論争を決着させた要因として「追試の結果が否定的だったから」というのは，じつは説明になっていないとコリンズは指摘する．追試がうまくいかないという事実だけでは，追試者の側がきちんと実験条件を再現できていない可能性が残るからだ．コリンズは，同じ分野の研究者たちを対象にして，継続的にインタビュー調査をおこなった（以下に一部を引用する）．

　　研究者 g：C 地での観測は非常に重要と思われる．彼らの仕事ぶりはきちんとしているし，権威ある研究者だから．
　　研究者 h：彼のことはよく知っているが，彼らの装置の感度は低すぎると思う．あれでは重力波を検出できなくて当然だ．

研究者 i：C 地での観測がどう行われていたか知っているかい．技術員に指示を与えて測定しろと命令を出しただけだ．技術員が何をしているかなんて全くチェックしていない．単におしゃべりに興じていただけかも知れないんだ（Collins and Pinch 1994=1997: 137）．

　その結果明らかになったのは，実験結果が受容（拒絶）される過程では，実験者の人格的評価や人間関係，研究者どうしの噂話，所属機関の威信など，さまざまな社会的要素が関与しているということである．ここでは，科学知識の構築について社会学的な説明がなされているものの，巨視的な「社会集団」や「階級」などによる説明とは異なっており，あくまで研究が営まれる場（実験室・学会）や，科学者自身の意味世界に根ざしたものになっている．

5　構築主義的社会問題論への批判

　方法論上の批判を受けて研究の方向性をシフトさせたのは，科学知識の社会学だけではない．構築主義の社会問題論もまた，厳しい批判に直面にすることになった．ただし，両者のアプローチの違いに対応して，批判の中身も異なっている．

　構築主義的社会問題論が SSK と違っていた点のひとつとして，記述することの権力性に対するとらえ方が挙げられる．初期の SSK においては，社会学者は自然科学者の活動やその背後の利害関係を記述する側であり，自然科学者は記述される側に位置づけられていた．そうした社会学的な記述に対して自然科学者が反論をすれば，その反論自体がまた彼らの利害を反映したものとして解釈される，という構図だった[8]．自然科学者のほうが知の生産者としての権威が高いという暗黙の前提のもと，一方的に記述される側に置かれることが，当事者にとっていかに理不尽な経験であるかという点は，あまり前景化されていなかった（金森 2000）．

　それに対して，構築主義の社会問題論においては，社会学者による記述が一種の権力として作用する可能性に関して，当初から自覚的だった．というのは，スペクターとキツセが取り上げた精神疾患のような社会問題では，社会学

者も精神福祉の「専門家」の一員として，問題を定義し，統計を作り，対策の片棒を担いできた経緯があったからである．こうした過去への反省から出発しているので，「利害」等の記述・説明を一方的に押しつけることには慎重であり，あくまで当事者による言説の連鎖をたどることに照準した分析を行っていた．この点で，ウールガーがSSKに対して指摘したような「利害モデル」批判はクリアしていたといえる．

「存在論的ゲリマンダリング」批判

しかしながら，こうしたスタンスをとる構築主義の社会問題論に対しても，方法論的な批判は向けられた．「存在論的ゲリマンダリング」と名づけられた論文においてウールガーらが注目するのは，構築主義的社会問題論の文献にしばしば出てくる「実態は変わっていないのに，言説が変化した」という言い回しである（Woolgar and Pawluch 1985=2006）．昔から児童虐待はあったのに，最近になってそれに関する言説が急激に増えている，と言われるとき，「昔からあった」という「実態」がひそかに持ち込まれている，と彼らは指摘する．ある種の専門家の言説（「児童虐待が増えている」「対策が必要だ」）に関しては，その社会的構築のプロセスを明らかにしようとするのに対し，昔から児童虐待はあったという言説に関しては，存在論的な疑い（それは本当にあったのか？）はほとんど向けられていない．こうして自分の主張に合わせて恣意的に線を引くことを，選挙の区割りを自分に有利になるように改定する「ゲリマンダリング」になぞらえて批判したのである．

このような「実態」の扱いに関しては，SSKのほうが繊細だった．専門家の主張は，どのような調査や実験の結果によって支持されているのか．それらの結果は別の研究者によるものとどのように（不）一致しているのか．表舞台に出てくる言説の裏側にある研究の営みを掘り下げていき，科学的「事実」について重層的・複眼的に記述していくことがSSKの眼目だった．この点において，表舞台で語られる言説を，学者の長年の研究成果のうえに立った発言であれ，素人の思いつきであれ，同じ「クレイム申し立て」としてフラットに扱っていた構築主義的社会問題論とは対照的だったといえる．

SSKへの批判と社会問題論への批判に通底するウールガーの問題意識は，

分析枠組みの中に分析者の側の恣意性が働いていること，しかも，そうした恣意性に当の社会学者が気づいておらず，再帰性（反省的な自己認識）が欠けていることにあったと思われる．分析者側の恣意性を排除した形で研究を進めようとした場合，ひとつの方向性としてありうるのが，前述したエスノメソドロジーのアプローチである．パルサー発見の論文のように，分析対象となる当事者がしていること，その場での秩序を記述することに専念する．このアプローチをとった場合，社会学者の仕事は社会問題のキャンペーンという場におけるメンバーらの日常的実践，言説の連鎖を丹念に記述することになる（Lynch 1993＝2012）．それ以上に踏み込んで，問題の帰趨を「説明」しようとしなければ，勝手に実態を持ち込むことも回避しやすくなる．

　しかし，ここでもガーフィンケルらの論文に対するコリンズの批判と同じような不満が出てくる．社会問題の活動家の日常をいくら追っても，なぜ今・ここで，児童虐待（あるいは酸性雨等）のクレイムが出てきたのか，という問いには答えられない（Best 2008）．社会問題の分析としては不十分だ，というのである．

　こうした不満に応える形で登場してきたのが「コンテクスト派」の構築主義である．代表的な論者である J. ベスト（J. Best）は，社会問題の活動家の実践を記述することだけに自制するのでもなく，「実態」を唐突に持ち出すのでもなく，それぞれのクレイムが出てきたコンテクスト（文脈）を丁寧にたどっていくべきだと論じる（Best 2008；赤川 2012）．たとえば「1930 年代の大気汚染は今よりも深刻だった」と主張する専門家がいた場合，それを事実として受け止めるのではなく，ひとつのクレイムとみなす．そのうえで，そのクレイムがどのような文脈のもとで出てきたのかをたどっていく．クレイムを支持する論文や公式統計等はあるのか（こうした論文や統計も一種の言説であり，それらが出てくるもととなった文脈をさらにたどることが可能である）．専門家の間で合意は得られているのか．クレイム申し立ての担い手はどのような人たちで，申し立てに至った経緯はどうだったか．クレイムはどのようなメディアで語られているのか，等々．クレイムが出てきた社会的文脈をしらべることで，なぜその時期に，その場所で，クレイム申し立てがうまくいったのかを明らかにしようとするわけである．

アリーナモデル

　こうしたコンテクスト派のアプローチを採用した場合，そのなかで科学技術の言説はどのように位置づけられるだろうか．

　言説が語られる場ごとの性格の違いに注目した分析枠組みとして，アリーナモデルがある（Hilgartner and Bosk 1988）．社会問題が取り上げられるアリーナ（議論の場）としては，新聞・テレビなどのマスメディアのほか，議会，司法（裁判），科学（学会）などがある．こうした枠組みを使えば，たとえば「地球温暖化」がいかに社会問題になっていったのか，いかに科学的議論の場から政治やマスメディアなどへと波及していったのか，科学とほかのアリーナでは議論のされ方にどのような違いがあるのか，などを論じることが可能になる（Hannigan 1995=2007）．審議会や法廷といった場をとりあげ，そこでの科学の論理と行政・司法の論理との衝突および相互調整を分析しているジャザノフの研究も，アリーナモデルと親和的なアプローチをとっているといえる（Jasanoff 1990）．

　社会問題にかかわる他の言説と比べたとき，科学者による言説（クレイム）は，科学者集団による議論と検証を経ているという点で，多少異なるコンテクストをもっている．ラトゥールとウールガーは，論文1本あたりのコスト（3-6万ドル）を計算し，わずか1-2行で表される文章を生み出すために投入されたお金と労力の膨大さに注意を促している（Latour and Woolgar 1979）．このように，調査・実験に結びついているがゆえの「効率の悪さ」も，論文という言説がもつ特徴といえるだろう．

　また，科学者集団においては，「事実」であることを説得する手立ても若干異なる．ラトゥールとウールガーは，（分野にもよるが）科学的事実を構築する鍵となるのは，（文章よりも）実験結果のグラフや数表だとしたうえで，文章表現に関しては，人間の関与が感じられる要素をいかに減らしていくのかが重要だと指摘している（Latour and Woolgar 1979）．誰も調べたことがない推測（……の可能性がある）よりは，誰かによる報告（○○は，……と報告している）のほうが信用度は高いものの，それではまだ事実としての構築は未完成である．多くの人が同様の報告をし，ほかの研究の前提として使われるようになると，「○○が報告した」とか「○○の実験によって明らかになった」といっ

た部分（モダリティ）が外れ，自然的な要素の間の関連だけが語られるようになる．こうして人為的な要素が見えなくなっていくことが，科学の世界における事実の構築だというのである．このような言語表現に対する態度は，「かけがえのない森が枯死の危機にある」「産業界がメディアに圧力をかけて，本当の実態を隠ぺいしている」といったレトリック（言語表現の技法）を駆使することで，事実としての迫真性を高めることが重要になる社会問題のアリーナ（Best 2008；赤川 2012）とは対照的だといえる．

6　構築主義的アプローチの現在

ここまで見てきたように，科学技術の構築主義と科学知識の社会学という2つの流れは，ともに分析視点の恣意性に関する批判を浴び，軌道を修正しつつ経験的な研究を積み重ねてきた．

科学知識という形のないものを扱う分析では，分析者の関心や価値観に応じて恣意的な取捨選択が入りこみやすい．分析者の枠組みや関心にうまく当てはまらない知識・言説を無意識のうちに分析対象から外していないか．分析者の立場を暗に反映する形で，ある種の知識にあらかじめ特権的な立場を与えていないか．当事者自身は意識していないような利害や文脈を，分析者の側が一方的に投影してしまっていないか．実験室レベルの分析であれアリーナレベルの分析であれ，こうした点に注意して研究を進めていくことが重要である．

もともと別の流れとして研究が進められてきた構築主義の社会学と科学知識の社会学であるが，専門家によって生み出される知識・言説を分析する手法としては，ほぼ収斂してきていると思われる．それは，「事実」が構築される過程のどの局面を分析したいのかに応じて，**表2-2**のように大きく3つに分けられる[9]．

いずれのレベルの問いも，科学的「事実」の構築の1つの側面を示している．分析したい問いに応じて，データ収集の方法論や分析法を使い分ければ（必要に応じて併用すれば）よいと思われる[10]．

今日，構築主義的なアプローチの研究を語るうえで避けては通れないのが，「存在論 ontology」への回帰である．構築主義のアプローチが目指してきたの

表 2-2 　科学知識を分析する際の 3 つのアプローチ

分析のレベル	おもな問い	おもな分析手法
実験室	科学的発見はいかにしてなされるか？　そのために求められる能力・環境はどのようなものか？	実験室での参与観察，スクリプト化した会話の分析
専門家集団	科学論争はいかにして生じ，いかにして決着するか？　「発見」が学界で受容されるための条件は何か？	科学者へのインタビュー，学会での参与観察，学術論文や学会発表の分析
アリーナ（議論の場）	科学者のクレイムはいかにして注目を集め，社会的な影響力をもつのか？	学術論文に加えて，新聞記事や審議会記録などを含めた横断的な資料分析

出典：著者作成.

は，端的にいえば，確固たる「存在」とされるものが，いかに多様性・可変性をもつのかを明らかにすることだった．ところが，こうした認識が（少なくとも人文・社会系の学者の間では）広く受け入れられた今では，その先を問うことが求められるようになった．一例として，科学技術人類学者の A. モルによる，動脈硬化に関する研究を見てみよう（Mol 2002=2016）．血圧の低下や足の痛みなどの問診から得られる，内科医にとっての動脈硬化，バイパス手術やカテーテル手術の対象としての，外科医にとっての動脈硬化，死後に血管の肥厚を測ることで示される，病理医にとっての動脈硬化，コレステロール値などで示される予防医学の文脈での動脈硬化……．それぞれの動脈硬化の「事実」はしばしば衝突するが，それらが動脈硬化という単一の言葉で名指され，さまざまな形で調整・架橋されることで，病院における医療の実践が可能となっているとモルは論じている．知識・言説の構築過程をめぐる今日の研究では，ばらばらの構築性へと開かれていくベクトルと，それらが 1 つの「存在」へと重ね合わされていくベクトルという，相反するベクトルが実践において絡み合う局面を分析することが重要になっているのである．

7 「語られない部分」への接近

　本章の最後にあらためて考えたいのは，構築主義の分析ツールを使うことで，結局のところ何を明らかにしたいのか，という点である．構築主義に対し

て向けられた批判に対応するなかで，分析の方法論は洗練されてきたものの，問題意識はやや見えにくくなっている．科学知識が生まれ，社会に広まっていく過程を記述的にフォローすることが，本当に知りたかったことだろうか．同業の専門家を説得するための手練手管や，公衆の関心を集めるためのレトリックのような「知識のマーケティング戦術」が本当に知りたいことであれば，それはそれで問題ない．そういう人にとっては以下の社会学的議論は蛇足かもしれない．

　しかし，本章の冒頭で述べたように，もともと構築主義が出てきた背景には，専門家の言説が大きな力をもつことへの反発・違和感があった．専門家の言説の「仮面」をはがし，非専門家であっても望めば専門家と対等な立場で議論できるし，場合によっては，専門家のいう「事実」を書きあらためることも可能だ，という政治的メッセージが伴っていた．こうした出発点の問題意識に立ち返るならば，現に「知」として成立したものを後追いするだけでなく，「知」となって然るべきなのに実際はそうなっていない部分へと目を向けることが必要なのではないか．もちろん，「存在論的ゲリマンダリング」の批判を経た今では，言説の世界とその外側の（つまり，実態としての）世界という粗雑な二分法は維持できない．だが，語られる知と，それを生み出すアクターの営みをともに視野に入れ，具体的な社会の像をもって分析することで，語られる部分とそうでない部分との境界面へと接近していくことは可能だと思われる．たとえばハッキングは，児童虐待を事例にして，語りと語られる対象の間の複雑な相互作用，たえず生じるズレについて論じているし（Hacking 1999=2006），前述したモルの研究のような存在論的アプローチも，そうした境界面への1つの接近法といえる．以下では，語られないものとの境界面にアプローチしていくうえで，手がかりになりそうな含蓄をもつ研究を紹介したい．

ローカル知

　まず，すでに語られた言説に限って分析を行うことは，結果として，雄弁に語る意思や能力をもった側の言説を追認することにもなりうる．この点は，医師－患者関係や，環境問題における加害者－被害者関係をめぐって繰り返し指

摘されてきた（例，宇井 1968）．環境問題による被害を受けていても，それが事実であると認められるには，専門家へのアクセスが必要であり，社会問題として認知されるには，運動体を組織してメディアへと継続的に働きかけるだけの資源が求められる．日本の環境社会学は，言葉になりにくい被害の実態や，問題の解決を困難にしている構造について，当事者への聞き取りから明らかにすることを主要な研究課題としてきた（例，飯島ほか 2007）．科学社会学においては，B. ウィン（B. Wynne）が英国の原子力施設周辺の牧羊業者たちからの丹念な聞き取りをおこなっている．彼らは長年の経験を通じて，牧羊やその土地に関して高度な知識・知恵（ローカル知）をもっており，それは放射能汚染対策においても活用しうるものだった．にもかかわらず，放射線防護の専門家は彼らの話を聞かずに対策を立案したため，失敗を繰り返すことになった（Wynne 1996=2011）．このように，当事者から話を聞き出し，それを文章化したうえで別の言説と対比することは，社会学者自身が言説の生産者として論争の一端に加わることを意味する．いずれの立場にも肩入れしないという意味での「中立性」からは外れることになるし，その点が批判の対象になることもありうるが（Scott *et al.* 1990）[11]，科学知識をめぐる問題の核心に迫ろうとするならば，語られにくい当事者の声をいかに引き出すのかという点は，つねに頭に入れておくべきと思われる．

不確実性

　科学技術が新しい知識／モノを生み出そうとする営みである限り，そこには間違いや失敗の可能性がつねに付きまとう（松本 2009）．こうした不確実性をめぐって論争が生じた場合，自説の不確実性を低く見積もり，相手方の不確実性を高く見積もるというのが一般的なレトリック戦術である（Campbell 1985）．

　マッケンジーによる慣性誘導装置の研究も，同様のスタンスから出発している（MacKenzie 1990）．大陸間弾道ミサイルを地上支援なしで目標地点へと誘導する装置の開発をめぐっては，どれだけの精度が技術的に可能なのか，高精度化が可能だとして，それは本当に必要なのか（都市への核攻撃であれば，半径数キロに着弾する精度で事足りる）が争点になっていた．マッケンジーは，当初は必要性や確実性を疑っていた軍の上層部に対して，慣性誘導装置の専門

家たちが説得をおこなっていくプロセスを丹念に描き出している．

　ここまでは典型的な技術論争の構図であるが，重要なのは，軍の上層部を説得したからといって，不確実性が消えてなくなるわけではないという点である．実戦においてスペックどおりに機能しない可能性があることは，技術開発に携わるエンジニアの間では認識されていた．一方，技術の現場からやや距離があり，軍の内部で導入を推進した人たちには，こうした不確実性は見えておらず，カタログどおりのスペックで技術をとらえがちだった．マッケンジーは，外部の反核運動の人たちにも不確実性が見えていることに触れたうえで，中間に位置する人だけが見えていない構図を「不確実性の谷」と呼んでいる．丹念な資料分析とインタビューを通じて，画一化されがちな言説の内奥に残る不確実性を分析の俎上に載せている点は，技術論争を分析する視点として重要だと思われる．

8　結　　論

　今日では，構築主義の基本的な考え方は広く受け入れられ，言説の構築過程を分析する諸手法も定着している．だが，それによって知の構築をめぐる問題状況が解消されたわけではない．インターネットやSNSの普及によって，誰もが言説を生産し，流通させることが可能になり，日々おびただしい量の言説が生み出されている．専門家による言説はそのうちの「1つの意見」にすぎなくなる一方，いわゆる「ネット世論」が，科学的議論の場を含むほかのアリーナに対してもつ影響力は大きくなっている．誰が知識をつくるのか，誰がそれを押しつけられるのかという構図には一部で変化が見られるものの，両者の関係性が大きな問題である点は変わっていない．こうした昨今の状況に向き合ううえで，何らかの言説が「知」となっていく社会的メカニズムを批判的な視点から論じることや，「知」になるかならないかの境界領域に目を向けることは，今後も科学社会学にとって重要な課題であり続けると思われる．

1)　英語で social constructivism，日本語で「社会構成主義」と表記されることもあるが，本章では基本的に区別せずに用いる．

2) 「言説 discourse」という概念は，フランスの哲学者・社会学者 M. フーコー（M. Foucault）の議論や，米国を中心に発達した「会話分析」などをふまえたさまざまな定義があるが，ここでは，発言や文章をあらわす一般的な用語として用いる．

3) リンチ自身は科学社会学者であるが，後述するように，構築主義（科学知識の社会学）のアプローチとは距離をとっている．この論文は，彼の依拠するエスノメソドロジーの方法論を使って，弁護団の構築主義的な活動を分析する（そして，その結果を科学社会学者に向けて書く）という，ややこしい（再帰的な）構図になっている．中村（2006）の解説も参照．

4) このようなパラダイム論の「拡大解釈」はクーン自身がのちに批判しているところであるが，いずれにせよクーンの議論が与えた社会的影響は大きかった．邦訳（Kuhn 1962=1971）所収の補論を参照．

5) こうした視点を理論的に発展させる形で，ラトゥールやキャロン，ローラが提唱したのが，アクターネットワーク理論である．

6) ラトゥールらは 1986 年に第 2 版を出すときに，副題を「科学的事実の社会的構築」から「科学的事実の構築」へと変更している．第 2 版のあとがきでは，「利害モデル」的な意味での「社会」による説明を批判したうえで，実験機器の操作や実験室内での会話，グラフの作成，原稿執筆などをふくめた広い意味での「事実の構築」を分析すべきだと論じている．

7) 細かくいえば，ブルアやマッケンジーらが属する「エジンバラ学派」に対し，コリンズは「バース学派」であり，両者のスタンスは微妙に異なるとされる（金森 2000）．

8) 前述したように，ストロング・プログラムには「再帰性」という方針があり，科学社会学自体が同じ分析の俎上に載せられるとうたっていた．しかし，1980 年代後半になってウールガーらが取り組むまで，再帰性の観点が本格的に検討されることはなかった．

9) 同様に分析レベルに応じた整理をしたものとして，中河（1999）を参照．

10) 経験的研究のために構築主義的アプローチを「使う」分にはこうした態度で十分だと思うが，理論的には，1990 年代に入ってからもアプローチ間での論争が存在する．エスノメソドロジーと SSK の異同については Lynch（1993=2012），エスノメソドロジーと構築主義の異同については中河（1999），社会問題論と SSK における「構築」概念の異同については，松本（2009），Hacking（1999=2006）を参照．

11) そもそも社会問題における知識・言説を分析する際に「中立」はありうるのか，また，中立を目指すべきなのかは慎重な検討が必要である．公害問題において「中立的」な専門家が果たした政治的役割については，宇井（1968）を参照．

【文献】

赤川学，2012，『社会問題の社会学』弘文堂．

Aronson, N., 1984, "Science as a Claims-Making Activity: Implications for Social Problems Research," J. W. Schneider and J. I. Kitsuse, eds., *Studies in the Sociology of Social Problems*, Ablex, pp. 1–30.

Berger, P. L. and T. Luckmann, 1966, *The Social Construction of Reality: A Treatise in the Sociology of Knowledge*, Doubleday　山口節郎訳『現実の社会的構成——知識社会学論考』新曜社，2003．

Best, J., 2008, *Social Problems*, 1st ed., W.W. Norton & Co.

Bijker, W. E. *et al.*, eds., 1987, *The Social Construction of Technological Systems: New Directions in the Sociology and History of Technology*, MIT Press.

Bloor, D. C., 1976, *Knowledge and Social Imagery*, Routledge and Kegan Paul 佐々木力・古川安訳『数学の社会学——知識と社会表象』培風館, 1985.

Callon, M. and J. Law, 1982, "On Interests and Their Transformation-Enrollment and Counter-Enrollment," *Social Studies of Science*, 12(4): 615-625.

Campbell, B. L., 1985, "Uncertainty as Symbolic Action in Disputes among Experts," *Social Studies of Science*, 15: 429-453.

Collins, H. M., 1983, "An Empirical Relativist Programme in the Sociology of Scientific Knowledge," in K. Knorr-Cetina and M. J. Mulkay, eds., *Science Observed: Perspectives on the Social Study of Science*, Sage, pp. 85-113.

Collins, H. and T. Pinch, 1994, *The Golem: What Everyone Should Know about Science*, Cambridge University Press 福岡伸一訳『七つの科学事件ファイル——科学論争の顛末』化学同人, 1997.

Conrad, P. and J. W. Schneider, 1992, *Deviance and Medicalization: from Badness to Sickness*, Temple University Press 杉田聡・近藤正英訳『逸脱と医療化——悪から病いへ』ミネルヴァ書房, 2003.

Garfinkel, H. *et al.*, 1981, "The Work of a Discovering Science Construed with Materials from the Optically Discovered Pulsar," *Philosophy of the Social Sciences,* 11(2): 131-158.

Gergen, K. J., 1999, *An Invitation to Social Construction*, Sage 東村知子訳『あなたへの社会構成主義』ナカニシヤ出版, 2004.

Hacking, I., 1999, *The Social Construction of What?*, Harvard University Press 出口康夫・久米暁訳『何が社会的に構成されるのか』岩波書店, 2006.

Hannigan, J. A., 1995, *Environmental Sociology: A Social Constructionist Perspective*, Routledge 松野弘監訳『環境社会学——社会構築主義の観点から』ミネルヴァ書房, 2007.

Hilgartner, S. and C. L. Bosk, 1988, "The Rise and Fall of Social Problems: A Public Arenas Model," *American Journal of Sociology,* 94: 53-78.

飯島伸子・渡辺伸一・藤川賢, 2007, 『公害被害放置の社会学——イタイイタイ病・カドミウム問題の歴史と現在』東信堂.

Jasanoff, S., 1990, *The Fifth Branch: Science Advisers as Policymakers*. Harvard University Press.

金森修, 2000, 『サイエンス・ウォーズ』東京大学出版会.

Kuhn, T. S., 1962, *The Structure of Scientific Revolutions*, University of Chicago Press 中山茂訳『科学革命の構造』みすず書房, 1971.

Latour, B. and S. Woolgar, 1979, *Laboratory Life: The Social Construction of Scientific Facts*, Sage Publications.

Lynch, M., 1993, *Scientific Practice and Ordinary Action: Ethnomethodology and Social Studies of Science*, Cambridge University Press 水川喜文・中村和生監訳『エスノメソドロジーと科学実践の社会学』勁草書房, 2012.

Lynch, M., 1998, "The Discursive Production of Uncertainty: The OJ Simpson 'Dream Team' and the Sociology of Knowledge Machine," *Social Studies of Science*, 28(5-6): 829-868.

MacKenzie, D., 1978, "Statistical Theory and Social Interests: A Case-Study," *Social Studies of Science*, 8(1): 35-83.

MacKenzie, D., 1990, *Inventing Accuracy: A Historical Sociology of Nuclear Missile Guidance*, MIT Press.

Mannheim, K., 1929, *Ideologie und Utopie*, F. Cohen　高橋徹・徳永恂訳『イデオロギーとユートピア』中央公論新社，2006.

松本三和夫，2009,『テクノサイエンス・リスクと社会学——科学社会学の新たな展開』東京大学出版会.

Mol, A., 2002, *The Body Multiple: Ontology in Medical Practice*, Duke University Press　浜田明範・田口陽子訳『多としての身体——医療実践における存在論』水声社，2016.

中河伸俊，1999,『社会問題の社会学——構築主義アプローチの新展開』世界思想社.

中村和生，2006,「『推定無罪』と科学知識の社会学——成員の達成としての実在論 vs. 懐疑論」平英美・中河伸俊編『新版 構築主義の社会学——実在論争を超えて』世界思想社，pp. 162-181.

中山茂，1981,『科学と社会の現代史』岩波書店.

Scott, P. *et al.*, 1990, "Captives of Controversy: The Myth of the Neutral Social Researcher in Contemporary Scientific Controversies," *Science, Technology & Human Values*, 15: 474-494.

Spector, M. and J. I. Kitsuse, 1977, *Constructing Social Problems*, Cummings Publishing Company　村上直之ほか訳『社会問題の構築』マルジュ社，1990.

宇井純，1968,『公害の政治学——水俣病を追って』三省堂.

Woolgar, S., 1981, "Interests and Explanation in the Social Study of Science," *Social Studies of Science*, 11(3): 365-394.

Woolgar, S. and D. Pawluch, 1985, "Ontological Gerrymandering: The Anatomy of Social Problems Explanations," *Social Problems*, 32(3): 214-227　平英美訳「オントロジカル・ゲリマンダリング——社会問題をめぐる説明の解剖学」平英美・中河伸俊編『新版 構築主義の社会学——実在論争を超えて』世界思想社，2006, pp. 184-213.

Wynne, B., 1996, "Misunderstood Misunderstandings: Social Identities and Public Uptake of Science," in Alan Irwin and Brian Wynne, eds., *Misunderstanding Science?: The Public Reconstruction of Science and Technology*, Cambridge University Press, pp.19-46　立石裕二訳「誤解された誤解——社会的アイデンティティと公衆の科学理解」『思想』1046，2011: 64-103.

（謝辞）　本章を執筆するにあたり，関西学院大学社会学研究科の研究員・大学院生のみなさんから貴重なコメントをいただいた．感謝を申し上げたい．もとより，本稿に残る間違いの責任はすべて筆者にある．

3章
専門知と社会
科学論の「第三の波」論とそのゆくえ

伊藤　憲二

はじめに

　俗に科学や技術と呼ばれる専門的な知識にかかわる決定は，その専門家である科学者や技術者と呼ばれる人たちに任せるべきか．より一般に，専門知（expertise）[1] を要する決定は専門家（expert）に任せるべきか．常識的な見地からすれば，この問いに対する答えは自明に見える．「餅は餅屋に」ということわざにあるように，専門知のかかわる事柄には素人が口を挟まず，専門家に任せるのが良いはずだ．

　しかしながら，現在ではこの問いの答えは自明でなくなり，繰り返し問い直された．東日本大震災が，このことを直接体験する機会となった．一方で，専門家から提供された知見が，信用できないことや，問題にそぐわないこと，単純に間違っていることもあり，非専門家による知識生産や，情報の提供が有用な状況も生じた．他方で，専門家を信頼しないこと，非専門家の知見をとることによって，混乱や損失も起こり，そして今後も起こり続けるだろう．このような状況はどのようにして生じたのか．

　考えてみれば専門家がすべての問題に対して，必ずしも適切な答えを与えることができないのはむしろ当然だ．学問知の専門家の多くは研究者でもある．研究者という職業が成り立つのは，まだ解明されていない問題があるからだ．それは分野の活力の源であり，それこそが研究者の主たる関心である．さらに，現実世界で社会が直面する問題に対して，それを適切に扱うことのできる学問分野がすでに確立されているとは限らない．そのような人間の都合とは関

係なしに，現実に問題は生じる．それだけではない．現実に起こる問題は，人間の側で分類した学問分野に対応するという保証はない．その場合には複数の専門知をうまく組み合わせなければならない．さらに，専門家は素人のもつ知識をすべて備えているかのように錯覚するが，それも違う．素人が持っているけれど，専門家の持たない知識は当然あり，そのような知識が特定の問題においては重要なことは起こりうる．このようなわけで，ただちに下すべき決定について，専門家が専門知を適用することで最適解を出せるとは限らないのである[2]．

今は答えることのできない問題も，いつか答えられるようになるかもしれない．しかし，純粋に学術的な問題ならばいざ知らず，現実の問題は学問の発展を待ってくれない．とりわけ現代社会は，高度な専門性を要する人工物や社会制度に満ちている．それに加えて，以前であればまったく手の出なかった問題に対しても，高度な専門知によって対処できる可能性も生じた．それは逆に言えば，かつてであれば象牙の塔の中で議論され，そこでの決着に任せ，決着までの時間を気にしなくてもよかった高度な専門知を要する問いが，個人，地域社会，国家，さらに全地球の遠からぬ未来を左右し得るようになったのである．

このように，ある決定に専門知を要するにもかかわらず，なんらかの理由によって，社会にとって必要な速さでその専門知による判断を得ることができないときがある．これを，松本（2009: 234）および松本（2011）に倣って，ここでは「第一種の決定不全性」と呼ぶことにする．この存在を認めることは決して反知性主義ではない．人間の知識と能力の有限さから考えれば当然の帰結であると同時に，現時点での経験的事実にすぎず，どうしようもないのである．そのような状況におかれたときに，いかに決定をすべきか．この章で扱うのはこのような問題である．

もし専門知によって必要な速さで決定し得ない事柄があるとしたら，物事を決定するのに専門家に委ねるという判断は必ずしも良いとは言えない．もはや専門家が最良の決定をなすことを完全には信じられないからだ．その状況において動員すべき専門知が何か自明ではなく，決定を任せる専門家が誰であるのか不確かであれば，なおさらである．

では，一般に専門家に決定を任せてはいけないのか．それほど問題は簡単ではない．専門家に任せないのであれば，一体どう決定したらいいのか，という問題が生じるからである．まったく専門知を用いないで決定することの非は明らかであろう．それで済む問題であるならば，そもそも専門知が必要な状況ではなかったのだ．そして，専門知を用いれば最善の決定がなされる状況も確かに存在し，その場合には，専門家の決定に従うのがよい．それをいったいどう判断すればよいのか．

1 「第三の波」論

　2002 年の *Social Studies of Science* 誌に，英国の社会学者，H. コリンズ（Harry Collins）と R. エヴァンス（Robert Evans）は「科学論の第三の波——専門知と経験の研究」と題する長大な論文を発表した（Collins and Evans 2002）．これは Discussion Paper というカテゴリーのもので，1 つの事例についての実証調査に基づいた研究論文というよりは，論争的な問題提起を行うものであった．この論文で，コリンズらは，上記の問題について，それまでの科学論[3]において支配的であった見解に疑問を投げかけたのである．その上で，専門知についての研究を提唱し，その序説を提示した．

　この論文において，コリンズらが出発した問題は，「公共的な領域における専門的意思決定（technical decision making）は，可能な限り広い民主的な過程に委ねて，その政治的正統性を最大化すべきか，それともそのような決定は最良の専門家の助言に任せるべきか」（Collins and Evans 2002: 235-236）というものであった．専門知を要する意思決定にあたって，参加型民主主義と，テクノクラシーという 2 つの極を提示し，選択を迫ったのである．この一見唐突な二者択一は修辞的，歴史的なもので，コリンズらもそのどちらかを選ぶわけではない．なお「公共的な領域における専門的意思決定」とは，科学・技術が政治と交わる領域における決定であり，コリンズらは例として，狂牛病が発生している時期に英国の牛肉を食べるか，石炭火力発電より原子力発電を選ぶか，といった問題を挙げている．

　このような意思決定はどのように行えばよいのか．この問いをめぐって，

コリンズらは，科学論を 3 つの時期，「三つの波」に分類する．第一の波は，
1950 年代から 1960 年の，いわゆる実証主義の時期であって，科学者はだれより
も特別に真理を知ることができる存在とみなされていた．科学論の使命は，
そのような科学の成功を説明することであった．それゆえ，科学のかかわる
問題は当然科学者のみが決定すべきとされた．当然ながら，上記の問いの答え
は，専門家である科学者にゆだねるべきだということになる．

　科学論の第一の波は，T. クーン（Thomas Kuhn）の『科学革命の構造』（Kuhn
1962）が出版されたころから退潮を始め，1970 年代に第二の波の時期に移り，
現在に至る．この時期をコリンズらは，社会構築主義と呼ばれる多様な考え方
が支配した時期とみなした．そのうち重要なものが科学知識の社会学（sociol-
ogy of scientific knowledge, 以下 SSK と略記）である（Bloor 1976．これについて
は本書第 2 章を参照）．

　科学論の第二の波は，第一の波のような解決方法は，実際にはうまくいか
ないことを示した．コリンズはかつて，第二の波の論者の 1 人として，「実験
家の無限後退（experimenter's regress）」ということを指摘していた．正しい結
果を得るためには適切な実験を行わなければならないが，実験が適切である
ことを知るには正しい結果と比較しなければならず，それは無限後退に至る
（Collins 1992）．同様に，コリンズは「専門家の無限後退（expert's regress）」を
考える．専門家によって決定することも，それを厳密に適用すれば，無限後退
に陥る．なぜなら，専門家に聞くためには，まず誰が専門家であるかを決定し
なければならず，それを専門家に聞くことになるからである．誰が専門家であ
ったのか，ということは後知恵によって結果を見ればわかるだろう．しかし，
公共の領域における技術的問題の解決は，学界で議論を尽くし，論争が終わっ
てコンセンサスが得られるのを待つことができない．それは学界のタイムテー
ブルではなく，政治の領域におけるタイムテーブルにしたがって，決定がなさ
れなければならない，とコリンズらは言う．したがって，専門家集団がコンセ
ンサスに到達できないことが事実上起こりうる．これは先に述べた第一種の決
定不全性である．

　この問題をどう解決するか．コリンズらによれば，科学論の第二の波は，社
会的要因を用いた．例えば，実験家の無限後退は，社会的な要因が介入する

ことによって現実には起こっていない，逆にいえば，無限後退が起こっていないことを説明するためには，社会的要因が不可欠だと，第二の波の論者は主張した．同様に，専門家の無限後退も，社会的な決定によって避けることができる．すなわち，誰が専門家であるかを問う代わりに，どのようにしたらなるべく広い民主的な手続きに委ねることによって政治的正統性を最大化できるかを問うのである．このことをコリンズらは「正統性の問題（problem of legitimacy）」と呼ぶ[4]．

それゆえ，コリンズらのいうところの第二の波の科学論においては，科学や技術にかかわる問題に市民が参加するような事例が研究の焦点となる．そこでコリンズらが典型的な研究として挙げているのが，B. ウィン（Brian Wynne）によるカンブリアの牧羊農家についての研究と，S. エプステイン（Steven Epstein）のエイズ活動家についての研究である．

ウィンの研究は，1986 年のチェルノブイリの原発事故以降におけるイギリスのカンブリア地方の放射能汚染問題を扱うものである．そこで英国農業水産食品省の派遣した専門家は，当初，子羊の放射性レベルが高いことを見出したが，それはやがて体外へ排出され，出荷されるころには，問題ないレベルに低下するだろうと予測した．ところが，実際には羊の放射性レベルは下がらず，カンブリアの牧羊業は重大な損害を受けた．放射性レベルが下がらなかったのは，羊が汚染された牧草を食べ続けたからである．科学者たちは，原発事故によってばらまかれたセシウムは土壌中で固定され，牧草に吸収されることはないと考えていた．ところがこれは粘土質の土壌については正しいが，カンブリア地方の泥炭質の土壌については成り立たなかったのである．そのうえ，科学者たちは現地での調査に当たって，現地の地形や気候，その土地の羊の振る舞いに専門知を持っていた牧羊農家たちから学ぼうとせず，自らのやり方に固執したうえ，不適切な調査や勧告を行った．例えば，政府は放射性レベルが下がるまで子羊の出荷を見送るように勧告したが，牧羊農家たちにとって出荷せずに全部の羊を飼い続ければ，牧草が不足して肥やすことができず，翌年の子羊の生産を犠牲にすることになるのだった．牧草が汚染されていることに気付いてから科学者たちは，麦わらなどの輸入飼料を与えればよいなどと勧告して牧羊農家たちの失笑を買った．羊は麦わらを食べないのである（Wynne 1992;

Wynne 1996）.

　エプステインの研究は，サン・フランシスコのエイズ患者が自ら治療のための活動を始め，成果を挙げた事例である．その1つが治験の枠組みを変えたことであった．1980年代の終わりごろから，AZTという薬品がエイズの症状を和らげる可能性に気が付かれ始めた．しかし，米国食品医薬品局は，あらゆる新薬と同様にAZTの認可には慎重であり，とくにその長期的影響を調べるのに時間がかかることが見込まれた．とりわけ，当時の治験においては，患者が純粋な状態であること，すなわち他の薬などを使用していないことが望ましいとされていた．エイズ患者の大部分がすでに他の薬を使用していないということはあまりないので，その考えでは治験を行うのに時間がかかることが予想された．しかし，エイズ患者にとって治験に時間がかかることは生死にかかわる．長期的影響のリスクがあっても，すでに死に直面している患者にとっては，重大ではない．そこでエイズ患者の活動家たちは，治験についての考え方を現実の世界に適合した，プラグマティックなものに作りかえることを提案した．実験室でおこなうような「純粋な科学」ではなく，現実世界の「混ざりもののある科学（impure science）」による知識生産の仕方を確立しようとしたのである．コントロールされない影響を取り除いて実験しようとする実験室の科学に対して，現実世界の事象には未知の様々な雑多な要因が必然的に混入する．それをどのように取り除くか．例えば他の薬の影響については，サンプルサイズを充分に大きくとれば統計的に除去できるはずである．長期的影響などのリスクや倫理的問題については，患者コミュニティの意見を聞きながら治験を進めればよい．このように治験のやり方についての枠組みを根本的に変える提案がなされ，そしてそれが受け入れられた．その結果，AZTは比較的早く，2年ほどで治験を終え，認可されることになった（Epstein 1996）.

　このような研究は，コリンズらのいう意味での「認証された専門家（certified expert）」とは別の形での専門知の追究があることを示していた．羊飼いやエイズ患者たちは，自然科学の専門知識を欠いているとしても，自然科学的な事象と特定の環境や社会状況との関係については実は高い専門性を持つのである．このような専門知は「素人専門知（lay expertise）」という一見，語義矛盾を含む言葉で呼ばれる．これらの第二の波の研究が示すのは，専門家と非専門

家の区別や優劣が明らかではなくなったことである．科学論の第二の波は，社会構築主義を強力な武器として，第一の波の時期に強固な信頼性を要求した専門知，とくに科学や技術の名のもとに呼ばれる専門知の信頼性を掘り崩し，それが引き起こす問題を暴きだした．その過程で，科学者や技術者として認証され，権威を与えられた専門家たちへの過剰な信頼に批判を向け，それ以外の知識形態が実際にあり，有効に機能する場合があることを示した．

科学論の第三の波は，コリンズとエヴァンスが，自らの立場としてとらえるものである．彼らによれば，科学論の第二の波における，正統性の問題の観点からすれば，市民が参加すればするほど良い，ということになる．それが民主主義的により正統な手続きだからだ．コリンズらは，そのように問題を解くことを行き過ぎだとして，問題をどこまで参加を拡大すべきか，「拡大性の問題（problem of extension）」に置き換えるべきだとする．同時に第三の波は，規範的な理論となる．なぜなら，どこまで拡大すべきか，という規範的な問いにこたえようとするものだからである．彼らは科学論の第二の波はこの「拡大性の問題」を解決していないと批判する．そして，第一種の決定不全性を，正統性の問題によってではなく，拡大性の問題として解くことによって，専門知と政治的権利とのバランスを図ろうとする．

第一の波との違いは，第三の波は第二の波に置き換わろうとするものではない，ということである．第二の波の成果を認めながら，専門知に特別の役割を見ようとする．ただし，それは第一の波と違って，科学者全般という固定したカテゴリーではなく，状況依存的である．すなわち特定の状況には，それに応じて特定の専門家がいるとし，科学者等，専門家として認証された人たちがいたとしても，その状況においての専門性を持たなければあくまで非専門家であるとする．第一の波において，科学者とそれ以外の一般市民が区別され，第二の波において，両者の境界がいったん疑問に付されたのにたいして，第三の波においては，特定の専門家とそれ以外という境界を再び設定しようとする．

このように第三の波を第二の波との対比で規定したうえで，コリンズらは第三の波を，専門知についての規範的な理論であると同時に，専門知と経験についての研究（Studies of Experience and Expertise, 以下 SEE と略記）を提唱するものだとする．この論文の後半で，コリンズらは，専門家や専門知についての分

析・分類を進めた.

その1つは，分野貢献型専門知（contributory expertise）である．これは最も専門知らしい専門知であり，その分野の発展に貢献できるような専門知のことを指す．例えば，ある専門分野の研究者は，研究論文などを発表して，その分野の発展に貢献しているので，その専門分野に関して分野貢献型専門知を持つとする．コリンズらによれば，分野貢献型専門知は，学問知に限定されず，「認証された専門家」に独占されるものではない．例えば，上記のウィンの研究における牧羊農家や，エプステインの研究におけるエイズ活動家たちもそれぞれの問題に対して分野貢献型専門知をもっていたとする．コリンズらはこのような専門家を「体験に基づく専門家（experience-based expert）」と呼ぶ．このように，コリンズらは，専門家や専門知を，社会的に認証されているかどうかではなく，あくまで実質的な専門知があるかどうかでとらえようとする．そして，科学的論争に深く関与している科学者をコア・セット，論争が終結してから同分野に登場する科学者たちをコア・グループと呼び，専門家であるのはこれらのコア科学者たちだけであるとする[5]．

分野貢献型専門知と並んでコリンズらが取り上げ，重視するのが「相互行為型専門知（interactional expertise）」[6] である．これは，例えば人類学者や社会学者が他の分野の分野貢献型専門家たちと研究内容について意見を交換し社会学的な分析ができるような専門知を指す．また後には，「イミテーション・ゲーム（imitation game）」という考えを導入し，他分野の分野貢献型専門家の間で，あたかも専門家のようにふるまうことができるような専門知のことを言うようになった．コリンズは相互行為型専門知の概念を適用し，たとえばウィンの例では，牧羊農家はそのカンブリア地方における丘陵牧羊に関する分野貢献型専門知をもっていたが，放射性物質に関する認証された専門家たちとの相互行為型専門知を欠いていた．そのために，彼らは問題解決に効果的に貢献することができなかったとコリンズは解釈する（なぜか，放射性物質の専門家たちが，羊飼育についての相互行為型専門知をもっていなかったことも問題であったとは指摘していない）．また，エプステインの事例においては，エイズ活動家たちは，最終的にはメインストリームの医学についての相互行為型専門知を獲得するに至り，それによって成功したという．重要なのは，コリンズがこの相互行為型

専門知を，異なる専門知を結合することを可能にするものとして述べていることである．それが唯一の仕方であるかについては疑問があるにせよ，ある種の問題には，相互行為型専門知のようなものによる異なる専門知の結合が必要であることの指摘は特筆してよい．また，これに関連して，コリンズらが述べていることに「翻訳（translation）」ということがある．これは，異なる専門知を集団の間の相互理解に必要とされるもので，一方の分野の専門知を他方の分野の専門知に翻訳することを念頭においている．コリンズらは，これが可能であるためには，その2つの分野についての相互行為型専門知が必要であるとしている．

　ほかに貢献型でない専門知としてコリンズらが述べているのは，「関連型専門知（referred expertise）」である．これは，関連痛（referred pain）という生理現象から発想したものである．関連痛とは，例えば，背中の怪我によって足に痛みを覚えるようなものをいう．ある分野において貢献型専門知を持つと，他の分野において分野貢献型専門知をもたなくても，そこで専門知をもつことがどういうことであるかを知ることができるようになる．これは例えば，他分野にわたる研究プロジェクトのマネージメントに必要な能力である．

　これと関連するのが「識別（discrimination）」である．これは科学知識以外のものに基づいて知識主張の妥当性を判断することを指している．これはとくに社会的な側面に依存することになる．例えば，その見解の主張者が適切な社会的ネットワークから来たか，その主張をするのに妥当な経験を積んだか，その主張者のいうことには一貫性があるか，などといったことである．このような判断は，対人論証であり，妥当な論証ではない．しかし，現実に専門知が欠けているときに，その主張の妥当性を判断することは，これによってしばしばなされる．それをコリンズらは識別と呼ぶ．この観点自体は，別に新しいものではなく，たとえば A. ゴールドマン（Alvin Goldman）が 2001 年に「初心者と2人の専門家問題（Novice/2-Expert problem）」として定式化している（Goldman 2006）．

　この後，コリンズとエヴァンスは，2007 年の著書，『専門知を再考する（*Rethinking Expertise*）』などにおいて，専門知のさらなる分類を進め，初期の段階の専門知として「まめ知識型知識（beer-mat knowledge）」[7]，「通俗的理解

（popular understanding）」,「一次資料型知識（primary source knowledge）」などの概念を導入し,「識別」などを「メタ専門知（meta-expertise）」とした. 彼らはそれらをまとめて「専門知の周期律表（periodic table of expertise）」を唱えた（Collins and Evans 2007）. 彼らの提唱する研究プログラムは現在に至るまで成果を生み出しながら発展を続けており（Caudill *et al*., eds. 2019）, その全体像が明らかになるにはまだ時間を要するであろう.

　最後に, コリンズらは専門知のなかで特に科学・技術をとりあげ, その分類を試みている. 彼らは科学・技術を,「通常科学」,「ゴーレム科学」,「歴史的科学」,「再帰的歴史的科学」の4つに分けている. 通常科学は, クーンの意味での通常科学であり, とくに論争はなく, 専門知による決定に問題はない. この問題に関しては, 専門家に決定をまかせればよい.

　ゴーレム科学は, 通常科学になる可能性があるが, コア・セットの満足いくまでに論争は終結していないものを指す. これはたとえば, 遺伝子組み換え食品をめぐる論争がそうである. ゴーレム科学は, コリンズがピンチとの『ゴーレム』三部作で論じたものである. コリンズらは, ユダヤ教の伝説にある巨人ゴーレムを科学のメタファーとして用いた. そこではゴーレムは力が強いけれど, 不器用なうすのろとして伝えられることもあることを紹介している. 力仕事をさせるには便利だが, 子供を近づけるのには危険だというのである. また, 日本でもよく知られている中世の伝承では, ゴーレムは粘土でできた人形であり, 魔法によって動く. 額に EMETH, すなわちヘブライ語で「真理」と刻まれている. ゴーレムはその「真理」によって動くのだが, ゴーレム自身は真理が何かを知らないのである（Collins and Pinch 1998a; Collins and Pinch 1998b; Collins and Pinch 2005）.

　歴史的科学は, コア・セットが論争を終結させることを期待できないような分野である. これは実験室の実験が可能ではなく, 一回限りの歴史的事象を対象とするので, 実験科学で可能な論争の終結のしかたができない. 例えば, 地球温暖化がその例である. 再帰的歴史的科学は, 人間の行動自体が影響するためにより不確実性が増大するような分野である. 地球温暖化は単に歴史的科学であるばかりでなく, 再帰的歴史的科学でもある.

　ゴーレム科学, 歴史的科学, 再帰的歴史的科学においては, 専門知による不

定性が大きく，そのために公衆による政治的決定の役割が大きいということになる．コリンズらは，これらの問題に関しては専門家に任せてよいわけではないとする．それは，第1に専門家は答えをまだ知らず，第2に，彼らは公衆の懸念する問題を必ずしも知らない可能性があるからだ．そのため，専門家が倫理やリスクの点で受容可能だと考えることが公衆と一致しないかもしれない．そこで，不定性が高い状態では公衆の判断が優先することになる．ゴーレム科学の場合は，コア・セットがコンセンサスに近づくと，そのバランスは専門家による技術的な決定へ移るという．これらの点に関しては第二の波の論者との相違はないであろう．

2 「第三の波」論の問題点

コリンズとエヴァンスによる「第三の波」論文は，当時の科学社会学の重要な研究者の多くが前提としたことを批判的に論じたものであり，当然ながら強い反発を受けた．反論の内容は多岐にわたるが，ここではそのうち，とくに上記の問題にかかわるもののみを取り上げる．

第1の重要な問題は，フレーミングの問題である．B. ウィンの批判はそれに関するもので，そもそも最初に何が問題であるかは明らかではない，ということだ．専門家は，専門家として特定のフレーミングで事態を見るけれど，非専門家から見れば別の問題となる可能性があるからだ．何が問題であるかが決まっているとは限らないのであれば，当然ながら，何の専門知にかかわる問題なのかも決まっておらず，誰がその問題についての専門家であるのかも決まっていない．コリンズらは，この問題を十分に考慮していないというのであった（Wynne 2003）．

これに対してコリンズは，フレーミングに関してはすでに第二の波で述べられていることに異論はないのだという．2002年の論文の中でも，何が問題かということは，政治的な問題として決まることを述べている．コリンズらの扱いたかったのは，何が問題であるかが政治的に決まった後のことだというのである（Collins and Evans 2003）．しかし，そうだとしてもコリンズらが掲げた拡大性の問題という枠組みはフレーミングの問題を避けている．そもそも，アク

ター間のフレーミングが異なるときに，拡大性の問題に共有した解を出すことはきわめて困難であろう．

　第2に，コア・セットという概念の問題点である．S. ジャザノフ（Sheila Jasanoff）は，コリンズのいうところのコア・セットが論争を終結させるのではなく，論争の終結によってコア・セットが形成されるのだとしている（Jasanoff 2003）．同様に A. リップ（Arie Rip）も，コア・セットで考えられるような専門性は，条件がよく制御された閉じた環境において制御されるのであって，社会にかかわる問題について考えるのは難しいであろうとする（Rip 2003）．この点に関しては実証的な研究による検証が必要であるが，誰が専門家であるのか，ということに関して，アクターの観点から識別するという問題以前に，分析概念としてどう明快な定義を与えるのかということにコリンズらは充分に答えていない．規範的な理論を目指して理想的な概念を意図している以上，必ずしも実情を反映している必要はないが，コリンズらは特殊な事例をもとにモデルを考えていると思われ，あまりにも実態と乖離していては理論の有効性を確かめようがない．なお，コア・セットの概念は，以前からコリンズが主張しており（Collins 1985），「第三の波論」とは別の文脈でも批判されている（例えば Fujimura and Holmes（2019））．

　第3の点は，その1つの帰結であるが，この論文ではコリンズらが掲げた問題，すなわち第一種の決定不全性のような状況でどう決定をするか，という問題にこたえていないということだ．この問題に対して彼らの与えた解答が，「拡大性の問題」すなわち，どこまで参加を広げるかを考えることによって解く，というものであった．そこでコリンズらはコア・セットを中心とした同心円状の図を示している．このようなモデルは，専門知によって答えが出せるような場合，すなわちそもそも第一種の決定不全性が存在しないような場合には妥当である．コリンズらが「正統性の問題」に対する批判に挙げる例は，そのようなときに正統性の問題によって不適切な意思決定がなされた種類の事例である．そのような問題は，第二種の決定不全性，すなわち，専門知としては決着がついているにもかかわらず，政治的な要因のためにそれとは別の決定がなされるような問題として見るべきであろう（松本 2009; 2011）．第一種の決定不全性のもとで，専門知とそのコア・セットが不定であるときに，「拡大性の問

題」をどう定式化し，答えを出すのかについてはコリンズらは明確に答えていない.

　この点に関しては，コリンズらは 2007 年の『専門知を再考する』において改善している．すなわち「拡大性の問題」に対して，「分かってしゃべっている（know what they are talking about）」人たちは専門知の関わる問題に参加してよいという常識的な観点から出発し，専門知の分類を通して，そこに体験に基づく専門家や，相互行為型専門家も含めている（Collins and Evans 2007: 113）．専門知の分類を拡大性の問題に応用し，専門知の質的違いを考慮に入れ始めた点は評価できるが，拡大の問題自体は依然として後知恵によってしか妥当に答えられないように思われる.

　そもそも，専門的な意思決定における「正統性の問題」の弱点を是正するのに，「拡大性の問題」だけが唯一の方法ではないはずである．もともと，民主的な意思決定プロセス自体が多くの場合，直接投票の多数決ではなく，代議制等様々な政治プロセスが働いているのであり，そのなかに専門知の優位性を組み込む仕方は参加の範囲を限定・拡大する以外にも種々あるであろう.

　コリンズとエヴァンスの議論については，それ以外に数多く気になる点がある．コリンズらによる科学論の第二の波の叙述は，彼らが認めているように戯画的であり，極度に単純化している．専門知にかかわる重要な研究を数多く無視している．たとえばジャザノフは，専門知と民主主義の問題を考えるうえで重要であるにもかかわらず，コリンズらが取り上げていない重要な研究として，Shapin and Schaffer（1985），Latour（1987），Ezrahi（1990）を挙げている（Jasanoff 2003）．そもそもこの分野，科学技術社会論（以下，STS）の著作は，先行研究のレビューをきちんと行わない傾向があり，たとえばジャザノフ自身，"civic epistemology" という概念を提唱した Jasanoff（2005）において，Ezrahi（1990）を参照文献に含めているが，そこで提唱されている "civil epistemology" には言及がない（Ezrahi 2012）．とはいえ，コリンズらの叙述が一面的であることは事実であろう．彼らの例の多くは，『ゴーレム』三部作（Collins and Pinch 1998a; Collins and Pinch 1998b; Collins and Pinch 2005）に載っている事例か，コリンズ自身の研究であるが，『ゴーレム』三部作の記述からして，通俗化されすぎているのである．ただし，コリンズらの叙述がまったく

当てはまらないとするのもまた一面的であり，その当てはまる面についての批判の妥当性は認めるべきであろう．

　このような論争の構図はその後も続いた．2016 年ごろから「ポスト・トゥルース」的政治状況が脚光を浴びたとき，*Social Studies of Science* のエディターである S. シスモンド（Sergio Sismondo）は，"Post-Truth?" という記事を掲載した（Sismondo 2017a）．この前に S. フラー（Steve Fuller）が STS 研究者は「ポスト・トゥルース」を対称性の原理（Bloor 1976）の普遍化として受け入れるべきだと主張（Fuller 2016）したのを排しつつ，シスモンドの意図は「ポスト・トゥルース」的な状況の分析を STS 研究者がするように呼び掛けるものだったと思われる．これに対して，コリンズらが問題にしたのは，STS と「ポスト・トゥルース」との関係で，フラーのいうような前者から後者への因果関係はともかく，両者は密接な関係にあり，「ポスト・トゥルース」に対して STS のすべきことは，これまでなされてきたような政治的な研究で応えることでも，あるいはその政治性を否定するというさらに政治的な主張をすることでもなく，新たな研究，すなわち上記の SEE を進めることだというのであった（Collins *et al.* 2017）．シスモンドはこれに反論し（Sismondo 2017b），ほかに「ポスト・トゥルース」に関しては，例えばジャザノフ，M. リンチ（Michael Lynch），J. フジムラ（Joan Fujimura）らの応答があるが（Jasanoff and Simmet 2017; Lynch 2017; Fujimura and Holmes 2019），少なくとも 1 つの争点は STS の分野全体の研究をどのように見るかであり，その切り取り方によってそれと「ポスト・トゥルース」との関係も様々にとらえられることになる．例えば知識が社会的構築物であるというときに，そのことを知識が社会によって好き勝手にでっちあげられるものだととる人たちもいる．しかしシスモンドやフジムラら（Sismondo 2017b; Fujimura and Holmes 2019）が示唆するように，大部分の STS の実証研究が示すのは，「科学」や「技術」と呼ばれる知識が社会的に構築されるためにはきわめて大掛かりな社会的仕組みが必要であり，決して簡単にでっちあげられるような仕組みではないということである．たしかに，STS 分野の中にも多様な考え方の人たちがおり，だれもが実証研究をするわけでも，研究成果に通じているわけでもない．少なくともフラーのような人物を STS の内部に含める限り，「ポスト・トゥルース」と STS との関係を

否定するのは困難だろう．また STS が学問（science）だけではなく政治もやっているというコリンズらの指摘（Collins *et al.* 2017）は，実際その通りであるだけでなく，当然そうだと STS 研究者が答えなければ，普段の主張との整合性が取れないように思われるが，他方でもし SEE が政治性の問題を自動的に免れているとコリンズらが考えているとしたら，それもまた重大な過誤であろう．

　少なくとも初期の段階においては，コリンズらの専門知についての研究には，全体として思いつきの印象がぬぐえない．例えば，「相互行為の専門知」は，コリンズ自身の体験に基づくものである．彼は重力波研究を対象とした社会学者として，長年にわたって重力波の研究者集団の中でフィールドワークを行ってきた（Collins 2004; Collins 2010; Collins 2017a）．これによって重力波の研究そのものについて貢献はできないが重力波の研究者と研究について会話ができるだけの専門性を身に着けたのである．しかし，これ自体「体験に基づく専門知」であり，さらなる研究がなければ学問知としがたく，一般性が明らかではない．またコリンズらは，イミテーション・ゲームにもとづいた相互行為型専門知についての心理実験を行っているが，その実験はあまりにも安易なもので，これだけでは彼らの主張の信頼性をむしろ損なうものである（Collins *et al.* 2006; Collins and Evans 2007）．ただし，これは研究の進展とともに改善されていくことは期待できるであろう（Collins *et al.* 2017; Caudill *et al.*, eds. 2019）．

3 「第三の波」論の意義

　「第三の波」論には問題が多いとしても，それには重要な論点がいくつか提起されていた．ここでは 2 つだけ取り上げる．

　1 つは，正統性の問題という観点を対象化したことである．決定不全性の問題を正統性の問題によって解決することは，政治的な手続きとしては正しい．しかし，それ自体が 1 つのフレーミングなのである．その結果，専門知の観点からは必ずしも望ましくない解決を与える可能性がある．なぜなら，専門知を要するような問題についての正解は，民主的な手続き，たとえば多数決では得られないからだ．むしろ，高度な専門知であればあるほど，それを駆使する

ことのできる専門家は少数派であり，少数意見とならざるを得ない．そしてそのような専門知の欠如のもとでなされた決定は，往々にして盲目的で無責任な決定になる．このようなポピュリズムの問題をのちにコリンズは論じ，最近の著書でも強調している（Collins 2014; Collins and Evans 2017）．これは，科学知と民主主義がそのルーツをある程度共有して，非常な親和性をもち，しかも現代社会が民主主義と高度な専門知のもとに成り立っていながらも，ときにはその両者がきわめて相性が悪い状況が生じるという根源的な問題に起因する．例えば，民主的に正統な手続きによってえらばれた政治的な代表が，国の問題に対処するのに適切な専門知を欠き，そのために不適切な政策を立ててしまうということは，どの民主制国家にも起こりうることで，とくに今日の日本においては深刻である．このような危険を回避することに関して，現在の科学論は専門知を擁護する際に第一の波と同じようにすることしか知らないかのようだ．

そのことが鮮明な形で現れたのが，Society for Social Studies of Science（4S）における進化学の教育についての声明の問題であった．4S は，科学や技術についての社会科学的な研究に関する，もっとも規模の大きい国際学会である．最近そこで創造説やインテリジェント・デザイン説を米国の公教育で教えることを支持しない声明が検討されたことがあった．しかし，そのときに学会の委員会によって起草され，会員の検討に付された草稿は，きわめて出来の悪いものであった．進化学を擁護し，創造説や ID 論を排斥するこの声明は，メインストリームの生物系学会の声明を追認し，進化学の妥当性を素朴に主張するだけのもので，その学会の専門性がまったく発揮されなかった．これでは学会として声明を出す意味がまったくない．4S は生物学そのものに関しては門外漢にすぎないからだ．科学論の学者の一部は，S. フラーのように ID 論の側に立って発言することまでしていた（Fuller 2006; Lambert 2006）．それは論外としても，批判した学者たちの側も，その批判は理論的基礎を欠いていたと思われる．

現代の科学論は専門家の言説を批判し，その信頼性を崩すことはできても，異なる信頼性を比較し，相対的に信頼性の高い専門知に支持を与えることを得意としない．ある専門知を絶対視することは，それが間違うときの危険性を増大させるが，比較的信頼できる専門知を相対化し，その信頼性を低く見積も

りすぎたとき，より信頼できない知識が大手を振って流通してしまう危険がある．実際の意思決定に必要なのは，何が正しいかではなく，最もましな選択をすることなのであり，ある専門知がときには正しくないことを示すだけでは意思決定に有用ではない．これらの批判は，コリンズが「科学論の第二の波」と総称した研究すべてに当てはまるものではないが，そのなかの研究が陥る危険を示したということは少なくともいえるであろう．そして，「第三の波」論は，それが解決策を示しているかどうかはともかくとして，少なくとも問題提起したものととらえることができる．

コリンズとエヴァンスの「第三の波」論のもう 1 つの成果は，専門知（expertise）についての研究という方向を示したことである．私たちは，科学哲学，科学史，科学社会学という言葉を伝統的に使い続けているのだが，「科学」という言葉は定義不能であり，不必要な価値観が盛り込まれてしまっているので，避けることが望ましい．専門知ならば，おそらく社会学的な分析によりなじむと思われる．ただし，専門知についての研究は別に彼らが始めたわけではなく，それ以前にも例えば S. ターナー（Steven Turner）などによっておこなわれていたことに注意すべきである（Turner 2001）．そして，現時点でのコリンズらのいう「専門知の周期律表」は完成には程遠く，彼らの提唱する研究プログラム，「専門知と経験の研究」（Collins 2007）の有効性は未知数であると思われる．しかし，専門知のさまざまな様態についての研究が必要であることは間違いない．これまでの科学論が「科学」や「技術」といった歴史的に変遷し，当事者や研究者の間で線引きが絶えず争われているカテゴリーに拘泥しすぎたために，さまざまな問題を引き起こしてきたが，「専門知」として考えることで論点を明確化することができる．科学史においても，コリンズらとは一応別の発展であると思われるが，「科学」や「科学者」ということが不適切な時期・地域・テーマを対象とするときに，「専門知」「専門家」を用いることがなされるようになってきた[8]．特に重要なのは，相互行為型専門知などの分野間をつなぐ専門知や，「識別」などのメタ専門知を取り上げ，システマティックな研究への可能性に光をあてたことだ．このことの重要性については最終節に述べるであろう．

4 専門知と決定不全性

　ここで第一種の決定不全性の状況における決定をどのように行うか，という問題にもどろう．コリンズらに対するウィンなどによる批判によって明らかなとおり，コリンズらの分析には，フレーミングの観点が著しく欠けていた．問題を後から分析するならば，比較的容易である．分析者は対立するアクターから距離を置くことができ，彼らの異なるフレーミングを後知恵によって検討することができるからだ．その場合主な困難は，それぞれのフレーミングを理解することよりも，彼らが何を理解できなかったのかを理解することになるだろう．論争を扱うのに，歴史研究がもっとも適しているのは，このためである．

　しかし，現在進行中の事象に対して，専門知を要するときにはどうすればよいのか．まず，与えられた状況において，何が問題であるかは自明でない．そして，ある問題について，それがどのような専門知によって解けるかはあらかじめわかるわけではない．それどころか，現存する専門知によって解ける保証もないし，単一分野の専門知によって解けるとも限らないのである．複数の分野の専門知と，専門知を持たないが，問題とかかわりのあるステークホルダーや，その他の仲介者・翻訳者たちが協力行動を行い，それによって問題を解くための専門知をうまく組み合わせる必要が生じるかもしれない．また不適切な言説を広めるアクターを批判し，排除する必要も起こるであろう．そのような場合，それぞれのアクターが，それぞれのフレーミングのもとで，限定された視野をもっていて，相互を限られた範囲だけ理解し，それによって協力と排除を実現させるような可能性を求めなければならない．しかし協力行動は多くの場合，実現困難である．なぜなら，たとえ協力行動によって全体にとっての不利益を避けることができるとしても，それぞれのアクターが必ずしも個別には利得にならないような行動をとらなければならないからだ．これは心理学者のR. ドーズ（Robyn Daws）のいう社会的ジレンマの状況である（Daws 1980）．このような状況において，フレーミングのために個々のアクターが共通認識を持ち得ず，全体の利益を実現する状況すらみえなければ，協力行動はさらに困難になるであろう．

それでは，フレーミングの違いを乗り越え，第一種の決定不全性に対処できるのか．それに関して確実な処方箋があるわけではない．だが，その可能性を開くと思われるものを 3 つ挙げることができる．

　第 1 の鍵は，そのような状況を最初からなるべく避けることである．第一種の決定不全性はときに人間自身が引き起こす．とくに巨大システムはこのような問題を引き起こしやすい．意思決定が困難になるような道を最初から避けることで難問に取り組まずに済む．

　第 2 の鍵は，メタ認識による，フレーミングの自覚である．これは，クーン以降の科学論の第二の波が得意とするところで，その専門知が生かせるはずだ．フレーミングを自覚することによって，他のフレーミングの可能性を明らかにし，その理解を可能にしようというのである．ただし，それを自ら自身に向ける方法を考えなければならない．自分自身がどのようなフレーミングを知らず知らずのうちに前提してしまっているのか，ということを知るのは必ずしも容易ではない．

　第 3 の鍵は，フレーミングの境界のあいまいさをもとにした協働の可能性である．これは上記とは逆の方向へ向かうものだ．クーン流の科学論が認識枠組みの拘束性を強調したように，フレーミングについても，クーンのパラダイム論における共約不可能性と同じように考えるむきもあるかもしれない．しかし，1 人のアクターが 1 つのフレーミングしかとることができないとか，他のフレーミングをまったく理解できないと考える必要はなく，すべてのアクターがどれか 1 つの集団に分類されるわけでもない．いわゆる第二の波の時期の強調する点の 1 つ，すなわち境界のあいまいさは，まさにフレーミングやパラダイムに類する概念に適用されるべきであり，実際になされている．例えば，S．L．スター（Susan Leigh Starr）と J．グリースマー（James R. Griesemer）のバウンダリー・オブジェクトの概念は，異なる種類のアクターが，異なる理解をしながらも協力できる可能性を示している（Star and Griesemer 1989; Star 2010）．また，P．ギャリソン（Peter L. Galison）の「交易圏（trading zone）」の考えも，異なる文化に属するアクターたちが活動領域を共有しつつ，部分的な理解を通して協力行動をとれる可能性を示している（Galison 1997）．そして，コリンズらの挙げる相互行為型専門知等も，まさに異なる分野を結ぶ種類の専

門知であり，交易圏と結びつける研究もある（Gorman, ed. 2010）．そのような
ものは相互行為型専門知に限るものでなく，むしろ他の可能性も考えるべきで
あろう．これらの異なる専門知を結び付ける種類の専門知やその他の概念装置
は，第一種の決定不全性に対処するための重要な鍵であるように思われる．

　そのようなときに，科学論の役割は，科学，工学，医学等の，認証された専
門知を批判するだけではない．なぜならそれだけでは，科学論の研究者の多く
が属する人文学，社会科学の専門分野と，上記の分野との対立を生みだし，協
働の可能性をつぶしてしまうからである．異なる分野の専門家が協力して専
門知を補い合って問題に取り組むべき状況において，対立しかなければ問題を
悪化させる可能性が高い．このような対立構造の1つの原因は，検討の対象
となった専門知がいわゆる科学と技術に限定され，人文学・社会科学の研究者
は，あたかも他人事のように批判できてしまい，自らの専門知がより高次，あ
るいはメタな知識であるように錯覚してしまったことであった．しかし，専門
知という広い枠組みで観たときに，同じ批判は自らに返ってくるはずである．
そのような立場からならば，批判をして，かつ協力するという可能性は残るの
ではないか．

　このような意味でもいったん科学論の枠組みを崩し，専門知についての研
究と理論的考察を進めることは大きな意味を持つ．そして，「第三の波」論は，
さまざまな欠陥にもかかわらず，そのための重要な契機であるように思われ
る．

1)　本稿では "expertise" に「専門知」という言葉をあてるが，元の言葉には "knowledge"
　という言葉が含まれていないことに注意すべきである．必ずしも通常の意味での知識，
　すなわち「知られたこと」であるとは限らず，例えばいわゆる「暗黙知」のようなもの
　も含む．ただし，expertise は必ずしもいわゆる知識ではなく，専門知を持つこと，すな
　わち「専門性」の意味でつかわれることもあり，そのような箇所では「専門性」と書く．
2)　この種の問題は日本では Alvin Weinberg の「トランス・サイエンス」の概念（Wein-
　berg 1974）を用いて論じられることが多い（例えば，小林（2007））．しかし，「トラン
　ス・サイエンス」概念は，「科学」と同様ないしそれ以上に概念的な問題があり，分析概
　念としては使い難いので，ここでは避けている．
3)　本稿では「科学論」を "science studies" の訳語として用いている．「科学論」という言
　葉は日本では戦前からの伝統があり紛らわしく，STS（Science and Technology Studies な
　いし Science, Technology, and Society）すなわち日本語の科学技術社会論という言葉とは

ぼ同じ意味で用いることもあるが，元の表現に従って区別する．
4)　本稿では "legitimacy" に対して，「正統性」という訳語を用いる．ここで問題にしているのは，個々の決定の正しさではなく，それを導く政治的な手続きの正しさである．
5)　ここで「コア科学者」のようにコアを構成するのが科学者であるように書いたのは，コリンズらの記述に従っている．コリンズらの専門知の議論に従えば，職業的には科学者ではないが，貢献型専門知を持つ者がコアの一部になることはありうるはずである．
6)　Interactional expertise は，「相互作用の専門知」とも訳されるが，ここでいう interaction は物理的な相互作用ではなく，人々のやり取り，特に会話などのことである．E. ゴッフマン（Erving Goffman）の著書の邦題（Goffman 1961; Goffman 1967）にあるように「相互行為」とした．なお，脱稿から校正時までに Rethinking Expertise の邦訳が "出版されたか"，訳語の比較は見送ることにした．
7)　元の言葉である "beer-mat knowledge" の "beer-mat" とは，イギリスのパブなどで供される厚紙のコースターのことである．そのような厚紙のコースターは多彩なものがあり，しばしば主に広告目的の情報が印刷されていることがある．ここでコリンズらが "beer-mat knowledge" として指すのは，そのような断片的な知識のことである．本稿では意訳して，「まめ知識型知識」とした．
8)　たとえば Ash, ed.（2010）．

【文献】

Ash, Eric H., ed., 2010, "Expertise: Practical Knowledge and the Early Modern State," *Osiris*, 25.

Bloor, David, 1976, *Knowledge and Social Imagery*, London: Routledge & Kegan Paul　佐々木力・古川安訳『数学の社会学——知識と社会表象』培風館，1985.

Caudill, David S., Shannon N. Conley, Michael E. Gorman, and Martin Weinel, eds., 2019, *The Third Wave in Science and Technology Studies: Future Research Directions on Expertise and Experience*, Cham: Palgrave Macmillan.

Collins, Harry [M.], 1985, *Changing Order: Replication and Induction in Scientific Practice*, Chicago: The University of Chicago Press.

Collins, Harry M., 1992, "Son of Seven Sexes: The Social Destruction of a Physical Phenomenon," *Social Studies of Science*, 11: 33–62.

Collins, Harry M., 2004, *Gravity's Shadow: The Search for Gravitational Waves*, Chicago: The University of Chicago Press.

Collins, Harry M., 2007, "A New Programme of Research?" *Studies in History and Philosophy of Science*, 38: 517–620.

Collins, Harry M., 2010, *Gravity's Ghost: Scientific Discovery in the Twenty-First Century*, Chicago: The University of Chicago Press.

Collins, Harry M., 2014, *Are We All Scientific Experts Now?*, Cambridge: Polity　鈴木俊洋訳『我々みんなが科学の専門家なのか？』法政大学出版局，2017.

Collins, Harry M., 2017a, *Gravity's Kiss: The Detection of Gravitational Waves*, Cambridge, Mass.: MIT Press.

Collins, Harry M., 2017b, "STS as Science or Politics?" *Social Studies of Science*, 47: 580–586.

Collins, H[arry]. M. and Robert Evans, 2002, "The Third Wave of Science Studies: Studies of Expertise and Experience," *Social Studies of Science*, 32: 235–296.d.

Collins, Harry M. and Robert Evans, 2003, "King Canute Meets the Beach Boys: Reponses to the

Third Wave," *Social Studies of Science*, 33: 435–452.

Collins, Harry M. and Robert Evans, 2007, *Rethinking Expertise*, Chicago: The University of Chicago Press.

Collins, Harry M. and Robert Evans, 2017, *Why Democracies Need Science*, Malden: Polity.

Collins, Harry M., Rob Evans, Rodrigo Ribeiro, and Martin Hall, 2006, "Experiments with Interactional Expertise," *Studies in the History and Philosophy of Science*, 37: 656–674.

Collins, Harry M., Robert Evans, and Martin Weinel, 2017, "Interactional Expertise," in Ulrike Felt *et al*., *The Handbook of Science and Technology Studies*, Fourth Edition, Cambridge, Mass.: The MIT Press, pp. 765–792.

Collins, Harry M. and Trevor Pinch, 1998a[1993], *The Golem: What You Should Know about Science*, 2nd ed., Cambridge: Cambridge University Press　福岡伸一訳『七つの科学事件ファイル──科学論争の顛末』化学同人，1997.

Collins, Harry M. and Trevor Pinch, 1998b, *The Golem at Large: What You Should Know about Technology*, Cambridge: Cambridge University Press　村上陽一郎・平川秀幸訳『迷路のなかのテクノロジー』化学同人，2001.

Collins, Harry M. and Trevor Pinch, 2005, *Dr. Golem: How to Think about Medicine*, Chicago: The University of Chicago Press.

Daws, Robyn M., 1980, "Social Dilemmas," *Annual Reviews of Psychology*, 31: 169–193.

Epstein, Steve, 1996, *Impure Science: AIDAS, Activism, and the Politics of Knowledge*, Berkeley: University of California Press.

Ezrahi, Yaron, 1990, *The Descent of Icarus: Science and the Transformation of Contemporary Democracy*, Cambridge: Harvard University Press.

Ezrahi, Yaron, 2012, *Imagined Democracies: Necessary Political Fictions*, Cambridge: Cambridge University Press.

Fujimura, Joan H. and Christopher J. Holmes, 2019, "Staying the Course: On the Value of Social Studies of Science in Resistance to the 'Post-Truth' Movement," *Sociological Forum*, Vol.34, DOI: 10.1111/socf. 12545.

Fuller, Steve, 2006, "A Step Toward the Legalization of Science Studies," *Social Studies of Science*, 36: 827–834.

Fuller, Steve, 2016, "Embracing the Inner Fox: Post-Truth as the STS Symmetry Principle Universalized," Social Epistemology Review and Reply Collective（https://social-epistemology.com/2016/12/25/embrace-the-inner-fox-post-truth-as-the-sts-symmetry-principle-universalized-steve-fuller　最終アクセス 2019 年 8 月 31 日.

Galison, Peter L., 1997, *Image and Logic: A Material Culture of Microphysics*, Chicago: The University of Chicago Press.

Goffman, Erving, 1961, *Encounters: Two Studies in the Sociology of Interaction*, Indianapolis: Bobbs-Merril　佐藤毅・折橋徹彦訳『出会い──相互行為の社会学』誠信書房，1985.

Goffman, Erving, 1967, *Interactional Ritual: Essays in Face-to-Face Behavior*, Chicago: Aldine　広瀬英彦・安江孝司訳『儀礼としての相互行為──対面行動の社会学』法政大学出版局，1986.

Goldman, Alvin I., 2006, "Experts: Which Ones Should You Trust?" in Evan Selinger and Robert P. Crease, eds., *The Philosophy of Expertise*, New York: Columbia University Press, pp. 14–38.

Gorman, Michael E., ed., 2010, *Trading Zones and Interactional Expertise: Creating New Kinds of Collaboration*, MIT Press.

Irwin, Alan and Brian Wynne, eds., 1996, *Understanding Science? The Public Reconstruction of Science and Technology*, Cambridge: Cambridge University Press.

Jasanoff, Sheila, 2003, "Breaking the Waves in Science Studies: Comment on H. M. Collins and Robert Evans, 'The Third Wave of Science Studies'," *Social Studies of Science*, 33: 389-400.

Jasanoff, Sheila, 2005, *Designs on Nature: Science and Democracy in Europe and the United States*, Princeton: Princeton University Press.

Jasanoff, Sheila and Hilton R. Simmet, 2017, "No Funeral Bells: Public Reason in a 'Post-Truth' Age," *Social Studies of Science*, 47: 751-770.

小林傳司, 2007, 『トランス・サイエンスの時代——科学技術と社会をつなぐ』NTT 出版.

Krimsky, Sheldon and Dominic Golding, eds., 1992, *Social Theories of Risk*, Westport: Praeger.

Kuhn, Thomas S., 1962, *The Structure of Scientific Revolutions*, Cambridge: Harvard University Press 中山茂訳『科学革命の構造』みすず書房, 1971.

Lambert, Kevin, 2006, "Fuller's Folly, Kuhninan Paradigms, and Intelligent Design," *Social Studies of Science*, 36: 835-842.

Latour, Bruno, 1987, *Science in Action: How to Follow Scientists and Engineers through Society*, Cambridge: Harvard University Press 川崎勝・高田紀代志訳『科学が作られているとき——人類学的考察』産業図書, 1999.

Lynch, Michael, 2017, "STS. Symmetry and Post-Truth," *Social Studies of Science*, 47: 593-599.

松本三和夫, 2009, 『テクノサイエンス・リスクと社会学——科学社会学の新たな展開』東京大学出版会.

松本三和夫, 2011, 「テクノサイエンス・リスクを回避するために考えてほしいこと——科学と社会の微妙な断面」『思想』No. 1046: 6-26.

Rip, Arie, 2003, "Constructing Expertise: In a Third Wave of Science Studies?" *Social Studies of Science*, 33: 419-434.

Selinger, Evan and Robert P. Crease, eds., 2006, *The Philosophy of Expertise*. New York: Columbia University Press.

Shapin, Steven and Simon Schaffer, 1985, *Leviathan and Air-Pump: Hobbes, Boyle, and the Experimental Life*, Princeton: Princeton University Press 吉本秀之監訳, 柴田和宏・坂本邦暢訳『リヴァイアサンと空気ポンプ』名古屋大学出版会, 2016.

Sismondo, Sergio, 2017a, "Post-Truth?" *Social Studies of Science*, 47: 3-6.

Sismondo, Sergio, 2017b, "Casting a Wider Net: A Reply to Collins, Evans and Weinel," *Social Studies of Science*, 47: 587-592.

Star, Susan Leigh, 2010, "This is Not a Boundary Object: Reflections on the Origin of a Concept," *Science, Technology, & Human Values*, 35: 601-617.

Star, Susan Leigh and James R. Griesemer, 1989, "Institutional Ecology, 'Translations' and Boundary Objects: Amateurs and Professionals in Berkeley's Museum of Vertebrate Zoology, 1907-39," *Social Studies of Science*, 19: 387-420.

Turner, Stephen, 2001, "What is the Problem with Experts?" *Social Studies of Science*, 31: 123-149.

Weinberg, Alvin M., 1974, "Science and Trans-Science," *Minerva*, 10: 209-222.

Wynne, Brian, 1992, "Risk and Social learning: Reification to Engagement," in Sheldon Krimsky and Dominic Golding, eds., 1992, *Social Theories of Risk*, Westport: Praeger, pp. 275-300.

Wynne, Brian, 1996, "Misunderstood Misunderstandings: Social Identities and Public Uptake of

Science," in Alan Irwin and Brian Wynne, eds., 1996, *Understanding Science?: The Public Reconstruction of Science and Technology*, Cambridge: Cambridge University Press, pp. 19-46 立石裕二訳・解題「誤解された誤解——社会的アイデンティティと公衆の科学理解」『思想』No. 1046, 2011: 64-103.

Wynne, Brian, 2003, "Seasick on the Third Wave? Subverting the Hegemony of Propositionalism: Response to Collins & Evans (2002)," *Social Studies of Science*, 33: 401-417.

4章
リスク論と科学社会学
社会的合理性論とその問題

小松　丈晃

1　科学社会学とリスク概念

　リスク（risk）は，日本では 90 年代半ば以降，各種のメディアで頻繁に使用される語彙の 1 つとなった．金融や賭けごと，病などじつに多様な事象に適用できる言葉であり，（「評判リスク (reputational risk)」「オペレーショナル・リスク」など）次々と新しいカテゴリーのリスクが「発明」され続けているが，社会学の中では主として，（巨大な）科学技術が生態系や人体の健康に対して及ぼす（負の）影響を論じる脈絡の中でよく使用されてきたし，2011 年 3 月の東日本大震災以降はとりわけそうである．今日，科学が「体制化」（広重 2002-2003）して以降，たとえば原子力にかかわる科学に典型的に見られるように，国家の政策目標と科学とが切り離せなくなるにつれて，価値と事実の領域も多分に交錯し，科学と技術はいわば一体化して「テクノサイエンス」とも呼ばれるようになる．このような変化とともに，原子力発電所事故のように，科学技術の抱える問題も「テクノサイエンス・リスク」（松本 2009）として，人々の日常生活や人生を大きく変えてしまうほどの影響力を持ち，誰もがこれを否応なしに意識せざるをえなくなっている．

　今日的なテクノサイエンス・リスクの特徴の 1 つは，ある論者の巧みな表現を用いれば，社会そのものを（広い意味での）「実験室」に変える点にあると言える（「実験室としての社会」(Krohn and Weyer 1990)）．条件を操作できる閉じられた実験室内でのトライアル・アンド・エラーは，「新しい知識」を入

手するために不可欠な手順の 1 つだが，こうしたテクノサイエンスの「エラー」あるいは「偽」は，社会のただなかでの「事故」というかたちをとり，社会そのものを危機にさらすことになる．これらの技術は，社会やその生物学的な条件を，広い意味での「実験室」として利用し，社会そのものあるいは生態系・人体が，仮説を「検証」するための実験室となる，というわけである．したがって「エラー」からの学習も，事実としてこうした技術が社会の中で試された経験から，しかもしばしばすでに不可逆的な過程が出来してしまったあとの経験から，獲得されざるをえない．いうまでもなく，このように社会そのものを「実験室」へと変える科学技術には，世代間倫理あるいは公正性等といった「倫理」をめぐる問題群が不可避的に付随することになる．「リスク」はいまや，科学社会学にとっても不可欠の概念の 1 つとなりつつあると言える．

　ところで，リスクとは何を意味しているのだろうか．「リスク」に関する標準的なテキストの記述は，たいてい，リスクの定義が実に多様であることの確認から始まるほど，リスクの定義は難しい．とはいえ，たとえば，ISO（国際標準化機構）などの主要な国際規格や JIS（日本工業規格）でのリスクの定義によると，たとえば，「危害の発生確率と危害のひどさの組み合わせ」，あるいは「事態の確からしさとその結果の組み合わせ，または事態の発生確率とその結果の組み合わせ」といった説明が目に入る．端的に言えば，「損害の規模×発生の頻度」がリスクである，ということになる．要するにリスクの「大きさ」とは，発生すると想定される損害の規模と，その損害が発生する確率との積によって決まる．損害の規模が小さくても，かなりの確率で発生する損害であれば，そのリスクは高くなり，また，数十年に一度といったような確率でしか発生しない，非常に確率の低いと見積もられる（ちなみに，原発事故のように，発生確率が低いかどうかの見積もり自体，議論の対象となることがある）ものでも，それがいったん生起したときの損害の規模が大きければ，そのリスクは大きくなる．

　こうした定義に基づく定量的なリスク論はそれ自体重要であり，社会学も決して，その存在理由を簡単に否定すべきではない．とはいえ，たとえば原発から 20 マイル以内に 150 年住み放射線によってがんになるリスクと，自動車 10 マイルの走行，1 日 1.4 本の喫煙，等々のリスクとが「比較」され，原発の抱

えるリスクがいかに「小さい」かが強調されたり，20 mSv/年 という低線量被曝が，他の発がん要因と比較しても「十分」低いものだとする「リスク科学」に基づく議論がなされたりするとき，人々は，そこに何らかの問題の「すり替え」を感じとってしまう．超長期にわたる放射性廃棄物の管理のような前人未踏の困難な問題は，そもそもリスク・ベネフィット分析のようなものでは対応しきれないという問題もあるが，科学的に合理的な視点からするリスク分析を離れた視点からすると，いったん事故が起こった場合に社会に対して後戻りできない帰結をどの程度もたらしうるのかという「不可逆性」の度合いや，世代間・環境的公正の観点などからみた「公正性」，などといった要素を度外視した計算だけでは，問題の解決へといたるのは難しい．こうしたリスク分析をめぐる問題の中に，後述する（U. ベック（U. Beck）らの述べる）科学的合理性と社会的合理性との対立の構図が典型的なかたちであらわれている，とみてよいだろう．原子力の問題に限らず，「トランスサイエンス」（A. ワインバーグ（A. Weinberg））と呼ばれる問題群をめぐっては，このような両者の対立はとりわけ先鋭になる．この章のテーマは，こうした（社会（科）学的な）リスク論が（とりわけU.ベックなどによって）展開されてゆくなかで生まれてきた，科学的合理性に「社会的合理性」を対置し科学的合理性のみに依拠した議論を批判する，という議論運びの意義とその問題点を，ごく大づかみにではあるが明らかにすることである．次節ではまず，リスク問題の対処の仕方がいかに変化してきたかについて一瞥してみたい．

2　リスク行政の変化

リスク評価とリスク管理

　リスク問題への対処の仕方は，70 年代からおおむね次のような段階を経て変わってきたといわれており（石原 2004: 91-92; 谷口 2008 などを参照），まずはこれを簡単に振り返ってみよう．アメリカ合衆国でいえば，1972 年にテクノロジーアセスメント法が成立し，米国議会技術評価局（**OTA**）が創設されたことを契機にして，リスク評価は，政策のための「材料」を提供するものだとされ，価値判断にかかわる政策決定とは区別されて，客観的・科学的であるべ

きだと考えられた．全米研究評議会（NRC）が 1983 年に出した報告書「連邦政府機関におけるリスク評価（risk assessment）」（通称「レッドブック」）での提案がそれであり，そこでは，リスク評価とリスク管理（risk management）とを明確に区別し，リスク管理（＝政治）にかかわる決定の，科学からの自律性が強調された．しかしその後，1996 年以後になると NRC は，いくつかの報告書で，こうした考え方を改め，「科学的」であるべきだとされていたはずのリスク評価の段階から，積極的に，多様な利害関係者を参加させるべきであり，政策決定を念頭においたリスク評価もなされうるという，いわゆる「協働型」のプロセスを提案するにいたる．このような流れを肯定的にみるのであれ批判的にみるのであれ，アメリカに限らず，ヨーロッパや日本でも，多様な利害関係者の「参加」と「コミュニケーション」を重視する見解が，現在のリスク問題への対処の仕方の大きな流れの 1 つを形作ってきたといえる．

　以上の変化を念頭におきながら，ドイツの環境社会学者 O．レン（O. Renn）もまた，リスク評価（＝科学）とリスク管理（＝政治）との関わりについて，⑴「テクノクラティック・モデル」（科学が政治を決める），⑵決断主義モデル（decisionistic model）（上記の「レッドブック」（1983 年）で提案されたような，リスク評価とリスク管理との明確な区別に基づき，政治の，科学からの自律性を強調するモデル），⑶透明性（包摂 inclusive）モデル（リスク管理とリスク評価との界面に力点を置き，リスク管理段階のみならず，リスク評価やプレ評価段階にも，多様なアクターの関与を強調する）を区別する（Renn 2008: 11）．

　レン自身は，主として⑶の立場に立ちながら，固有の「リスク・ガバナンス」論（「参加型」を基本としながらも，リスクの種類，すなわち⑴「単純（simple）あるいはリニアな（linear）リスク」，⑵「複雑な（complex）リスク」，⑶「不確実な（uncertain）リスク」，⑷「（解釈的に／規範的に）多義的な（ambiguous）リスク」という種類に応じて，参加型にすべきか否か（⑶や⑷では「テクニカル」な処理はできず参加型の議論が必要とされる），誰がガバナンス過程に参加すべきか，どんな手法が適切かなどを使い分けるべきであるという提案）を展開している．このレンの（あるいはレン自身も参加している国際リスクガバナンス評議会（IRGC）の）枠組みは，「参加型」のリスク規制が必ずしもつねに有効とは限らないとの認識に依拠しながら，どんな種類の参加・討議が，どんなケース

で必要かという問いに,「リスクを分類する」という観点から答えようとした試みであり重要である. もっとも, 他方で, 個々のリスクを, 誰がいかなる手続きでどの (4ないし5つの) カテゴリーに区別するのか, という課題は残されているように思われる (レンは, この課題に取り組むための「設計討論」なるものの必要性に触れてはいるが). この課題はレンの議論にとって核心に位置づけられるべきものだろう. この点が等閑にされると, 本来「政治的」に公共的な論議を経て解決の道筋を探るべき (「不確実」あるいは「多義的」な) 問題であるはずのものを, 純粋に技術的な (「単純あるいはリニアな」) 問題へと縮減するための「チャンス」を見いだす向きも登場するかもしれない. こうした縮減は, 上記の「テクノクラティック・モデル」と親和性を有し, ときとして, 後述するような, (被害のリスクをではなく) 住民の「不安」を管理し (潜在的) 被害者を「啓蒙」や「説得」の対象としてしかみなさない短絡的なリスクコミュニケーションの実践へと道を開くことにもつながりうる[1].

　ともあれ, このようなリスク評価とリスク管理との関係の変化と類比的な議論は, 昨今新たに生じたものではなく, 社会学の古典的な作品の中でも (精確に重なり合うわけではないが) 繰り返されてきた. たとえば, J. ハーバマス (J. Habermas) は, 1968年の著作『イデオロギーとしての技術と科学』(Habermas 1968=2000) の中ですでに, ①「決断主義モデル」, ②「テクノクラシーモデル」, ③「プラグマティズムのモデル」を区別していた. 決断主義モデルの代表者は, M. ウェーバーである. たとえば「新秩序ドイツの議会と政府」(1918年) では, 合理的専門的な特殊化と訓練を特徴とする近代的官僚制が普遍化してゆく過程 (「全般的官僚制化」) の中で, 彼は, 政治的行為や決定が官僚制の固有論理に服従せざるをえなくなる事態をおそれた. 指導的政治家の決定権限は, 官僚の特殊化された専門知識からは厳密に区別されるべきであり, 専門的官僚は「政治を規定すべきではな」く,「政治を営む」のは官僚の仕事ではないという. 全般的官僚制化の中で政治的指導者精神が枯渇してしまってはならず, 人格的な価値指向と責任意識によって, ひとり決定を下さねばならない. そのうえでウェーバーは, 当時, ビスマルク以降ドイツに欠落していた政治的指導者層を訓練・社会化してゆくための場としての議会に, 大きな期待を寄せた.

これの対極に位置づけられるのが，ハーバマスによれば，60年代初頭に「専門家支配」や「技術国家」を構想したH. シェルスキー（H. Schlesky）の理論のような「テクノクラシー・モデル」である（Habermas 1968=2000: 139-140）．1961年の「科学的文明化の中の人間」（Schelsky 1965: 439-480）の中で，シェルスキーは，近代化の展開経路を規定するのはもはや「政治」ではなく，科学技術の「物的法則性（Sachgesetzlichkeit）」だと主張する．専門家（Expert）たちが，そうした「物的法則性」に即して獲得した知識を政治に提供する場合にのみ，政治は合理的に決定できるのであり，政治は，提供された専門知がもたらす「技術的な最適性にしたがってその決定を下すだけ」（城 2001: 173）だとされる．したがって，諸価値の調整を行う本来的な政治はほとんど不要になる（Schlesky 1965: 457）．

　そして，ハーバマス自身は，この60年代末の著作では，上記2つのモデルに代えて「プラグマティズムのモデル」を構想している（Habermas 1968=2000: 144）．これは，「一方で，科学的な専門技術者が，決定をくだす当該官庁に〈助言〉をし，逆に，政治家は実践上の必要にかんして科学者に〈委託〉する」といった政治家と科学者との「相互対話」のモデルであり，今日の視点からすればこれ自体にはとくに新しさはないが，のちに，こうした議論を足がかりにして「コミュニケーション的行為の理論」が展開されてゆく．

ダグラスの貢献

　では上述したようなリスク行政の変化を促した要因として何があったのか．その1つとして，イギリスの人類学者M. ダグラス（M. Douglas）が，（ダグラスが77-78年にラッセルセージ財団で客員研究員をしているときに出会った，ダグラスとは政治的立場も価値観も異なるアメリカの政治学者）A. ウィルダヴスキー（A. Wildavsky）との共著で1982年に公刊した『リスクと文化』（Douglas and Wildavsky 1982）をはじめとした，リスク論に対する人文・社会科学の分野からの貢献がある，と指摘する向きがある（Lupton 2013; 石原 2004: 93）．それは，簡単にいえば，リスクの「社会構築」的側面や人々のリスク認知の固有性に着目し，人々のリスクに対する反応は決して誤謬とかバイアスではないと主張するものであるが，そういった議論の端緒を切り開いた重要な貢献の1

つとして，いま挙げたダグラス（ら）の議論の基本的視点を簡単に見ておくことにしよう[2]．

　ダグラスの理論は，現在でも，以下の「グリッド – グループ・モデル（grid-group model）」と呼ばれる枠組みなどを介して，C. フッド（C. Hood）等の政治学者や新制度派に関心を持つ研究者などにも影響を及ぼし続けているが，50 年代から始まる研究生活全体で扱われたテーマは人類学や宗教学の枠をはるかに越えるきわめて広範なものであり容易には整理できない．だが基本的な問題関心は，社会的組織化のあり方によって変化する人間の思考スタイルや認知の相違を説明すること，またその相違から生ずる社会的コンフリクトを説明しそれを抑制するための道筋を探ること，にあった．まずは，彼女の出世作となった 1966 年の『清浄さと危険（*Purity and Danger*）』（日本語訳書名『汚穢と禁忌』）をみてみよう．

　我々はどんなときに，あるいは何をきっかけにして，汚い／きれいという区別をしているだろうか．ダグラスの見解のポイントは，これを「（分類の）秩序」のあり方と関連づける点にある．たとえばダグラスは次のように述べている．「靴は本来汚いものではないが，それを食卓の上に置くことは汚いことなのだ．食物はそれ自体では汚くないが，調理用具を寝室においたり，食物を衣服になすりつけたりすることは汚いことなのである」（Douglas 1966=2009: 104）．つまり，「汚れている」ものとは，一般に尊重されている「分類の秩序」を混乱させたり，それと矛盾する行動や観念のことである．「これ」と「あれ」の間に境界線を設けるこうした分類秩序は，日常的にはほとんど意識されないが，それが攪乱されると，ある種の不快感とともに「その行為・事物は汚い」あるいは「危険だ」という感覚が引き起こされる．したがって，「汚い・危険なもの」は，それ自体として汚い・危険なわけではない．ある一定の社会・文化の中でそれを汚いと分類する観念の秩序を参照することではじめて，汚い／危険なものとなり，またそうした「汚れている」ものへの接触をタブーとして禁止する行為によって分類の秩序が維持される．したがって「禁忌」は非合理的で理解不能なものなどではなく，こうした秩序を破壊しうる行為や事物から秩序（や社会）を保護しようとする，ある意味で合理的で理解可能な行為である．リスクに引きつけて言えば，リスクをもたらすとされる行為を道徳的非難

の対象にすることによって，社会秩序や社会関係の修復がもたらされるわけである．その意味で，リスクと道徳的非難とは密接に関連する．

　こうした認識のもとで，ダグラスは，当時のベルギー領コンゴのカサイ川沿いで暮らしていたレレ族に関するフィールドワークに基づく事例分析を展開している．たとえばレレ族では，どこに「属する」かはっきりしないもの（たとえば胎児）や移ろいやすいものが分類の秩序を脅かすものであり，危険なものとして日常生活から遠ざけられる（Douglas 1966=2009: 230）．危険についての懸念や不安は，とりわけ（社会や身体の）周縁部，つまり境界線をまたぐ部分に集中するのである．同書刊行当時は環境汚染との関連は当然意識されていなかったが，穢れや汚れ，危険やタブーといったものを，象徴体系や分類秩序と関連づけて分析するというのが，ダグラスの基本的な観点であった．そうした認知のための枠組みは個人にむしろ外在し，個人を拘束するものですらあり，いわば「集合表象」（E. デュルケム（E. Durkheim））である．

　その後，ダグラスはさらに，デュルケムの『自殺論』における周知の自殺の4類型論やB. バーンスティン（B. Bernstein）の議論をもとに，「グリッド－グループ・モデル」なる枠組みを練り上げ，上記の『リスクと文化』でも，これを援用している．『リスクと文化』では，特にアメリカ社会を舞台に，何がリスキーなものとして認知されるのか（「リスクは選択される」）は，社会的組織化の類型により異なるということが説明される．この本の前半では，ヒエラルヒー的な組織化類型や個人主義に基づく市場が主として取り上げられ，後半では，アメリカの環境保護運動（やアーミッシュ）などの（「セクト」と呼ばれる）類型が分析され，それぞれの組織類型の特徴づけと，それぞれにおいて何がリスクとして選択されるのかが論じられる．

　この，ヒエラルヒー，市場（個人主義），セクトという区別のもとになっているのが，グリッド－グループ・モデルである．これは1970年の *Natural Symbols*（日本語訳書名『象徴としての身体』）で初めて提示されたものだが，社会的規制（グリッド次元：個人の選択がルールによって規制される度合いで，これが高いと個人の自律性が制限）／社会的統合（グループ次元：内（「我々」）と外（「彼ら」）が区別される度合い，及び外部と区別された集団の中に個人が包摂される度合い）の強／弱をクロスさせて，①規制が強く統合も強い類型（ヒエラル

ヒー：個々人がその集団に包摂される度合いも高く，メンバーへの規則も強い），②規制が強く統合が弱い類型（アトム化された服従 atomized subordination：さまざまな規則や統制を甘受させられながらも，自身はそうしたルールを定める集団の意志決定から閉め出されており，宿命論が支配的になる），③規制が弱く統合が強い類型（孤立的集団（enclave）ないし「セクト」：環境保護の運動体やセクトが典型例で，集団の内外の区別が明確で個々人がその集団にコミットする度合いが高いが，メンバー間の平等が保持されメンバーに課されるルールや規制は小さい），④規制も弱く統合も弱い類型（個人主義：集団への包摂の度合いが低く規則による縛りも弱く，市場での競争を生き抜く企業家の世界が典型），が析出される．いささか分かりにくさが残る類型論だが，デュルケムの『自殺論』と照らし合わせてみると，まず，自己本位的自殺／集団本位的自殺がそれぞれ，個人が集団から過度に孤立化する／過度に包摂される，ということから起こるもので，ここでの「グループ次元」に相当し，宿命的自殺とアノミー的自殺がそれぞれ，個人の選択が過度に抑制される／過度に解放される，ということから起こるもので「グリッド次元」に相当する，と考えれば，理解の手がかりにはなるだろう．

　この枠組みによれば，類型がこのように異なると，どんなことがリスクとして選択・認知され非難や恐怖の対象となるかも異なり，また，ある立場からみれば，他の立場のリスク認識は，「非合理」に見えることになる．たとえば④にとっては，行動への規範的な拘束・統制が最大の脅威である一方で，これまでと異なる新しさはむしろ称揚される．だが行政組織のような①の組織化類型にとってもっともリスキーなのは「逸脱」や「（秩序の）混乱」であり，それゆえ行政は，「住民の不安の高揚」といった（行政にとっての）リスクの処理を優先しがちになる．これは東日本大震災でも見られた「エリートパニック」や，イタリアの 2009 年のラクイラ地震（同年 4 月にイタリア中部ラクイラ市で発生し 300 名以上の犠牲者を出した大地震及びその前の群発地震）に典型的なかたちで示されている．後者の事例では，M6.3 の大規模地震の前に M3 以下の小地震が群発していたが，行政（イタリア市民保護庁）が住民の不安抑制のために科学的に誤った「安全宣言」を出したため，多くの市民が避難をやめ，その後の M6.3 の地震で多数の犠牲者が出てしまった（纐纈・大木 2015）．

ダグラス（Douglas 1992）は，このモデルを用いて，フランスのブルターニュにおける HIV/AIDS のリスクに対する住民間の反応の仕方の相違について，各住民集団の「身体観」と関連づけた分析も行なっている．もっとも，ダグラスのこうした議論は注目される反面数多くの批判が寄せられ，また社会的組織の類型を 4 つに限定することへの批判（なぜ 4 つしかないのか，等）や，個人や集団がこの 4 類型間を行き来する可能性が示されていないといった批判も当然ある．しかしこのモデルはあくまで理念型であり，また，もとよりすべてを網羅することなど不可能である以上，知的な創意に富み経験的に有意味な分析が可能な道具立てであれば，十分妥当なものともいえる．ともあれダグラスのこの議論がどこまで説得力があるかは別にして，彼女の考察の最大の貢献は，この脈絡に限って言えば，80 年代以前の素朴なリスク解析論者が主張していたような，「客観的」で唯一正しい答えがありうるのだという考え方を，根本的に変えた点にある．こうした動向は，その他の，社会心理学的な研究動向（たとえば，P. スロヴィック（P. Slovic））や後述する U. ベックの「リスク社会論」や社会システム理論などとも歩みをともにしながら（ちなみにベックはダグラスの議論について「近代以後のリスクと近代以前のリスクとを質的に区別できていない」と批判はするが），80 年代以降大きな潮流を作っていった．
　リスク（認知）の文化的な多様性や（一部の）専門家の視点からすればしばしば非合理的にもみえる人々のリスク認知の固有性や「合理性」を（あるいは逆に専門家の判断のバイアスを）明るみに出してゆくこうした潮流の中で，専門家／素人の区別を合理性／非合理性の区別と重ねて考える「欠如モデル」（B. ウィン（B. Wynne））が相対化され，上述したようなリスク問題の処理の仕方の「協議型」への変化を促す要因の 1 つになっていった，といえる．

3　科学的合理性と社会的合理性

　さて，このようなリスク問題の処理の枠組みの変化を視野に入れてみるとき，2015 年 1 月 1 日に逝去したドイツの社会学者 U. ベックの言うように，科学的合理性に「社会的合理性」を対置してみるような議論運びは確かに説得力がある（Beck 1986: 38-40=1998: 39-41 など）．ベックは，その名を世界的に

有名にした（チェルノブイリ原子力発電所事故の直後に偶然刊行された）『危険社会——新しい近代への道』の中で，科学の側の合理性と，社会の側が有している期待や価値観（「社会的合理性」）とがかみあわず，科学が社会の要求に応えられない事態を，「リスク社会」の特徴の1つとして描き出している．もちろん，この両者は必ずしも対立的であるばかりでなく，むしろ相互依存的でもあって，「産業化の進展がもたらすさまざまな危険に対して科学が取り組むとき，社会がもつ期待や価値観の助けが必要である」し，逆に，社会がリスクを認知したり議論したりするさいには，科学的合理性の助けは不可欠である（Beck 1986: 40=1998: 41）．しかし，たとえば，原子炉の安全性に関する研究は，数量化して表現可能な特定のリスクを推定することだけに限定し，事故の確率がきわめて低いと見積もるが，他方，住民や原発反対者が問題にするのは，大惨事をもたらしうる核エネルギーの潜在能力そのものである（Beck 1986: 40=1998: 40）．科学の合理性は，リスクの内容を「客観的」に把握しようとするが，住民や「社会」にとっては，科学者が研究の対象にしなかったリスクの性質こそが問題となる．こうして，東日本大震災に伴って発生した福島第一原子力発電所事故をめぐってもそうであったように，原子力発電所の危険性についての議論がかみ合わず，「文明に伴う危険の潜在性」をめぐって質問が出されても，それを受ける科学の側がまったくそれに答えなかったり，不安のもとになる問題の本質をつかない的外れな回答が出されたりする．科学的合理性と「社会的合理性」とは，互いに協調し合っているわけではなく，むしろ反対に，「どちらの合理性が妥当するかで競合し対立しあっている」（Beck 1986: 40=1998: 41）．

　もっとも，これは科学者の側が不誠実だからとか怠惰だからというわけでは必ずしもない（もちろん，そういう事例が皆無というわけではないだろうが）．むしろ，藤垣（2003）が指摘するように，科学者は「科学的」とされるための基準に基づいて発言や出版をしており，そうした科学的基準に合致するまで確実なことを言わないというように，科学の営みに忠実であることが，逆に，「社会」にとっては，「データを隠しているのではないか」とか「我々の苦しみに寄り添うつもりがないのではないか」といったように，不誠実に見えてしまうのである．科学的合理性／社会的合理性という区別は，したがって，このよう

な科学の「自律性」に伴って現れる否定的な側面を，別なかたちで表現したものでもある．

　ベックは，こうした事情を背景にしながら，リスク社会にあっては科学は「合理性」を独占できないとも主張し，科学が，対抗的な専門家や法的な評価などの公的な議論にさらされ政治化されていく（「サブ政治」），とする．もちろん，そうなるのは科学だけではなく，企業活動，医療，私的生活も次々と政治化され，これまでの政党や利益団体などによる公式的な政治がいささか活気を失うのと反比例して，こうした「サブ政治」が活性化される．他方でこのようなサブ政治の活性化は，これまで公式的な政治には参加できなかった集団や個人，社会運動等も政治的な発言力を持つチャンスが増大する過程でもあり，制度を人々が論議によって政治的に作り替えていく可能性が増大する過程である．それゆえ，ベックのリスク社会論が描き出す社会像とは，「鉄の檻」（M.ウェーバー）をもたらす全般的官僚制化という社会像とは反対に，リスク論議をとおして諸制度の変容を構想していける社会であり，いわば「鉄の檻は開かれている」（Beck 1999）というわけである．ベックにとっては，リスク社会ではたんに意志決定がもたらす副次的結果だけが問題なのではなく，その「副次的結果によって制度の中にもたらされる副次的結果」，副次的結果による制度変革という副次的結果こそが重要になるのである．

4　社会的合理性論の盲点

「社会的」とは何か

　このような議論運びは説得力があり，また重要でもある．ただやはり問わなくてはならないのは，そもそも「社会的合理性」というときの「社会的」とは何を意味するか，である．たとえば，いささか稚拙な事例だが，東日本大震災に伴う福島原発事故後次々と発覚したように，原子力安全・保安院は，2006年から2010年にかけてのプルサーマルや原子力発電所に関する住民説明会で，中部電力や四国電力，東北電力に対して，原子力発電の推進に好都合となる質問や発言を（社員であることを隠蔽し一住民としての立場で）行うように各電力会社社員に依頼し，また，電力会社もみずからこういった類いの「や

らせ質問」を行っていたことが明らかになったが，このように，電力会社社員という「利害関係者」として会議に参加しながら「一般の市民」として語り，「第三者」として「客観的」意見を述べるといった事例には事欠かない．このような事例を前にすると，やはり，「市民」とは誰なのかという問いかけは重要になるだろう．同様のことが「社会的」という形容詞についても言える．言うまでもないことだが，「社会」といっても，それは一枚岩ではない．「産」と「官」と「学」や「法」，「メディア」などでは，その置かれた状況も価値観も異なる．しかし，リスク問題を処理する枠組みが，上述したように協議型あるいは参加型へと変化してきている（あるいは協議型の枠組みがあらかじめ「善」なるものとして規範的にも推奨されている）状況下ではとりわけ，「社会」をあたかも一枚岩的なものとして想定する「社会的合理性」論は，リスク問題に対する何らかの「解」を得ようとする場に「民意反映」の装いを与えたい人々にとって，「使い勝手のよい」議論になりかねない．これは，松本（2002［2012］）のいう（「テクノ・デモクラシー」（民意を反映するために民主的な意思決定を行う状態）とは区別されるべき）「テクノ・マスデモクラシー」（民意反映の名を借りた利益誘導を行う状態）につながる危険をはらむ．

　東日本大震災後，つとに耳にするようになった「リスクコミュニケーション」にしても——リスクコミュニケーション論では頻々と「説得」による合意形成手法の限界（そういうやり方をしていい問題と，してはいけない問題とがあること）が説かれてきた（吉川 1999 など）にもかかわらず——市販されている事業者向けの「リスクコミュニケーション」マニュアルの類いを繙けばわかるように，巧みな印象操作（服装，話し方，ジェンダーバイアス，話す場所，テーブルの配置，等々の工夫）や説得に訴えて合意形成をはかろうとする傾向は依然として根強い．さまざまな参加型の合意形成の場が試みられるなかにあって，このように，ローカルな場での（しばしば「印象操作」を経てもたらされた）語りや結論が一般的な合意を得た議論であるかのように流布していくという事態は避けなければならない．当然のことだが，その場で（たとえば参加者が，参加の事実あるいは発言の機会を与えられた事実だけをもって何らかの満足感を得て）合意に達したり信頼が調達されたりといった社会的次元での「問題解決」がなされたとしても，それは（災害や事故のリスクが減少するとか環境汚染

問題が解決に向かうといった）事実の次元での「問題解決」を必ずしも意味しないからである．この両次元の区別と関係は，リスクコミュニケーションにおいて重要な課題であるだろう．

　このように見てくると，「社会」や「市民」を一枚岩として語るのではなく，その内実を分節化できるかぎり具体的に把握できるモデルが求められるだろう．松本（2002; 2009）のいう（官・産・学・民といった多様なセクター間の問題認知や価値観や評価のズレを見定めたうえで，各セクター同士の多様なやりとりと，そのやりとりのゆえの「テクノサイエンス・リスク」が拡大してしまう事情を分析し，責任の所在の明確化を目指す）「セクター・モデル」はそうしたモデルの有力な候補の 1 つだろう．あるいは N. ルーマン（N. Luhmann）（とそれにならった研究潮流）のいう社会の各機能システムの自律的な作動（「オートポイエーシス」）を詳述する「社会システム理論」（Luhmann 1991; 1997）も，重要な視点を提供しうるだろう．先に述べた「協調型モデル」が主流となりこれが規範的にも推奨されているからこそ，「社会」の内実に立ち入った分析が可能なモデルが必要になると思われる．

今日の状況──システミック・リスク

　さらに，このように，機能システムあるいは「セクター」に応じた「社会」の分化を視野に入れておく必要があるのは，現在のリスク問題の多くがいわゆる「システミック・リスク」という様相を呈するようになってきているから，という事情もある．システミック・リスクとは通常，ある個別の金融機関の支払不能などの機能不全が，他の金融機関の機能不全を引き起こし，それがまた別の金融機関の機能不全につながり，ひいては金融システム全体を深刻な状態に導くという金融分野特有の現象を記述するさいに用いられる概念である．だがこうしたシステム間でリスクが連動するという問題は，何も金融分野に限られるわけではない．たとえば，2011 年 3 月 11 日の東日本大震災は超広域複合災害であったが，90 年代以降自動車や電気機器の部品メーカーは関東や東北に積極的に立地を進めるなど，日本国内で広域的な地域間分業体制が近年進んでいたがゆえに，広大な地域でサプライチェーンが寸断され，直接的には被害のなかった大都市圏の組み立て工場が操業停止に追い込まれた．また，あらた

めて指摘するまでもないが，原発事故による放射性物質は，国境を越えて生態系の汚染や風評被害などによる経済的リスク等をも引き起こす．したがって，金融分野に限定せず，OECD（2003=2004）にならって，（個人やその家族には大きく影響するが社会全体には広く影響を及ぼさない交通事故のようなリスクとは異なり）局所的な問題が多様なかたちで連動しあって，2次的・3次的な（しばしば事前には予測しえない）影響をもたらしうるリスクを，システミック・リスクと広く定義しておくのが適当かと思われる．そうすると，現在話題となるリスクの多くは，じつはこうしたシステミック・リスクとしての特徴を有していることがわかる（正村 2013; 小松 2012）．2019 年に発生した COVID-19 による世界的な危機もまた，言うまでもなくこうしたシステミック・リスクの 1 つである．多くのセクターが高度に相互依存しあっているがゆえに，たとえば今日の災害も，（2011 年の 7 月に起きたモンスーン期のタイでの大水害がそうであったように）地理的にも時間的にもその影響が遠方にまで及ぶという特徴を有している．複合災害というときの「複合」とは，一般には，地震・津波・原発事故という 3 つの災害が同時に発生したことをさして使われるが，以上の事態を踏まえると，システミック・リスクとしての特徴を有しているという意味でも「複合」災害といえるかもしれない．

　レンが述べるように，システミック・リスクは，今日的なリスクへの対策を考える上で「もっとも劇的な変化」をもたらした（Renn 2008: 61）．現在，なぜこうしてシステミック・リスクが問題となるのかといえば，上述したような，急激な都市化による人口集中とそれゆえのインフラの不十分さのゆえに，また，グローバル化や地域間分業体制による地理的な相互依存の拡大のゆえに，事故や自然災害に対する脆弱性（vulnerability）が増していること，などといった事情に加えて「物理的世界，経済，社会関係，政治的文化といった社会のさまざまなセクターの間の機能的相互依存」が作り上げられている事実に注目しなくてはならないからである（Renn 2008）．ある局所的な問題に起因する，社会のさまざまなセクターや機能システムの間での波及効果（ripple effect）は，じつに複雑であり予測も困難であり，さらには時間的にもきわめて長期にわたることも多く，したがって個々のリスクを単体で捉えてその確率や直接的な損害規模を算定すればよいというわけではもはやない．

システミック・リスクとリスク変換

　しかも，多様なセクターにまたがる現象であるだけに，各セクターごとの多様な観点・多様な見解・多様な評価や信念が互いにずれたり対立したりすることも稀ではない．とすると，筆者のみるところ，システミック・リスクについて社会学的に考察していくには，たんに物理的な危害の連鎖だけでなく，もうひとひねり必要であり，これらのセクターなりシステムなりの固有の反応のあり方を考慮に入れた視点が求められる．

　そこで，そういった観察をするときに役立つと思われる（社会システム理論に依拠した）「リスク変換（risk transformation）」という概念について考察してみよう．生態系を攪乱しうるリスクや人の健康リスク，あるいはテクノサイエンス・リスクとかかわる組織（たとえば，原子力エネルギーを規制する組織など）にとってのリスクを念頭においてみると，ルーマンの議論を下敷きにしたリスク研究（Krücken 1997; Japp and Kusche 2008 など）によれば[3]，たとえば「これまでの投資が無駄になるかもしれない」，「過誤の責任が規制当局に帰属され事後的に非難されるかもしれない」，「企業イメージが傷つくかもしれない」（「評判リスク」）といったその組織システム（の存立）にとってのリスクを想定し，そのシステムの「環境」に見いだされる災害や食の安全性や犯罪といったリスクを，いったん前者の「組織にとってのリスク」に「変換」したうえでことに当たるといった傾向が，これらの組織（いわゆる HSE（健康，安全，環境）リスク問題とかかわる組織）に，しばしば見いだされる．

　原子力規制の問題でいえば，原子力関連施設において何らかの緊急事態が実際に起こる前にそうした事態が起こった後のことを想定しておくというのは，事故対策の基本である．だが日本の場合，科学的知見の進展によって安全に関する技術基準をより厳しいものに改正すると，これまでの基準はでたらめなものだったのかといった非難を浴びる可能性が想定できるので，こうした基準の改定をできるだけ遅らせてきたと言われているし，また，吉岡（2011: 389）の指摘によれば，電力会社や規制当局という組織の視点からすれば，緊急事態が起こるのを事前に想定すること自体，これまでの安全対策の不備を認める（すなわちこれまでの当該組織の活動の意味をみずから半ば否定する）という自己否定的な意味をもつため，電力会社や原子力政策に対する負のイメージ形成につ

ながりかねず，緊急事態が起こった後の対策の強化を見送ってきた可能性がある．さらに，各種の福島原発事故調査報告書を繙くと，同じように，発電所内の火災や重要部材の破断といった問題事象に対して，「訴訟のリスク」や「既設炉の稼働率低下のリスク」「長期停止による需給逼迫」といった東京電力にとってのリスクシナリオを想定していたことがわかる．災害や事故といったシステムの「環境」に見いだされるリスクに十全なかたちで対処する代わりに，電力会社や規制当局という組織システムにとっての（「個別化」された）リスクを構成しそれへの対応を優先した結果，かえって前者のリスクが拡大されてしまうという事態が，ここに典型的なかたちで見いだされる．

　このようにして，一方の（災害リスクや環境リスクなどを削減することを目標にして活動しているはずの組織の）リスクの処理が，他方の（人間の健康や生活，あるいは生態系にとっての）リスクの再生産や増幅へとつながる，という上述したのとは別の意味でのシステミック・リスクを想定してみなくてはならないだろう．たとえば，舩橋のいう「逆運動」も，こうしたリスク変換を媒介にしたシステミック・リスクの一例とみることができるだろう．丹念なフィールドワークに基づいた舩橋の指摘によれば，青森県六ヶ所村の核燃料サイクル施設の建設計画ならびに原子力エネルギーの利用の構造は，経営（management）問題（すなわち「限られた手段を使いながら，さまざまな制約条件のもとで，いかにして，経営システムをうまく運営するのか」という問題（舩橋・長谷川・飯島 2012: 177））の解決努力が，被格差・被排除・被支配という地域社会の問題の解決をむしろ阻害する（「逆運動」）ようなかたちで，動いている．すなわち，経営問題を解決しようとする努力が，後者の問題（格差や排除や支配）の拡大を招き，危険を増大させ，受苦を拡大させてしまいうるという指摘である．

　ちなみに「リスク変換」は，「リスクトレードオフ」の一種として把握されることもあるが，その脈絡でのリスク変換と，本節で論じてきたリスク変換はいささか趣が異なる．リスクトレードオフとは，ある特定のリスクを減らそうとする試みが，他の別のリスクを増やしてしまうという事態である（Graham and Wiener 1995=1998）．リスク低減の直接の対象は「目標リスク」（たとえば，病気にかかるリスク），この目標リスクを減少させるために生じうる損害

可能性は「対抗リスク」（たとえば予防接種による副作用）と呼ばれるが（Graham and Wiener 1995=1998: 23），このとき，目標リスクと対抗リスクが，同じタイプのリスクかそうでないか，また，何らかの損失事象が（目標リスクの場合と対抗リスクの場合とで）同じ集団に生じるのかそれとも異なる集団に生じるのか，を交差させると4つのリスクトレードオフの類型（リスク相殺（risk offset）／リスク移動（risk transfer）／リスク代替（risk substitution）／リスク変換）が得られるが，そのうち，「リスク変換」は，対抗リスクのタイプも異なり，損害を被る集団も異なるケースをいう．たとえば有機塩素系の殺虫剤・農薬DDTの使用は生態系を乱しうるので，そのリスクを抑えるためにこれを禁止すると，今度は，とくに開発途上国でマラリア感染のリスクを高める（詳しくは，中西 2007），といった事例がこれにあたる．こういったリスクトレードオフ，とくにリスク移動やリスク変換をもたらす諸事例は，「誰がリスクを負うのか」というリスクの分配をめぐる倫理的問いを含んでおり（Graham and Wiener 1995=1998: 34–35），（対抗リスクで）被害を被る人々の社会的立場が弱い場合には，環境倫理等の問題にも発展しうる．

　こうしたリスクトレードオフの諸事例はそれ自体，社会学にとっても興味深いが，本節でいう「リスク変換」は，コストやベネフィットを比較しながら，組織システムにとってのリスクへの対処とその「環境」に見いだされる（災害や環境汚染などの）リスクへの対処のいずれかを選択できる，というわけではなく，上記のリスクトレードオフとはまた別種の問題とみるべきだろう．

5　リスクを観るための社会学的視座

　リスクを処理する枠組みが上記のとおり協働型に変化し規範的にもこれが推奨されているのは事実であり，こうした事態を背景に，科学的合理性に社会的合理性を対置するという立論が説得力を増している．だが，第3節で述べたとおり，そうであるからこそ，アドホックに民意反映の装いをつけたい側の人々にとって利用価値があり「テクノマスデモクラシー」の流れに棹さす結果になりがちな「社会的合理性」という曖昧なタームの使用は——科学的合理性を社会的合理性から区別するという議論の意義を十分にくみ取るためにも

——むしろ回避すべきだろう．ルーマン研究者の馬場（2001: 148）は，「客観的」あるいは「社会的」（全体社会のことを考えている）と銘打たれていたとしても，「ある特定のシステムからみたかぎりでの」という「痕跡」を消し去ることはできない，と述べているが，ここでの脈絡で考えるときわめて示唆的である．「痕跡を消した痕跡」を読み取っていくような観察も，場合によっては必要になるかもしれない．また，第4節で見てきたように，システミック・リスク，とりわけ「リスク変換」を経て現れてくるシステミック・リスクという今日的な現象を目の前にしてみると，ますます，「社会」の内実に立ち入って，社会の機能分化——機能分化しているか否かの検討も含めて——やセクターの（自律的な）作動に目配りしその（とりわけ負の）「連動」や齟齬のようすをしっかり記述できる枠組みを準備していく，という作業が科学社会学には求められると思われる．

　上記のセクター・モデルや機能分化論は，科学社会学の枠をある意味で越えている，と考える向きもあるかもしれない．だが，そうではない．ここまで見てきたように科学技術に由来する事故や災害は不可避的に多様なセクターがかかわってこざるをえないわけであり，科学が社会と接するその境界に目をこらしてゆくのであれば，このようなモデルはむしろ不可欠ですらあるだろう．

1)　この点については小松（2017）で，T. F. ギャリン（Gieryn）のいうバウンダリーワークと関連づけつつ，やや詳しく触れたことがある．
2)　ダグラスのリスク論に関しては，山口（2002）が詳しい．
3)　クリュッケンは，ドイツの医薬品規制の問題を詳細に分析している．これについては，小松（2003）でも紹介しておいた．

【文献】
馬場靖雄，2001，『ルーマンの社会理論』勁草書房．
Beck, U., 1986, *Risikogesellschaft*, Suhrkamp　東廉・伊藤美登里訳『危険社会——新しい近代への道』法政大学出版局，1998．
Beck, U., 1999, "Weltrisikogesellschaft, Ökologische Krise und Technologiepolitik," in Beck, Hajer, Kesselring, hrsg., *Der Unscharfe Ort der Politik*, Leske+Budrich, pp. 307–334.
Douglas, M., 1992, *Risk and Blame: Essays in Cultural Theory*, Routledge.
Douglas, M., 2002 [1966], *Purity and Danger: An Analysis of Concepts of Pollution and Taboo*, Routledge　塚本利明訳『汚穢と禁忌』ちくま学芸文庫，2009．
Douglas, M. and A. Wildavsky, 1982, *Risk and Culture: Essay on the Selection of Technological and Environmental Dangers*, University of California Press.

藤垣裕子，2003，『専門知と公共性——科学技術社会論の構築へ向けて』東京大学出版会.

舩橋晴俊・長谷川公一・飯島伸子，2012，『核燃料サイクル施設の社会学——青森県六ヶ所村』有斐閣.

Graham, J. and J. B. Wiener, 1995, *Risk vs. Risk*, Harverd University Press　菅原努監訳『リスク対リスク——環境と健康のリスクを減らすために』昭和堂，1998.

Habermas, J., 1968, *Technik und Wissenschaft als "Ideologie"*, Suhrkamp　長谷川宏訳『イデオロギーとしての技術と科学』平凡社，2000.

広重徹，2002-2003，『科学の社会史』（上・下）岩波現代文庫.

石原孝二，2004，「リスク分析と社会——リスク評価・マネジメント・コミュニケーションの倫理学」『思想』No. 963: 82-101.

Japp, K.-P. and I. Kusche, 2008, "Systems Theory and Risk," in J. O. Zinn, ed., *Social Theories of Risk and Uncertainty*, Blackwell, pp. 76-105.

城達也，2001，『自由と意味——戦後ドイツにおける社会秩序観の変容』世界思想社.

吉川肇子，1999，『リスク・コミュニケーション——相互理解とよりよい意思決定をめざして』福村出版.

纐纈一起・大木聖子，2015，「ラクイラ地震裁判——災害科学の不定性と科学者の責任」『科学技術社会論研究』第 11 号: 50-66.

小松丈晃，2003，『リスク論のルーマン』勁草書房.

小松丈晃，2012，「システミック・リスクと社会の《危機》——社会システム理論による複合災害の記述」『現代社会学理論研究』6 号: 13-25.

小松丈晃，2017，「『リスク・ガバナンス』のフレームワークとその課題」正村俊之編『ガバナンスとリスクの社会理論——機能分化論の視座から』勁草書房，pp. 71-108.

Krohn, W. and J. Weyer, 1990, "Die Gesellschaft als Labor," in K. P. Japp, hrsg., *Riskante Entscheidungen und Katastrophenpotentiale*, Westdeutcher Verlag, pp. 89-122.

Krücken, G., 1997, *Risikotransformation*, Westdeutscher Verlag.

Luhmann, N., 1991, *Soziologie des Risikos*, Walter de Gruyter　小松丈晃訳『リスクの社会学』新泉社，2014.

Luhmann, N., 1997, *Die Gesellschaft der Gesellschaft*, Shurkamp　馬場靖雄・赤堀三郎・菅原謙・高橋徹訳『社会の社会』（1・2）法政大学出版局，2009.

Lupton, D., 2013, *Risk*, Second Edition, Routledge.

正村俊之，2013，「リスク社会論の視点からみた東日本大震災」田中重好・舩橋晴俊・正村俊之編著『東日本大震災と社会学——大災害を生み出した社会』ミネルヴァ書房，pp. 227-257.

松本三和夫，2002［2012］，『知の失敗と社会——科学技術はなぜ社会にとって問題か』岩波書店.

松本三和夫，2009，『テクノサイエンス・リスクと社会学——科学社会学の新たな展開』東京大学出版会.

中西準子，2007，「環境リスクの考え方」橘木俊詔・長谷部恭男・今田高俊・益永茂樹編著『リスク学入門 1　リスク学とは何か』岩波書店，pp. 159-178.

OECD, 2003, *Emerging Risks in the 21st Century: An Agenda for Action*　総合研究開発機構訳『21 世紀の新たなリスク——アクションへの政策提言』NIRA，2004.

Renn, O., 2008, *Risk Governance*, Earthscan.

Schelsky, H., 1965, *Auf der Suche nach Wirklichkeit*, Eugen Diederichs Verlag.

谷口武俊，2008，『リスク意思決定論』大阪大学出版会.
山口節郎，2002，『現代社会のゆらぎとリスク』新曜社.
吉岡斉，2011，『［新版］原子力の社会史——その日本的展開』朝日新聞出版.

（付記）　本稿の執筆に際しては，JSPS 科研費（基盤 (C)19K02066）の助成を受けた.

5章
国策学問と科学社会学
原子力工学を中心に

寿楽　浩太

はじめに——福島原発事故の衝撃

　2011年3月11日，東日本大震災とともに東京電力福島第一原子力発電所事故（福島原発事故）が発生した．津波による浸水をはじめとする複数の原因によって3基の原子炉が炉心溶融を伴う「過酷事故」に至った．福島県の統計によれば，ピーク時には福島県民の避難者だけでも16万人超，9年余を経過した本章執筆の時点でもなお3万7000人を上回る方々が，この事故の被害のために自宅に帰ることがかなわず，不自由な避難生活を強いられ続けている（福島県 2019）．いうまでもなく，このような深刻な被害が継続する主たる理由は，福島原発事故に伴って環境中に大量に放出・拡散し，地域を汚染した放射性物質（放射能）の存在である．それらの放射性物質から出される放射線による無用の被ばくとそれによる健康被害を避けるため，多くの住民の方々は我が家に当たり前のように帰ることさえも叶わず，月日ばかりが経過しているのである．こうした被害を経済的な価値に換算することにはいささかの躊躇があるが，2014年の時点ですでに，福島原発事故で生じた損害額は11兆円を超えたと報道されていたが，2019年になってある民間シンクタンクが行った試算では実に最大80兆円という天文学的な数字に達したことは，そのすさまじさを量るひとつの指標となりうるだろう（NHKニュース 2014）．

　まさに未曾有の大事故，大災害である．

　この事故とその被害は，日本でも，また世界的にも，原子力利用をめぐる様々な動きを喚起した．公的な機関等による事故原因の調査も行われたし，原

101

子力利用の是非をめぐって激しい論争が繰り広げられた．海外でも，福島原発事故を直接のきっかけとして，原子力政策を大きく転換した国が複数，現れた．誰もが，なぜこのようなことが起こってしまったのか，どのようにすれば深刻な被害を回復できるのかを考えさせられた．こうした悲劇を繰り返さないためには私たちは何をするべきなのだろうか．

　本章は，広い意味ではこのような福島原発事故とその被害の原因を理解し，対処の方途を探り，同じあるいは類似の過ちの再発を防ぐ営みに連なるものである．しかし，以下に述べるような理由で，「原子力工学」という原子力技術を支える学術分野の有り様に，「国策学問」というキーワードからアプローチする点にオリジナリティがある．それは同時に，福島原発事故が問いかけた，科学技術と社会の界面で生じる不具合に科学社会学がどう切り込むのかの見本例でもある．

1　原子力利用に対する批判的アプローチの可能性

「原子力専門家」の失墜

　福島原発事故が発生すると，直ちに，原子炉の一挙一動に人びとの関心が集中した．そうはいっても，原子炉は高度で複雑な科学技術の産物であり，しかも，国内での原子力発電所の深刻な事故など，日本社会には過去に経験がない．誰もがわからないことだらけであった．大規模な災害や事故といっても，大地震や台風の襲来，火山噴火などは過去の類例がある．多くの人びとがそうした出来事について「知っている」（直接経験したり，見聞きしたりして，起こる出来事の顛末や被害の内実について一定の知識や情報を有しており，何が起こるかについて推論を働かせることができる）のだ．しかし，原発事故はそうではなかった．

　しかも，もっとも警戒するべきであると思われた放射線被ばくは，人間の五感では直接，覚知できない現象である．原発の現場で起こりつつあった出来事も，予備知識のない人びとには見当のつかないものばかりだ．「一挙一動」に注目，と言ったところで，実際に「一挙」や「一動」を直接，人びとが手に取るように把握できる話ではなかったのである．

そんなときに人びとが頼みとしたのは原子力工学の研究者を中心とする，「原子力専門家」であった．少なくともそれまでの通例では，先端的で複雑な科学技術に関する事柄，とりわけ緊急の助言を必要とする災害や事故に類する事態は，しばしば「専門家」の登場によって，いわば社会的に処理されてきた．人びとが「原発の事故というなら原子力の専門家が答えを教えてくれるはずだ」と期待したのは当然のなりゆきだった．

　果たして，有力大学の原子力工学関連学科の教授たちがテレビの特別報道番組に出ずっぱりとなり，新聞やインターネットの記事には彼らのコメントが次々と掲載された．人びとは，「次に何が起こりうるのか」「どのような備えをするべきなのか」「最悪の事態はどういったものなのか」「それは人命や社会に対してどの程度の脅威となるのか」「現状はよい方向にむかっているのか，あるいは悪化しているのか」，等々，わらにもすがるような思いで「専門家」のご託宣に耳を澄ませた．

　一般の人びとだけではない．政府にもこうした非常事態への対処の経験はなく，また備えも極めて不十分であった．ましてや，巨大地震・津波の被害もすさまじく，それに対する救助等の活動も同時に展開する必要があった．原発事故とそれらの複合災害の対処の経験は政府にも全くなかったのだ．彼らとて，（形式的には様々な法令や計画，装備が一定程度，存在はしていたとしても）初手からはっきりとした見通しを持って対処できたわけではなかった．この点では一般の人とさして違いはなかったのである．ここでも，「原子力専門家」の学識とそれに基づく助言が頼みの綱とされた．

　しかし，結果的に見れば，「原子力専門家」は概して，専門的見地から公益に適う適切な助言や情報提供を行うことに失敗したと見なされている．特に，時々刻々，次に起こりうる事態やそれによってもたらされうる被害，あるいはすでに起こった出来事が人びとや社会全体にもたらすリスクについて，彼らがそれらを過小に解説していたのではないか，という社会の疑念は，今なお払拭されていない．

　また，そもそも事故以前の原子力発電所の安全確保が，事故を受けて振り返ってみるといささか不十分であったこと，そこには「原子力専門家」たちの多くの誤謬や不作為が含まれていたこと，そして，もっと言えば，そうした問題

がなく，適切な対処がその都度とられていれば，事故を防ぎ得た可能性がある
ことも，各種の事故調査や報道，学術研究などによって明らかとなってきた．

　人びとは「原子力専門家」をもはや信じ（られ）なくなった[1]．

　実際のところ，彼らが福島原発事故の原因をつくりだしたのか，あるいは本
当は発生を防げたかどうかは別としても，少なくとも彼らがその被害をより
一層深刻なものとしたと，人びとは今なお強く疑っている．これは全く根拠
のない八つ当たりではない．許容できない公益の毀損に対する人びとの憤怒
（outrage）と見るべきであろう．

　ではなぜ，「原子力専門家」は事故を防ぐことも，あるいは事故後にその被
害を最小化することにも失敗したと断じられ，社会の不信を買わねばならない
結果に陥ったのか．その原因に迫り，根拠に基づく解決を図る必要があるだろ
う．原子力利用は人間の直感，五感で対処できる事柄ではなく，かつ，誤りが
生じれば福島原発事故のように許容し得ない公益毀損を社会にもたらす，機微
な事柄である[2]．実際の公益毀損を防ぐためには「原子力専門家」と彼らが持
つ専門知を適切に活かすことがどうしても不可欠なのだ[3]．

「原子力ムラ」はどのように批判可能か──倫理的逸脱への批判と科学の自律性の回復という見方

　この問いをめぐって，事故後しばらく経つと，「御用学者」という語が飛び
交うようになった．「原子力専門家」が政府や電力会社といった利害関係主体
の「統制」のもとにあるがためにこうした帰結が生じたという説明である[4]．
彼らを含む原子力関係者が形成する「原子力ムラ」という，前近代的な体質を
持つ利害共同体が政策，事業，規制あるいは技術そのものを自らに有利なかた
ちにゆがめるべく暗躍し，安全をないがしろにしてきたという批判も力を持っ
た．

　これらの言説に共通するのは，「原子力専門家」の現実のあり様が本来ある
べき姿から逸脱しているという判断である．科学社会学の見方を紹介する前
に，まずこうした批判的見地から「原子力専門家」のあり様を検討するアプロ
ーチを紹介しておこう．

　こうした立場からはまず，研究資金，地位，名声，あるいは自らの研究が社
会的に認められることそのものといった研究者個人の利害が，政治，経済，外

交上の動機から原子力利用を進めようとする勢力にからめとられているという描写がなされる．そして，研究者が自らの主張を学術的な理非のみによらずに，ときにはそれとは大きく異なってさえも，改変して主張したり，あるいはあえて主張しなかったりするという問題が提起される．

　学術とは事柄の理非のみを妥当性の基準として営まれる人間の活動であるべきという古典的な科学あるいは学術の理念型に照らせば，彼らのそうした振る舞いは真実の歪曲であり，倫理からの逸脱である．しかし，そうした逸脱が上述のような利害においてあまりにも大きな見返りを持つので，関係する研究に従事する研究者の多くがそうした振る舞いに身をやつし，いつしか，関係学会，大学の関係学科・専攻といったあらゆる組織の単位において，「道を踏みはず」（島薗 2013）した研究者が主流を占めるようになる．島薗進は，福島原発事故後の防災対応の中で極めて重要な意義を持つべきであった放射線影響に関する学術諸分野において，重要な役割を演じてきた「科学者」が「原発推進路線」に組み込まれてきたさまを描写し，彼らの倫理的堕落を鋭く批判した．

　こうした批判は前述した人びとの「憤怒」の背後にある直感的な疑念や状況認識ともよく合致する．なるほど，こうした事態が起こったのはそうした悪質な研究者が学術をゆがめていたからなのか，では，そうした連中には制裁を加えるとともに退場を要求して，学術を本来のすがたに戻し，もって再び科学が改めて公益の保護に資する状態を回復するべきだ，と．

　もちろん，実際に不正や汚職といった類いの事案があれば，それらはそれぞれ，司直の手に委ねられたり，社会の批判にさらされたりして排除されるべきであろう．その意味でこうした倫理的な見地からの批判的アプローチには正当性があるし，社会的意義も深い．そして，こうした立場は伝統的に科学技術のいわゆる「負の側面」を社会問題として捉え，それによる被害を受ける側の弱者の側に立った批判を展開してきた日本の社会学の流れに立つ批判的研究ともよく合致する．

　たとえば，環境社会学者の舩橋晴俊は，上記のような学術が政策・事業推進の利害にからめ取られる状況の記述と解決策の提示として，「科学的検討の場」の「分立・従属モデル」から「統合・自律モデル」への転換を提唱した（舩橋 2011; 2013; 2014）．

科学技術があらゆる部面で深い関わりを持つ現代社会においては，政策形成において「科学・学術」がもたらす「科学的知見」が適切に参照され，反映されることが死活的に重要であることは論を俟たない．舩橋はこのプロセスにおいて重大な不具合が発生していると見る．原子力利用に関するこれまでの政策形成においては，本来はさまざまな異論が科学的な理非のみに照らしてその当否を判定され，結論が出されるべき科学的検討の場が，いつしか「制御中枢圏」の「場の構造化作用」のもとに置かれている，というのである．

　舩橋はこれを科学的検討の「分立・従属モデル」と呼んだ．学術的な当否が政策を形成していく力になるのではなく，それとは全くあべこべに，所与の政策を支持し，正当化する知見のみが選択的に再生産されていく科学的検討の場が「制御中枢圏」に「従属」するかたちで存在しており，それは異論が交わされる科学的検討の場とは「分立」してしまっている，との批判的含意がそこには込められている．

　この見立てもまた，問題の本質を倫理的逸脱と捉える見方とよく一致する．「場の構造化作用」の主な駆動力は政府や関連業界といった権力の「利害関心」であり，「従属」した科学的検討の場に身を寄せる科学者たちはその影響下にある．逆に，政府の利害関心から生じる「支配的な」見解とは異なる批判的見解を持つ科学者は，別の科学的討議の場でしか異論を提起し，たたかわせることができず，政策形成においてその知見が取り入れられることもない．言うまでもなく，科学的検討が利害関心によって左右され，しかもその結論がいわば先取りされているという状況は健全ではない．舩橋は，政策上の利害関心から切り離され，異なる見解を有する科学者が「一堂に会して」理非を尽くし，真に政策が依拠すべき知見を政策形成過程に対してインプットする「統合・自律モデル」への転換が図られるべきだと主張する．

　もちろん，一般に政策形成において，利害調整というのは本来的に不要，不適切な事柄ではない．それはそれで政治・行政の中心的課題のひとつなのであって，避けて通れるものではない．したがって，検討の場を「総合的政策形成・判断の場」と「科学的検討の場」に明確に分けることが「統合・自律モデル」実現の前提になる．この二分法を徹底すれば，前者での検討が後者の結論を参看することは引き続き可能だが，前者における利害関心が後者における検

討内容に影響を及ぼすことはなくなるはずである．そして，この二分法を徹底するためには，政策の形成・決定を要する問題群を「科学的事実認識」に関わる問題と「規範的判断」に関わる問題に質的に区別することが前提となる．

これらの前提に立てば，言うまでもなく，「科学・学術」の領分は前者の問題群に対して科学的な回答（あるいは選択肢）を用意することに限定される．したがって，科学者は前者に関わる知識生産に専心し，科学者集団であるアカデミー（日本の場合は日本学術会議がそれにあたると言えよう）がそうした回答をとりまとめ，政策形成過程に対してインプットする役割を一義的に担うべきべきという結論が導かれる．

しかし，残念ながらこうした見方には大きな限界がある．それは，このアプローチが前提とする「科学」あるいは「学術」のあり様や規範的原則の妥当性に関係する．

本書の他の章が縦横に論じているように，また，広く科学史，科学哲学，科学社会学，そして STS（Science and Technology Studies / Science, Technology and Society）などの一連の研究群がすでに 30 年以上前から明らかにしてきたように，「科学」や「学術」の実際の姿はそもそも，上記で紹介した見方がかなり実体的にその存在を前提にしている理念型ほどには簡素で明快ではない．

現実に起こっている出来事は，科学的に一意に定まる妥当性の基準に従って真偽が判定されながら，学術が知を漸進的に積み上げている，というほど平板な話ではないのだ．むしろ，意図的か意図的でないか，悪意か善意かなどといった人間の意思の問題とは関わりなく，科学技術は社会における様々な相互作用の帰結であり，その動的なプロセスそのものだというのが，上記の関連学術の教えるところである．

そうした認識に立ってながめてみると，科学的な討議といえども，そこでの学説間の論争の決着は，学説内在的に，理想化された科学の妥当性基準に基づいてばかりはなされないし，しかもそのことは是正されるべき／是正可能な逸脱というよりもむしろ本来的な限界として，あるいは社会における人間の営みの自然な姿として捉えられ，理解される．上記に列挙した分野の研究群がそうした見方に基づいてその現実をつまびらかにしてきた対象は，弾道ミサイルや核兵器，宇宙船あるいは商用原子炉の開発といった国家的な応用工学研究か

ら，一見，それらとは異なって上記のような学術観に近い性質を堅固に備えていそうに見える基礎的な数学の研究まで，多岐に及ぶ（Mackenzie 1990; Eden 2004; Hecht 1998; Vaughan 1996; Bloor 1976[1991]）．また，学術が科学者・研究者以外の，例えば重大な病気の患者の活動との相互作用に強く影響されながら前進するさまとか，逆に適切な相互作用を欠いたために放射性廃棄物汚染の実相を見誤って大きな公益毀損を招いてしまう様相といった現実，学術の内的展開と社会的な出来事が私たちの想定をこえて分かちがたく結びついている様子などが丁寧に描き出されてきた（Epstein 1996; Wynne 1992）．

　環境社会学者が前提とする科学観をいわば「かたい科学観」とでも言うならば，こうした研究群が示した科学観は，さしずめ「やわらかい科学観」とでも言えよう．

　やわらかい科学観に立てば，前者は科学・学術の範疇，後者は政治の領分という風に線引きをすることは図式的にすぎると言える[5]．なぜならその峻別は本質的にも現実的にも困難だからだ．むしろ，両者の境界領域の部分における多面性のある不確実性（アンダーディターミネーション）が「科学」や「学術」と社会の相互作用に深く関わり，両者の関係を適切なものとしたりそうでないものとしたりするその機微を理解し，どのような仕組みが両者の関係を適切なものとするかを構想することこそが中心的な課題となる．そしてこの点こそが，科学社会学が特にその認識利得を発揮する部分だと言える．

　では，科学社会学はこの問題をどのように見立てるのだろうか．それを次に紹介しよう．

科学社会学のアプローチ——科学技術と社会の界面への着目

　科学社会学のアプローチは，「原子力ムラ」の問題を，そこに連なる研究者各人の倫理的堕落に起因する本来の「科学」からの逸脱，と捉えてそこで終わるのではない．むしろ，「原子力ムラ」の「御用学者」たちをそのように振る舞わせしめている，その背後にある科学・技術と社会の間の相互作用を虚心坦懐に理解することを基本的な立場とする．

　言い換えれば，あたかも倫理的な欠落のある人物が「原子力ムラ」に集まってとぐろを巻いており，その悪徳ゆえに公益が毀損される，解決策は科学の本

旨の回復にある，とばかりには問題を見ない，ということである．むしろその
ような想定をすることの方が，社会のあり様の理解の仕方としてはいささか
の無理を抱え込む．例えば，以下のような問いがすぐに喚起される．なぜそう
いった人物ばかりが集まるのか，彼らの多くは「道を踏み外し」ていながらな
ぜそれで平気でいられるのか．仮にそうであったとしても，ではなぜ，そうし
た状況が摘発も是正もされずに長年にわたって継続できるのか，といったよう
に．

　対象を自らとは本質的に異なる種類の人間であると区別して，観察者たる自
身が正義の側に立ち，対象者たる彼らはそうではないという前提を置いてしま
えば，こうした問題もすべて簡単に答えが得られるのであろう．しかし残念な
がら，そのような特異点的な立場を取って社会の出来事を記述するのは社会学
的に許容されない作法だ．百歩譲って，もし仮に問題の根源がそうした絶対的
な悪にあるなら，それを取り除くためにまず乗り出すべきは（社会）学者では
なく，官憲や司直であるべきだろう[6]．

　したがって，本章はそのような立場は取らず，原子力工学に携わる研究者や
彼らが生み出す専門知と，原子力利用に関わる政策の形成や決定の間の相互の
やりとりの実相に迫っていく．ここで着目したいのが，原子力利用においてし
ばしば登場する「国策」という言葉である．なぜなら，「国策」であることは，
それに関わる人びとに公共性を独占する特権的な地位があるという幻惑を与
え，しばしば，良心の呵責なく当事者が「道を踏み外し」てしまうことを許容
し，同時に，公益を重大なかたちで損なうからである．

「国策学問」としての原子力工学

　では，「国策」とは何か．なぜそれが学問と結びつくのか．また，なぜ原子
力工学がその事例となるのか．まずはこれらの問いに対する回答を試みよう．
このことを検討することは，科学社会学が科学—技術—社会の連関をどう見る
かを確認することにもなる．

　原子力利用は「国策民営」で進められてきた，という言い方がされることが
ある．しかし，国が行う政策がすべからく「国策」と呼ばれるかといえば，そ
うではない．

日本で初めて原子力発電所（原発）が立地した茨城県東海村の村長を 1997 年から 2013 年まで務めた村上達也は，「『国策』という言葉は軍事を除けば原子力にしか使われていません」（村上 2015: 6）と指摘し，以下のような歴史的経緯を引用する．

　　岩波の歴史年表で調べたところ，「国策」は「帝国国策要綱（1941 年 7 月）」，「帝国国策遂行要領（同年 9, 11 月）」といよいよ戦争を始めるという時に使われた言葉で，特に 1941 年 11 月は 12 月の初旬を目途に対英米戦の準備を完了するというものであり，南太平洋で戦争を始める決意をしたものです（村上 2015: 6）．

　村上はここに「国策」としての原子力と軍事の共通性を見いだし，それが民主的な社会と相容れないという主張を展開する．ここでは，村上が指摘する「国策」たる原子力と軍事の共通性，そしてこの両者のみを「国策」たらしめ，他の分野には使われないことの理由として，「国の存立に関わるような核心的で機微な事柄」という性質上の規定と，「国全体（「政府の意思」にとどまらず，社会／国民／国家全体）の明確で不退転の意思」という 2 つの要素を確認しておきたい．この 2 つの性質が，「国策」としての原子力利用と原子力に関する学問（代表的には原子力工学）との関係を特別なものにしているからである．

　ではなぜ，原子力は「軍事」と並んでそのような性質を帯び続けてきたのだろうか．日本の原子力利用は「平和利用」に徹するものとされ，実際，明確に軍事目的で用いられたり開発されたりしたことは一度もないと理解されているにもかかわらず，そして日本で原子力利用が始まって以来，日本政府が直接の主体となって戦争を遂行したことはないにもかかわらず．次にその問いへの答えを検討したい．

2 「国策学問」を理解する——「原子力工学」の宿命的重荷をめぐって

機微な技術としての原子力技術

　上記の問いに対する第 1 の答えは，原子力技術がその出自からして軍事技

術，とりわけ機微な軍事技術であり，そのことはどのような手立てを講じても
いかんとも打ち消しがたい，というものである．事実関係を述べておこう．

「原子力」とは「原子核の崩壊や変換，核反応などに際して放出されるエネ
ルギー」（日本大百科全書）であるが，現在の原子力技術の中核にあるのは，
この辞書的な定義のうちの核反応によるエネルギーである．広く知られるよ
うに，第2次世界大戦開戦前夜の1938年，原子核分裂が発見されると，開戦
後，参戦国はこぞってこの反応を利用した新型爆弾の開発に取り組んだ．いわ
ゆる「原子爆弾」の開発である．このうち，米国は「マンハッタン計画」とい
う秘密の開発計画を進め，実際に戦争期間中に原子爆弾を完成させ，実戦で使
用した．1945年8月の広島と長崎への原爆投下である．世界初の核反応の工
学的な，そして「実用的」な利用は爆弾であった．

「原子力」はその出自からして軍事技術，すなわち核兵器（原子爆弾）を開
発するための技術だったわけである[7]．

その後，核兵器開発は国際政治，大国間の軍事的なバランスにおいて極めて
大きな意味を持つようになった．米ソ両国を中心とした核開発競争がいわゆる
東西冷戦の期間を通して繰り広げられたことは，これ以上，詳細に記すまでも
ないだろう．

ここで重要なのは，原子力技術がそうした出自を持ち，実際に他の比肩を許
さない決定的な戦略兵器と位置づけられたことが，原子力技術を「機微な技
術」（sensitive technology）たらしめた点である．

もちろん，原子力利用はしばしば「軍事利用」と「平和利用」に仕分けして
議論される．例えば，前者は断じて容認できないが，むしろ後者においては先
駆者であるべきだ，というように．この二分法は戦後しばらくの日本での議論
において実際に影響力を持った考え方である（その詳しい経緯については，例
えば吉岡 1999[2011] を参照）．

しかし，原子力技術が「機微」であることは，個々の関与者の意思とは独立
の事柄だ．例えば，民生用の電力生産のために用いられる軽水炉（現在の日本
で一般的な原子力発電所の原子炉の形式である）であっても，運転によって生成
されるプルトニウムは大きな技術的な障壁なく，原子爆弾の原料として用いら
れる．あるいは，軽水炉の原料を製造するために天然ウランを精製してウラン

235 の濃度を高める技術は（これをウラン濃縮という），ウランを用いる原子爆弾を製造する際の作業と同一の工程である[8]．NPT（核不拡散条約）体制のもと，「平和利用」であっても国際社会での厳しい相互監視のもとでしか研究開発も施設建設も実際の利用も許容されない状況が今日まで続いているのは，原子力技術のそうした「本来的に機微な」性質によるのだ[9]．もちろん，少なくとも日本では原子力技術が公に軍事的な目的を標榜して開発されたり，利用されたりしたことはなかったが，だからといって日本の原子力技術だけが「機微な技術」ではないなどということは全くない．むしろ，原子力は「機微」であるがゆえにそうした厳しい制約のもとに置かれるのだという前提を自ら受け入れることによって，「平和利用」が認められているという点では，他国と変わりはないと見るべきである[10]．

　また，上記で引き合いに出した軽水炉の技術，とりわけ現在世界的に最も広く用いられている加圧水型軽水炉の技術が元来，潜水艦に代表される軍事用船舶に長大な航続距離をもたらすための動力源として開発されたことはつとに知られる．軍民両面の原子力利用はその技術面においては実は差異が少ないため，先行して技術開発が進んだ軍事分野からの技術スピンオフが非常に広範に観察される．

　このように，原子力技術はそれ自体が「機微な技術」であるがゆえに，各国の安全保障や世界の安定，平和に死活的な意味を持ち，それゆえに各国の「国策」に位置づけられるのだ，という説明が，先の問いに対する第 1 の説明である．

　果たして，各国はそれぞれの国内においても原子力利用を政府の厳重な管理の下に置いてきた．例えば，日本においても，核物質（核分裂性の放射性物質）は，所持すること自体が原則的には禁じられており，あくまでも許可を受けた者のみがそれを扱うことが許されるという法律上の位置づけになっている．もちろん，エネルギー技術は（原子力に限らず）一般に社会のインフラ技術としての公共性が高いことから，公的部門の関与が他の技術分野よりも強まりやすいが，それでも，石油や石炭の場合はそれらを所持すること自体が包括的に原則禁止とされてはいない．原子力技術はエネルギー技術である前に軍事・安全保障の文脈で機微であるからこそこのような差が生じるのであり，これが原子

力利用を「国策」たらしめている重要な要素のひとつなのである.

「国家の存亡」に直結する政策としてのエネルギー政策

　しかし，前に引用した村上の指摘の含意はそうした技術本質論的な側面のみにとどまらない．それは，「国策」はそもそも，その国の存亡に直結する事柄に関わる政策をいう，という論点に関わる．これが原子力を「国策」たらしめている第2の理由として挙げられる.

　村上が紹介した「国策」の語を含む2つの文書は，太平洋戦争開戦前夜，まさに緊張が高まる対外関係の中で，当時の日本政府が国家の存立が危機にさらされているとの認識のもと，戦時総動員体制と戦争計画の要諦を示したものであった．国家の存立は当該の社会にとって至上の公益であると見なす立場に立てば，その維持に必要な事柄は他のあらゆる事柄に対して無条件に優先される．ここに，いわば大文字の「公共性」，つまり，誰にもその当否や内実を問うことを許容しない類いの公益概念が出現する.

　ここで見落としてはならないのは，当時の日本にとって国際関係上の最大の懸案事項のひとつが資源・エネルギー確保における他国との摩擦であったことである．エネルギー供給はあらゆる産業活動・社会活動の基盤であるが，「資源に乏しい」日本では，その安定性の確保は常に最上位の公共的な課題として認識され，しばしば議論の余地のない公益として正当化される．こうしたエネルギー政策の大文字の公共性は，戦争に敗れた後も，いや，それどころか戦争に敗れたがゆえに，戦後の日本社会においても特権的な地位を保ち続けた．だからこそ，戦時政策以外では例外的に，原子力利用が「国策」という語で表象され続けることが習わしとなってきたとも言えよう.

　こうした大文字の公共性に深く関わる産業は，しばしば，自由競争を旨とする市場における動的な均衡に委ねられることなく，公共政策の強い関与を受ける.

　また，先端巨大技術としての原子力技術の開発や利用は，巨額の資金やさまざまな関係インフラの整備（そこには物理的なインフラのみならず，関係法令や関係機関の整備といったソフト面も当然，含まれる）が求められる．市場ベースの競争よりも国家管理による企業間の協調が好まれ，戦時総動員体制的な強固

で精緻なしくみの存在なくしてはそもそも円滑に遂行することが難しい[11].

　実際のところ，原子力利用は戦後の長期間にわたって「国策」としての地位を失うことなく今日に至った．また，「国策」であるという錦の御旗のもと，（他の産業では許容されないような）官産学の相互作用が生じ，国家資本主義的な体質を持つ独特の業界構造が形成され，それがときに他の公益を損ねてきたことも先行研究が示すとおりである．経済を支える基盤政策であるのに，いわゆる経済性を無視した政策が一貫して強行されてきているとか（吉岡1999[2011]），内外の事故や安全研究の成果を安全確保に適切に反映する回路が開かれないままとなるとか（松本 1998=2016），関連施設の立地に際して地域に紛争状況を現出させたり地域経済を不健全に変容させたりしてしまうとか（例えば舩橋・長谷川・飯島 2012），批判は国内の科学社会学やその関連分野からも枚挙にいとまなく出されてきた．しかし，エネルギー政策の不動の，絶対的な「公共性」に支えられる「国策」は容易には動揺せず，その遂行がはかられてきたのである．

「国策」学問としての「原子力工学」

　では，本章のタイトルがいう「国策学問」とは何か．「国策」と具体的にどのような関わりを持ち，それはどのような性質をその学問に与えるのか．

　ここで「国策学問」として主に想定するのは，「原子力工学」である．言うまでもなく，原子力利用に所要の人工物，またそれらを含む複合体としての原子力システムをつくり出すことを専門とする，工学の一分野である．

　工学はクライアント志向の学であり，技術を通して問題を解決し，その要求を実現することが使命である（村上 2006）．自然現象の解明を使命とし，その完遂の期限などが定められていない理学的な自然科学とは異なり，工学は様々な現実の制約条件（例：納期，予算等）のもとで所要の性能を満たしてクライアントの要求に応えるため，ときには「とにかくなんとかすることがもとめられる」（松本 2009: 10）．巷間よく「理系」「文系」といった言い方がされるが，実際のところ，「理系」の中における理学と工学の違いは大きく，そして本質的だ．

　では，原子力工学のクライアントは誰か．それは他ならぬ「国策」であり，

それを決定する政府である．他の分野の工学は，もちろん，国の政策や政府と様々な関わりを持つが，多くの場合，生み出した技術は自由主義経済を旨とする社会活動の中で利用・消費され，また，彼らの研究開発はそこからのフィードバックを受けながら展開される．しかし，すでに見たように，原子力利用はそうした民間の活動からは明確に区別された「国策」である．実際，原子力に関する研究開発は，かつての原子力委員会が定期的に定めた「原子力の研究，開発及び利用に関する長期計画」（原子力長計）によって方向付けられ，それに基づいて関係省庁から資金が分配され，関係各機関（大学，国立研究機関等）の協調がはかられたうえで実施されてきた．核物質や関連機器の取り扱いも規制対象であるから，原子力長計の枠外で，独立の原子力工学研究が別途行われるということは想定され得ず，また，実際に見られなかった．

　加えて，それまで未知の領域であった原子核反応の制御をはかるという点でも原子力工学は特色があるし，既存の他の工学分野を基盤としてその原子力技術への応用をはかるという使命を当初から帯びていた点は，工学全体の中でも特異な性質と社会的な位置を占めた．

　1950年代の日本における原子力利用の初期においては，原子核物理学から原子力工学の確立を経て実際の原子力技術の獲得に至る道筋を国内で自ら成し遂げるべきとする意見と，その前半部分は先行諸外国からの技術導入によるべきとする意見の対立があったが，結果的に後者が「国策」として採用され，1950年代後半のわずか数年の間に国内の主要大学に原子力工学の学部学科ならびに大学院専攻が整備されて「国策遂行」のための技術者・工学者の養成が開始されるとともに，（主に日本学術会議を舞台として始まった）初期の論争において花形であった湯川秀樹，武谷三男といった物理学者は「国策」立案・決定のプロセスを離れた（吉岡 1999[2011]; 松本 1998[2016]）[12]．

　そのこともあって，原子力関連学科や関連研究機関の初期に関与した人物の多くは，電気工学，機械工学，材料工学，化学工学といった工学の主要分野を母分野とし，その関連学科で工学を修めたが，その後は原子力工学科によっていわば「内製」された人びと，すなわち，はじめから「原子力工学」を学ぼうと志し，その名を冠する学科で高等教育を受けた人材が原子力工学を担うこととなった[13]．そして，彼らの多くは大文字の公共性を備える「エネルギー政

策」への共感と貢献の意思を共有する人びとで占められた（だからこそ，従来の工学分野から原子力工学に転じたり，あるいは原子力工学関連学科に入学したりしたのである．ちなみに，この時期の原子力工学関連学科への入学は，一般に「理系」の最難関と目される医学部と同レベルの学力が要求され，人気も高かったという）．いわば，彼らはクライアント志向を「工学者」としても，「原子力関係者」としても共有していたのである．彼らは法令からも，あるいは自らの役割意識としても常に，「国策」のために「とにかくなんとかする」ことを使命とした．自らが学術として課題を発見し，アプローチを打ち立て，そして解決を図るという学術としての自律的なサイクルを回すことは，ますます後景に退いた[14]．

こうした「原子力工学」の役割意識と技術実践の方向性は，原子力工学分野の学術団体の役割意識や動向にも現れる．

例えば，最も主要な学術団体である日本原子力学会の旧定款は，同学会の目的を，「本会は，原子力の平和利用に関する学術および技術の進歩をはかり，会員相互および国内外の関連学術団体等との連絡協力等を行ない，原子力の開発発展に寄与すること」と定めていた．「学術および技術の進歩」はそれ自体で学会の最終的な目的とはされず，「原子力の開発発展に寄与すること」に対する手段と位置づけられていたのだ[15]．同学会はしばしば，原子力施設に関する規格基準や標準文書のとりまとめを行ってきたが，これらの多くは政府の担当省庁や国立の原子力研究開発機関，あるいは関連業務を請け負う民間企業から委託を受けた業務としても実施されてきたものであり，内発的な学術的関心ばかりを出発点として行われた純粋に自主的な活動の成果とはいえない[16]．

あるいは，福島原発事故前においても，「原子力ルネサンス」といった状況認識が人口に膾炙した2000年代には，「高経年化対策」と呼ばれる経年原発の寿命延長が議論の俎上に上り，そうした知見を他分野の人工物保全技術にも応用するという趣旨を掲げた「日本保全学会」を，複数の有力な原子力工学研究者・技術実務家が中心となって設立している[17]．日本保全学会で役職者を務める人物の多くは日本原子力学会にも属している研究者や実務家である．同学会は2003年に任意団体として設立され，2006年にNPO法人となっているが，ちょうどこの間，2005年の原子力政策大綱（原子力長計の後継となった政

府文書）が初めて 1 節を割り当てて「高経年化対策」について述べていることは，「国策」と「国策学問」の興味ぶかい符合と言わざるを得まい．もちろん，他方で，国の方針において明確な位置づけが与えられていない研究課題（例：政策文書に掲げられていない，新たな形式の原子炉の開発）を目的とする関係学会が日本原子力学会と連携するかたちで設立されたという事例は見当たらない．

　このように，日本の原子力工学はまさに「国策」への貢献を使命として実践され，関係者はその使命を共有してきた．もちろん，そのこと自体が直ちに社会にとって問題であるとは言い切れまい．「国策」が掲げる公益が，実際に社会が重視する公益と一致し，また他の公益を著しく毀損することがないならば，こうした原子力工学のあり様それ自体が問題として顕在化することはないからだ．しかし，両者の間に著しい不一致が生じる可能性が容易に想像されることはすでに述べた（大文字の「公共性」と実際の公益の不一致）．そして実際に，最もそれがあってはならない場面でこの問題は顕在化した．冒頭でも述べた，福島原発事故の際の原子力専門家（それは多くの場合，原子力工学を専門とする研究者や実務家であった）の言動はその顕著な実例である．

　そこで，次節以降では，「国策学問」としての原子力工学の性質が福島原発事故に際してどのような帰結を見せたのかを，「SPEEDI」と呼ばれる被害予測技術の設計・運用の顛末の検討を通して見てみよう．

3　福島原発事故と「国策学問」[18)]

情報統制志向と SPEEDI 問題

　「SPEEDI」とは System for Prediction of Environmental Emergency Dose Information の略称であり，その日本語の正式名称を「緊急時迅速放射能影響予測ネットワークシステム」という．福島原発事故に先立つこと 32 年前の 1979 年 3 月に発生した米スリーマイル島原発事故（以下，TMI 事故）は，それまで現実的な考慮の埒外とされてきた原発の炉心溶融事故（いわゆるメルトダウン）が実際に起こること，事故への対処がある程度，奏功したとしても，事故に伴う放射性物質放出の影響が原発敷地外に及びうることを，実例をもって示し

た.

　SPEEDI は，TMI 事故を受けてその開発と導入が進められた（中央防災会議 1979; 原子力安全委員会 1980）．一般に，TMI 事故の教訓は米国では大いに学ばれたものの，日本ではそれを十分に活かせなかったといわれる．日本の原子力政策は同事故後も「安全神話」にとらわれ，原発の安全や万一の際の防災についての有意な措置が取られなかったとの批判的評価が一般的だ．しかし，事故を契機に政府の肝いりで開発が始められた原子力防災のための技術である SPEEDI は，直接的に TMI 事故をきっかけとする点でその反証例とさえも言えよう．その開発や導入がその後，打ち切られたり大きく減速させられたりすることなく精力的に続けられた点も，「安全神話」の確立と流布による安全・防災対策の等閑視という一般的な解説からすると例外的な良好事例にさえも見える．

　SPEEDI は「原子炉施設から大量の放射性物質が放出された場合や，あるいはそのおそれがある場合に，放出源情報（施設から大気中に放出される放射性物質の，核種ごとの放出量の時間的変化），施設の周囲の気象予測と地形データに基づいて大気中の拡散シミュレーションを行い，大気中の放射性物質の濃度や線量率の分布を予測するためのシステム」であり，(1)事故時にリアルタイムで得られる情報をもとにして，(2)放射性物質放出・拡散の影響を「予測」する点で，原子力防災においては国際的にも（他に類例をみないという点で）画期的な技術であった．

　前掲の報告書が述べるように，「原子力防災対策の特殊性としては，異常な自然現象又は大規模火災若しくは爆発に起因する災害に係る対策とは異なり，放射線による被ばくが通常五感に感じられないこと，被ばくの程度が自ら判断できないこと，一般的な災害と異なり自らの判断で対処できるためには放射線等に関する概略的な知識を必要とすること等」があるため，万一の際の防護の措置を講じる際には「専門知識に基づく適切な指示」が必要である．そして，そうした「適切な指示」を行うためには，緊急の際に確実で包括的な情報が随時得られるほどよいのも当然だ．原発をはじめとする原子力施設が現に存在する以上，万一の事故の際の放射性物質の放出・拡散とそれによる環境中の放射性物質の量やそれらに起因する放射線量の変化をリアルタイムに把握するため

の何らかのシステム（モニタリングシステム）を準備することが人びとを守る上で必要かつ意義のある措置であることは論を俟たない．それは原発利用の是非とは独立の問題である．

　しかし，モニタリングによってリアルタイムに状況を「把握」するだけでは必ずしも十分ではない．実際に効果的な防護を行うためには，ある程度の将来にわたる「予測」が必要となるからだ．

　防護のための行動，特に避難は瞬時に完了するものではない．避難に要する時間の経過の間に天候や事故施設からの放射性物質の放出状況の変化が生じ，結果的にむしろより多くの被ばくを受けるような事態は是非とも避けなければならない．したがって，避難に要する時間を見込みつつ，それが防護として有効であることを担保するためには，一定時間先まで，放射性物質の拡散状況を見通せた方がよいことになる．

　ここで，国際的に一般的な考え方は，以下のようなものである．まず，起こりうる事故の態様の深刻度によって，それぞれの場合に考えられ得る放射性物質の放出・拡散状況をシナリオ化する．そして，それらのシナリオごとに人びとの被ばくリスクを検討して標準的な防護措置をあらかじめ定めておく（この措置は予防的な（安全側の）内容で設定されることが通常である）．万一の事故の際には細かい状況の特定を待たずに事象の類型別（例：一定時間以上原子炉が冷却不能，等）に防護措置を実施し，その後にモニタリング等で得られるリアルタイムの状況判断に応じて追加的な措置を随時講じたり，すでに講じた措置を変更したりするというものである（例えばIAEA 2002; 2007; 2011）．

　これに対して，日本の場合には，できるだけ予測を「正確な」ものとすることで，実際に生じうる被害の規模に対して「最適」な防護の措置を講じることが志向された．当時の原子力関係者には，原子力事故による大規模で広範囲な放射性物質の拡散は原発の様々な安全設計，特に多重障壁設計によって現実的にはかなり確実に抑え込めるとの判断があった一方で（前掲の原子力安全委員会報告書はその旨を文中で何度も繰り返している），国土の狭隘さと人口の稠密さによって安易に大がかりな予防的防護措置を取れない（社会コストが高すぎる）という事情があったものと思われる．諸外国の方法では，各シナリオにおける悪い帰結を想定して防護措置を保守的に（念を入れた方向に）設定する

から，実際に起こりうる事象の重大性の確率分布に照らすと，防護措置が過大になる可能性が高くなってしまうからだ．前掲の原子力安全委員会報告書が，「周辺住民の心理的な動揺あるいは混乱をおさえ，異常事態による影響をできる限り低くするという目標を達成しなければならない」と述べたのはこの見方を裏書きする[19]．

　そして，この考え方を実際の防災上の備えとして具現化するためには，他国にはない，「正確な」予測をもたらす計算システムが必要となる．それがSPEEDI 開発の動機であり，その後の導入の根拠であったと思われるのである．

　後知恵に訴えるなら，福島原発事故の際にはリアルタイム予測のもととなる放出源情報（原発から放出される放射性物質の量や種類，タイミングを推定するために必須の，原子炉の状態や原発における放射線量の変化等についての情報）が原発の全電源喪失と地震による通信網損傷によって得られず，「リアルタイムのデータに基づく予測」は，それが最も求められたまさにその瞬間に，文字通り画餅となった．

　しかし，現実に原子力事故が具体的な脅威となる可能性は限りなく低いと信じた当時の原子力関係者にとっては，放射性物質の拡散による被ばくから人びとを守ることとともに，いや，あるいはそれ以上に，「周辺住民の心理的な動揺あるいは混乱をおさえ，異常事態による影響をできる限り低くする」ことを達成しなければならなかったのである．この目的意識は原子力関係者の間で今日もなお，深く共有されている．筆者はこれを「情報統制志向」と名付け，それは国策学問としての原子力工学を特徴づける欠かせない要素であると考えている．次項では，この「情報統制志向」が福島原発事故において現実にどのような事態に帰結したかを検討する．

「隠された」SPEEDI ──「情報統制志向」の現実の帰結

　果たして，SPEEDI は上記のような「周辺住民の生命・健康」と「心理的な動揺あるいは混乱」をともに防ごうという二重の目的を掲げた集権的原子力防災のコンセプトのもと，多額の投資を以て開発・整備が進められた．

　国会事故調（東京電力福島原子力発電所事故調査委員会）報告書によれば，所

管官庁である文部科学省（旧科学技術庁）は「SPEEDIが緊急時の避難指示に役立つシステムであると主張し，平成22（2010）年度までに約120億円もの国費を費やしてきた」（国会事故調 2012: 421）．また，SPEEDIの開発を担った日本原子力研究所（現・国立研究開発法人日本原子力研究開発機構（JAEA））はこの技術を原子力安全に関係する研究成果の主要なひとつとして誇ってきた[20]．

　しかし，「周辺住民の生命・健康と『心理的な動揺あるいは混乱』」を同時に防止することを志向する「情報統制志向」は，2011年3月の福島原発事故に際して現実の「問題」としてあらわになり，日本の原子力防災体制の不備とSPEEDIの扱いに代表される関係者の振る舞いは公益を決定的に毀損したとのそしりを受けることに帰結した．

　「問題」に対する批判の中心的な論点を，特に原子力災害に際しての被災者の人びとの生命・健康の保護を第一義的な公益とする観点から挙げるとするなら，(1)SPEEDIの存在と運用，その計算結果が事故直後に随時説明・公開されなかった（あるいは隠蔽された）こと，(2)その結果，SPEEDIの計算結果に基づいた適確な防護措置（避難と屋内退避の使い分け，放射性物質の「雲」（プルーム）の移動状況を見越した避難のタイミングや方向の選定，等）の機会が失われ，結果的に被災者の人びとを無用な被ばくにさらしたこと，の2点に集約されるであろう．

　福島原発事故の発生直後，2011年3月11日の16時49分には，SPEEDIは定められた手順通りに緊急時モードに切り替えられた（政府事故調 2011: 259）．しかし，前述のように，震災と原発事故による被害のため必要な複数の機器が故障し，SPEEDIはその予測計算の決定的な前提のひとつである放出源情報を得ることができず，所期の機能を発揮できなくなった．

　このことはSPEEDIの計算結果が，想定した意味では防護措置実施の「基本資料」となり得なくなったことを意味した．このため，文部科学省，原子力安全委員会をはじめとする担当者の間では，「SPEEDIは今回は活用できない」との合意が結果的に共有され，その存在や活用の可能性を他の事故対応関係者（例：内閣総理大臣以下の閣僚）に示唆することも行われなかったし，任意の仮定を設定して行った計算結果（例：単位放出量を設定した上で，気象条件や地形

等は実際の状況を踏まえて行った放射性物質拡散の方向や速度の計算結果）をそうした関係者に積極的に提示することも，ましてや広く一般に公開することも行われなかった（政府事故調 2011）．

　もちろん，SPEEDI の存在や原子力災害の際の運用は秘密の事柄ではなくもとより公知の事柄である．したがって，事故直後から SPEEDI が「表に現れない」ことへの疑問の声が各方面で出され始めた．菅原慎悦は SPEEDI に対する社会的注目が集まり始めたのは同 3 月 15 日であると指摘しており（菅原 2015），これは国会事故調報告書の同日にジャーナリストによって公式の記者会見の場で SPEEDI についての質問がなされているという指摘によっても裏書きされる（国会事故調 2012: 422）．遅くともこの時点では運用状況や計算結果の公開が十分に行われておらず，社会からそれを徹底するよう要求がなされていることもまた，公知になったはずだ．

　しかし，国会事故調報告書が当該記述の部分で示している表が如実に明らかにするように，SPEEDI の計算結果の公開はその後も迅速かつ全面的には行われず，最終的に実施された計算結果の全てが公開されたのは事故後 2 カ月弱も経過した同 5 月 3 日以降のことであった（国会事故調 2012）．

何が SPEEDI を「隠した」のか──科学社会学の見立て

　いうまでもなく，このような時間スパンでの情報公開では，公開された SPEEDI のデータがどのような意味においても事故直後の原子力防災，特に被災者の人びとの放射線防護に何ら役立たなかったことは自明である．このことが，先述した SPEEDI「問題」に対する批判のポイントである．

　もちろん，福島原発事故の際の SPEEDI の計算結果は放出源情報の入力を欠いた点でその利用価値，活用余地が所期の機能・性能に照らせば大きく限定されていたというのはその通りではあろう．拡散する放射性物質による被ばくから現実に身を守るためには，「いつ」「どのような」放射性物質が「どのぐらい」放出されたかが決定的に重要であるからである．単位量を任意に入力して行われる計算は，「その時点である放射性物質が拡散したとすれば」という仮定的な結果を示すだけであり，例えば，実際には異なる時点でより大量の放射性物質が拡散していれば，当該計算結果に基づいて避難の方向や距離，開始時

点といった意思決定を行うことは，むしろ被ばくを有意に増やす結果にさえなりかねないリスクを大きくはらむからだ（国会事故調（2012）はこの立場を採用したし，原子力規制委員会（2014; 2016）が緊急時の SPEEDI の活用を禁じた根拠もこの点である）．

　しかし，仮定的な計算結果であっても，随時，それらが公開されていれば，当事者である住民，地元行政，関係専門家に活用の余地はあり得たという見解もある（政府事故調（2011）はこの立場を採用した）．

　すなわち，「『SPEEDI はそもそも使えなかった』とする立場と『単位量放出の仮定を置いた計算結果でも SPEEDI はもっと活用できたはず』とする立場」（菅原 2015）が存在し，権威ある機関（例：国会事故調と政府事故調）の間でもその見解が分かれているのだ．

　しかし，人びとの憤怒が向けられているところの SPEEDI「問題」は，SPEEDI の計算結果が「使えなかった」のか，「もっと活用できたはず」なのかという評価の問題にはとどまらないように思われる．そうではなく，もしかしたら使い途があったかもしれない，潜在的に重要性が大きいデータが，よくわからないいきさつで公開されなかったことそのものが憤怒の本質であると解するべきであろう．誰も明確に「公開しない」「用いない」という公式の決定をしていないし，それが生んだ帰結に対する責任もとっていないのである．これでは，未公表を意図的なものと疑い，それを非難する声までが少なからず出されたことも甘受すべき帰結と言わざるを得ない．

　松本三和夫はこの「問題」について，SPEEDI の計算結果の利用価値を評価の基準にした説明，すなわち，「使えなかった」ことを「公開されなかった」ことの理由として語る言説を「アドホックなエクスキューズ」（松本 2013: 26）であると断じ，SPEEDI の計算結果を公益のために活かそうとする真剣で最大限の取り組みがなされなかったばかりか，そのようなエクスキューズがまかりとおる，そうしたリアリティの全体を問題視して詳細で批判的な分析を加えた（詳しくは松本（2013）を参照のこと）．松本は SPEEDI の活用において公益の毀損（情報公開の不実施に起因する，被災した人びとの避難等の防護における情報面での機会損失）はあったことを認定したうえで，しかし，そうすること（SPEEDI を被災した人びとの防護のために最大限活かそうとしなかったこと）

は制度によってあらかじめ許容され，あるいは予定さえされていたのだから，「SPEEDIの運用担当者ならびに関係者の倫理的責任だけに問題を帰着させることは，問題を矮小化し，もっとも問われるべき重大な責任をかえってあいまいにする効果をもつ」（松本 2013: 29）と警告する[21]．

制度設計不良はなぜ放置されてきたのか——科学社会学からの批判の射程の拡大

　松本は，このような「制度化された不作為」（松本 2013: 37）の発生を責任帰属の明確化の失敗と捉え，それを改めてはっきりと行うことで問題を解決するための道筋を構想する．そこでは，学セクター，つまり私たち研究者に対しても，自己言及の原則に基づいて，専門知を後知恵による論難や解説に活かすのではなく，「事前にあえて耳の痛いことを指摘すること」（松本 2013: 37）が求められている．そして，「立場明示型科学的助言制度」や「構造災公文書館」といった具体的な制度設計が提言されている．

　しかし，本章では松本の見立ての含意を別のかたちで拡張したい．それは以下のような疑問と関係する．すなわち，今回のSPEEDI「問題」の場合に，「制度化された不作為」としてあらわれた制度設計の不良を放置させたものは何か．この点に関わるのが，「原子力専門家」の「情報統制志向」である．

　確かにモニタリング指針の掲げる目的やそれに基づくSPEEDIの活用方針が通常想定される最も重要な公益である「周辺住民等の健康と安全を守る」ことを等閑視しており，そのことが不作為を許容したという仮説は一定の説得力を持つ．

　だが，SPEEDIが緊急時モードで運用される場合はそもそも，「災害対策基本法」と「原子力災害対策特別措置法」に基づき，特別の原子力防災体制がとられる（具体的には，後者に基づく「原子力緊急事態」が宣言され，所要の措置がとられる，等）．SPEEDIの活用を含む住民防護措置の実施はその枠内で行われ，モニタリング指針も平時とは異なりその下位に位置する関係法令として効力を持つことになる．上記の災害関係法はいずれも「国民の生命，身体及び財産」の保護を目的に掲げているから，住民保護が行政活動全体の目的から消失することはないし，法理上はSPEEDIもその目的に準じて運用されると法務専門家や行政官は答えるはずだ．現場担当者が直接参照する指針において，緊

急時の住民保護が目的として確認されていないことは確かに問題視する余地はあるが，そのことが実際のSPEEDIの消極的運用の直接因とするにはやや，無理があるように思われる．松本の論点はあくまでも消極的運用を許容しうる要素のひとつであり，それを直接的にもたらした要因ではないと思われるのだ．

すなわち，原子力専門家の間で「正しい」考え方として共有された「情報統制志向」がより積極的に，こうした運用を「よき行い」として関係者に示唆し，正当化した可能性がある．すでに見たように，SPEEDIはその出自からして，「専門知識に基づく適切な指示」こそが公益（「周辺住民等の健康と安全を守る」こと）を実現するという集権的で技術主義的な考え方の申し子であった．この立場に立てば，松本が批判した「環境モニタリング指針」の目的の変化（平常時の目的に登場する「周辺住民等の健康と安全を守る」規定が緊急時では消失しているという変化）に不適切な点などない．つまり，「専門知識に基づく適切な指示」を出すことは「周辺住民等の健康と安全を守る」ことと完全に重なっているのだから，前者がなされれば後者は半ば自動的に実現するので，改めて言わずもがなである，ということだ．

さらに，「情報統制志向」を緊急時における「正しい」方向性と信じる立場に立てば，実際に生起しつつある事故についての見立てとSPEEDIの稼働状況の両方を見極めて，SPEEDIを防護措置（避難）の判断に活用するのかどうか，SPEEDIが生成する計算結果を随時公開するのかどうかを判断する際にも，「周辺住民の生命・健康と『心理的な動揺あるいは混乱』」を同時に防止することが求められる．そして，その判断はひとえに原子力専門家に委ねられるべきだとされる．SPEEDIが今回の事故に関しては最初から有意な利用はありえなかったという論点に当事者であった原子力専門家がこだわるのは，そうした判断に由来すると思われる．

ここで重要なのは，「情報統制志向」は，住民が「心理的な動揺や混乱」に陥ることの防止と放射線被ばくから住民を守ることの双方を重要な公益として等価に見なしうる点である．この場合，SPEEDIを活用しないことも，その（彼らの専門的見地からすると有意さを持たない）計算結果を公開しないことも，どちらも公益上の要請から求められる帰結として等価でありうる．したがっ

て，その立場に立つ論者に対して SPEEDI の計算結果を公開しなかったこと
は公益の毀損を許容する不作為，しかもそれは制度化された不作為であるから
重大な問題ではないか，と批判を加えても，その前提であるところの「情報公
開が公益に資する（情報統制は公益を毀損する）」という立場が事実上原子力工
学者と呼ばれる専門家に共有されていない．だから，原子力工学者にとって当
該の批判は批判たりえておらず，むしろ，根拠や論理性を欠く「論難」「難詰」
の類いと捉えられる．筆者自身はこうした立場に与しないし，関係者を擁護す
るためにこのように述べているわけでもない．むしろ，この問題についての批
判は彼らのそうした公益観を内在的に突き崩さなければ実際に強い力を持ち得
ないことに注意を喚起している．

情報統制志向の拡大？──アカデミーにおける議論の危うさ

　さらに，福島原発事故の発生後，「情報統制志向」に通ずる考え方の広がり
は，いわゆる原子力専門家のコミュニティを超えた広がりを見せた．例えば日
本の学術の府（アカデミー）であり，社会に対して学術が産出した専門知を適
切に還元する責務を負うべき日本学術会議においてさえも，「情報統制志向」
の気配を感じずにはいられない動きが見られたのである．

　福島原発事故発生から 4 カ月弱を経た 2011 年 7 月 1 日，日本学術会議は
「緊急講演会」として，「放射線を正しく恐れる」と題した一般向け行事を開
催した．主催は同会議の「東日本大震災対策委員会」である．その「開会趣
旨」は以下の通りであった．

　　東日本大震災後，放射能や放射線に関する様々な情報が大量に発信され，
　多くの国民は放射線の身体への影響等に関する漠然な不安を日々感じてい
　る．本緊急講演会は，放射線に関する第一線の研究者の講演並びにパネル討
　論により，国民へ現時点での正しい情報を伝え，国民の不安の解消を図ると
　ともに，国民の放射線へのリテラシーの向上を図ることを目的とする（日本
　学術会議 2011）．

　明らかに，ここに示された考え方は「情報統制志向」と軌を一にしており，

また，松本が指摘した SPEEDI 運用における問題とも通底する．なぜならば，目的に「国民の不安の解消」がはっきりと掲げられている反面，「国民の健康の保護」は目的に掲げられていない点で共通しているからである．

　主催組織である日本学術会議の「東日本大震災対策委員会」はこの時点で17名の同会議会員・特任連携会員で構成されており，委員長は直前の同6月まで会長を務めた金澤一郎，副委員長は7月から会長となった（6月まで副会長）であった廣渡清吾であった．金澤が神経内科，廣渡がドイツ法を専門とすることに象徴されるように，同委員会委員の専門分野は多様であり，原子力工学と関わりを持つ人物はほぼ見当たらず，例外は科学技術庁の行政官として原子力政策に長年関わった経験を持つ有本健男であった．また，当時の日本学術会議副会長であり，同講演会の司会を務めた唐木英明は獣医薬理学が専門であったが，BSE（牛海綿状脳症）問題に関してやはり「不安解消」を重視する論陣を張り，前年にはその旨を訴える一般書も出していた経緯がある（唐木2010）[22]．

　実は，金澤は上記講演会の直前の6月17日に会長名で「放射線防護の対策を正しく理解するために」と題した談話を発表している（金澤 2011）．同談話はその冒頭で「科学者の間から様々な意見が出されており，国民の皆さんが戸惑っておられることを憂慮」と述べたうえで，ICRP（国際放射線防護委員会）の放射線防護の考え方を解説した後，結言の部分において，「日本の放射線防護の基準が国際的に共通の考え方を示す ICRP の勧告に従いつつ，国民の健康を守るためのもっとも厳しいレベルを採用していることを，国民の皆さんに理解していただくことを心から願っています」と語っている．すなわち，科学者の意見に多様性があることが人びとを混乱させているとの認識に立ち，それに対して，国際的に権威のある機関である（と彼が見なす）ICRP 見解を解説し，しかもそれが「もっとも厳しいレベル」であることを指摘することで，冒頭で憂慮を示した人びとの当惑を解消しようというわけである．

　こうした日本学術会議のスタンスはその後もいくつかの文書に現れる．典型的には翌2012年4月に出された提言「放射能対策の新たな一歩を踏み出すために——事実の科学的探索に基づく行動を」が挙げられる．この提言は「東日本大震災復興支援委員会 放射能対策分科会」によってまとめられ，その委員

長と副委員長はそれぞれ後に日本学術会議会長，副会長となる大西隆（都市工学）と春日文子（微生物学）であった．同提言は提言の目的を以下のように示す（日本学術会議 2012）．

　本分科会では，限られた期間に可能な範囲でこれらの分断されている情報（筆者注：行政，研究機関，研究者等がめいめいに保有・管理している放射能汚染に関する情報）を収集し，情報源がどこにどのような形式で保有されているかの全体像を示すとともに，それらの情報を連結して最終的な健康被害を予測することにより，東電福島第一原発の近隣住民および国民の不安に応えることを目指した．

　再び，「近隣住民および国民の不安に応えること」が目的に設定され，関連情報の「全体像」や「最終的な健康被害」の「予測」が示されることがそれに資するという見立てが開陳されている．

　このように見てくると，未曾有の災害がもたらしたリスクにより人びとが不安を抱えることは，それが社会的混乱につながるという意味で公益の毀損であり，情報が適切に管理され，流通することこそがその防止・解消につながるという意味では，アカデミーの基本的スタンスと原子力工学分野における「情報統制志向」は非常に近い位置にあると言ってよい．より踏み込んで言えば，そうしたアカデミーの立場は，前節で論じた SPEEDI の利活用に係る原子力防災指針類のレトリックとほとんど重なっている．医学者である金澤や獣医学者であり BSE 問題に関与した唐木が特に福島原発事故直後の時期にそうした立場を鮮明にしたことは，彼らの専門分野もまた，「国策学問」としての性質を帯びている可能性を示唆する．

　また，当該の委員会としては多様な学術分野のメンバーが集まっていたにもかかわらず，そうした姿勢が維持されながら後の検討に引き継がれた様子を見ると，少なくとも委員構成のレベルでの学際性はそのことへの十分な対処方策とはなり得ない可能性も提起する．いずれにせよ，「国策学問」化の契機は何も原子力工学に限って存在するものではなく，その意味では，（科学）社会学やその隣接分野とて，その危惧から自由ではないことを肝に銘じるべきであ

る.

4 おわりに——国策の失敗軌道の転換に向けて

本章では，福島原発事故という公益の決定的な毀損の背後にある，専門知と政策の間の不具合について，倫理的論難を越えた社会学的な接近を試みた．そこでは，「国策」である原子力利用に対して「とにかくなんとかすること」を求められた原子力工学の限界と，政策との相互作用において生じた負の影響，すなわち，「情報統制志向」が未曾有の原子力事故の発生というまさに重大局面において，重要な関連情報の非開示という公益毀損に帰結し，さらに，そのことが社会の期待を裏切り，専門家への信頼を破壊するという，別種の公益毀損をも引き起こした様子が明らかとなった．

文中では繰り返し，倫理的論難の限界とその逆機能への危惧を表明してきたが，そのことは（科学）社会学が本来的に備えるべき批判性を抑制することを主張したものではない．むしろその批判性を根源的に深めることを意図している点には改めて注意を喚起したいが，それでは，どのようなアプローチが今後の批判の道筋，あるいは問題解決の方策たり得るのか，その方途を探ることを試みて結びに代えたい．

原子力専門家が彼らなりの公益意識ゆえに「情報統制志向」を強く志向したことはすでに述べた．読者は，「そうした誤った公益意識こそが根本問題なのではないか」と思われたのではなかろうか．筆者も基本的にその見立てを採用する．

カナダの高レベル放射性廃棄物処分政策を題材に，「倫理的政策分析」を通して「熟議民主主義」の必要性を展望した G. F. ジョンソン（Genevieve Fuji Johnson）は，公務員が同様の陥穽に落ちることを，功利主義的な倫理的正当化が生む誤謬であると見る．彼女は R. E. グッディン（Robert E. Goodin）の以下の指摘を引用している．「『なんらかのより大きな良さのために，公務員が「手を汚し」，難しい選択をし，間違ったこと（あるいは通常なら間違っていると言えること，もしくは一般の民間人たちにとっては間違っているようなこと）をおこなうよう彼らが道徳的に義務づけられているのは，公務員の任務に伴う責

任の本性に由来する」．彼によれば功利主義の『普遍主義的非人格性』が公務員に最良の仕事をさせるのだ」（ジョンソン 2011: 113）．さながら，H. アーレント（Hannah Arendt）の言う「悪の陳腐さ」を想起させる文責である．

　原子力専門家に対する人びとの倫理的論難は，社会の成員の保護を最大の目標と掲げない「指針」やそれに無自覚にしたがって現場で行動する心性，あるいは明確な同意も委任もなく「情報統制」に棹さしてしまえる原子力専門家の姿に対して向けられていると筆者には思われる．それは結果の如何によっては正当化されえないこと，動かしがたい原則に照らして「やってはいけないこと」なのだと．だからこそ，実際の結果を前にして，そしてそれをどのように解釈してみせたところで誰も納得がいかない，憤りを禁じ得ないのだと．

　そうだとすれば，本章が問題にしてきた問題は，公益をめぐる規範意識と，それに基づく専門知の社会のなかでの役割について原則的な立場の差異の次元に立ち戻って解決する必要がありそうである．

　私たちは，政策的判断の正統性を特定の政治哲学的・倫理学的な立場のみに依拠するのではなく，決定の正当性・正統性双方をともに「熟議」によるような制度設計を改めて構想し（それはジョンソンが主張した「倫理的政策分析」から「熟議民主主義」の必要性の展望でもある），実際にその制度の設計や運用において「汗をかく」，すなわち観察者であるだけではなく，適切なスタンスで関与することが必要となるだろう．また，原子力専門家のような政策や技術の側に立つ当事者に対しても，彼らをいかにそうした「熟議」の中に（もちろん，健全なやり方で）招き入れるかの具体策を検討することも必要だ．

　今後の科学社会学においては，この部分での理論と実践両面での展開が求められる（おそらく，本書第 3 章で紹介されている「第三の波」論は，この部分の帰趨に深く関わる）．本書の読者の中から，こうした文脈で批判としての科学社会学の内容を豊かにすることに力を尽くされる方々が現れることを期待したい．

1）　原子力専門家への社会の信頼に関しては，原子力推進側の団体である日本原子力文化財団の経時的な世論調査（日本原子力文化財団 2018, 2019）によると，「原子力の専門家」を「信頼できる」あるいは「どちらかと言えば信頼できる」とした回答は 2015 年 10 月時点で 18.0％，2017 年 10 月時点で 22.7％ にとどまっていたのが，2018 年 10 月

時点では急増して 48.6% となっており，信頼回復に成功しているようにも見えるデータもある（2019 年 10 月時点も 45.8%）．しかし，同調査の場合，2017 年までの調査の設問は「原子力に関して，あなたは『原子力の専門家』を信頼できると思いますか．」であったのが，2018 年版以降では「今後，原子力発電を利用，もしくは，廃止していく上で，あなたは，次の人や組織を信頼できると思いますか．」へと変更されており，「廃止」というキーワードが入ったことや，他の原子力関係主体（原子力事業者，国，自治体）との相対評価の要素が入り込んでいる可能性があることから，これを急激な信頼の回復と見るのには無理があるように思われる．

2) なお，原子力関連の問題を議論する際には，核不拡散上重要で，時に秘匿などの特別な管理が要求される技術を「機微（な）技術」と呼ぶ場合があるが（本章の 2 節でも触れる），言うまでもなく，ここでの用法はより一般的な意味で「死活的な重要さを持つ事柄」という含意である．

3) 「原子力専門家」と彼らの持つ専門知は，原子力利用を継続あるいは拡大する場合のみならず，縮小あるいは廃止する場合においても必要である．後者の場合でも，既存の原子力施設の安全な廃止，放射性物質や放射性廃棄物の管理や処分といった，避けられない事柄があるからである．もちろん，どのような専門知が強く求められるか，どういった分野にどれだけ「原子力専門家」の活躍の場があるかは変動しうるが，そのことは「原子力専門家」と彼らの持つ専門知が不要になることは全く意味しない．

4) こうした見立てに立った動きがインターネット上で盛んに行われ，社会一般にも一定の力を持ったことも福島原発事故発生後の出来事の中で特徴的であった．いわゆる「御用学者 wiki」はその代表であろう．また，こうした状況に際して，科学技術社会論のように科学・技術と社会の関係そのものを問い，またそれに関する実践を標榜してきた分野が無力であったとする自己言及的な議論もなされてきた．例えば佐倉（2016），田中（2016）あるいは吉岡（2018）などを参照されたい．

5) こうした見地に立てば，STS 研究でもよく引き合いに出される「トランス・サイエンス」の考え方，すなわち，科学と政治の間には科学的に討議可能だが，科学的に決着はし難い領域があり，そこには特別な注意が必要であるという指摘は，何か新しい特別なことを見いだしたというよりは，当然至極に起こっていた出来事を改めて確認し，それに対して相応の注意を払うことの注意喚起であると理解すべきだろう．また，「トランス・サイエンス」論は，従来の科学の領分とそれを超えるトランス・サイエンスの領分を二分法で描き出す点で，あたかも前者においては依然として「かたい」科学観の科学像がそのまま実在しうるかのような印象も与えるので，注意が必要だ．

6) この論点に関して，政治的な妥協から危険を承知で打ち上げを強行した結果がスペースシャトル・チャレンジャー号事故（1986 年）だとする見方に対して，「逸脱の常態化」によって「よい人」たちが「科学的」に，本来は許容できないはずのリスクを許容してしまう様を分厚い記述によって明らかにした組織社会学の名著が，D. ヴォーンの *The Challenger Launch Decision: Risky Technology, Culture, and Deviance at NASA* である（Vaughan 1996[2016]）．また，本稿執筆の最終段階の 2019 年 9 月に，関西電力の幹部が原子力発電所の立地・運営等に関して多額の金品を地元有力者から受領していた問題が発覚した．この問題もおそらくは，倫理や法規に照らして糾されるべき部分と，そうした不適切な振る舞いを許容し続けて来た組織内部の社会的なリアリティから解き明かされるべき部分の両面を持つものと思料される．

7) 文脈によっては，核分裂の発見以前からすでに現象の解明と利用が始まっていた放射

線に関する科学と技術も「原子力」という言葉の範疇とする場合もあるが，こと核分裂の利用という意味ではこのように言って差し支えないであろう．

8) 軽水炉燃料製造の場合と原子爆弾原料製造の場合の違いは，基本的にはどこまで濃縮度を上げるかの違いであり，両者に原理的な違いはなく，単に濃縮機で処理する時間の長短に過ぎない（長く濃縮作業を続ければ濃縮度が上がっていく）といっても過言ではない．

9) 実際には IAEA（International Atomic Energy Agency：国際原子力機関）がそのチェック体制の中核となる国際機関として設立され，活動している．各国の原子力活動が NPT 体制下での取り決めに従ったかたちで行われており，軍事目的に転用されないことを確実にするために同機関を中心に行われる活動を「保障措置」と呼ぶ．

10) この点に関して，福島原発事故後の原子力をめぐる議論において，日本の原子力利用から得られるウランやプルトニウムといった核原料物質は核兵器の製造に適さない技術的特性を持つから実際上の脅威たりえないので，日本の原子力政策が他国から核不拡散上の懸念を呈されるのは失当だなどと主張している原子力利用推進論者が散見されることは（例えば河田 2019），極めて不見識であると言わざるを得ない．

11) ちなみに「オールジャパンの取り組み」というのは今日でも原子力関係者が好んで用いる言葉遣いであり，そしてこの語は関係者の間では極めて肯定的な響きをもって受け止められる．

12) なお，湯川や武谷，あるいは彼らを含む日本学術会議における原子力利用に関する議論は政府が実際に進めようとする「国策」の内容や段取り，実施主体等には明確に批判的であったが，原子力利用が本章が述べた 2 つの意味での「国策」であることには反対しておらず，むしろ，そうであればこそ，政府案は不適当であるという論理構成であった点に留意されたい．

13) 例えば主要国立大学への原子力工学に関する大学院専攻・学部学科の設置状況を見ると，1957 年に京都大学大学院工学研究科原子核工学専攻，大阪大学大学院工学研究科原子核工学専攻，東京工業大学理工学研究科原子核工学専攻が設置されて以降，翌 1958 年に，京都大学工学部原子核工学科，1959 年に東京大学大学院工学研究科原子力工学専攻，1960 年に東京大学工学部原子力工学科が設立された．その後，1960 年代前半にかけて，一部の私立大学も含めて原子力工学関係部局の開設が続く．また，そのうちの多くで工学部とは別に大学全体の付置組織として原子力工学を専門とする研究所等が設置された．例えば，東京大学においては，原子力工学科とは別に，大学全体の付置研究所として原子力総合工学センターが設置されていた（1972–2005 年）．

14) とりわけ，1970 年代以降，日本で原発が本格稼働するとともに，「プルーブンな」（確立した）技術として海外から導入されたはずの原子力プラントに工学的に未解決の課題が次々と生じ，実際の商業利用に支障を生じ，喫緊の対処が求められたこと（例：各種配管における応力腐食割れ（SCC）の続発），その一方で本来は新奇性のある技術開発であったはずの高速増殖炉や再処理工程といった核燃料サイクル技術の開発が難航し，相対的に既存炉の改良の優先度がいっそう高まったこともその傾向を強める一因になった可能性がある．

15) なお，この定款は福島原発事故を受けて 2013 年に改定され，学会の目的は「本会は，公衆の安全をすべてに優先させて，原子力および放射線の平和利用に関する学術および技術の進歩をはかり，その成果の活用と普及を進め，もって環境の保全と社会の発展に寄与すること」に改められた．

16） もちろん，他の工学系学協会も職能団体として同様の役割を果たしてきたから，この点は原子力のみに特殊だとは言えない面もある．

17） 設立時役員 19 名のうち，18 名は原子力関連の研究や業務に従事する大学研究者，企業実務者であり，残る 1 名は原子力利用の意義を訴えてきたジャーナリストであった．

18） 本節は，寿楽（2017）の一部を大幅に加筆修正したものである．

19） 福島原発事故の時点で，原子力災害特別措置法に基づいて定められた「原子力災害対策指針」は，SPEEDI の計算結果を防護措置決定の「基本資料」とするとしていた．リアルタイムの「予測」をこのように位置づけた国は他に見られない（リアルタイムで観測される「実測値」を防護の措置を講じる際の参考にする，と定めるのは一般的であるが，「予測」を「基本」の資料にするというのは日本独自であった）し，前掲の IAEA（国際原子力機関）が取りまとめた考え方とも異なる．なお，福島事故後に新たに発足した原子力規制委員会は，リアルタイムの「予測」，すなわち SPEEDI をこのように用いることを禁止する決定を行い（原子力規制委員会 2014; 2016），原子力災害対策指針からも当該のくだりは削除された．この経緯やこの論点をめぐる論争にも「国策学問」の問題性が深く関わっていると思われる．Sugawara and Juraku（2018）においてより詳細な分析を展開しているので，参照されたい．

20） 松本（2012）は，原子力分野における国内で最も主要な学会組織である日本原子力学会が，2009 年に SPEEDI（とそれを開発した JAEA）に対して「第 1 回 原子力歴史構築賞」を授与していることを批判的に紹介している．

21） 松本が言う「もっとも問われるべき重大な責任」とは原発事故の帰結が「無限責任」であることを意味するが，紙幅の関係もあり，ここではさしあたりその論点には深入りせずにおきたい．

22） なお，唐木はこの講演会への挨拶文として「放射線を正しく恐れる」という，同じ題目の文章を寄せ，この語が寺田寅彦の随筆から示唆を受けたものであることを述べている（唐木 2011）．

【文献】

Bloor, D., 1976[1991], *Knowledge and social imagery*, 2nd ed., Chicago, Illinois: University of Chicago Press　佐々木力・古川安訳『数学の社会学——知識と社会表象』培風館，1985.

中央防災会議，1979，「原子力発電所等に係る防災対策上当面とるべき措置について」中央防災会議決定，昭和 54 年 7 月 12 日.

Eden, L., 2004, *Whole World on Fire: Organization, Knowledge, and Nuclear Weapons Devastation*, Manas Publication.

Epstein, S., 1996, *Impure Science: AIDS, Activism, And the Politics of Knowledge*, University of California Press.

福島県，2019，「平成 23 年東北地方太平洋沖地震による被害状況即報」（https://www.pref.fukushima.lg.jp/site/portal/shinsai-higaijokyo.html　2020 年 8 月 21 日確認）.

舩橋晴俊，2011，「災害型の環境破壊を防ぐ社会制御の探究」『環境社会学研究』17: 191-195.

舩橋晴俊，2013，「高レベル放射性廃棄物問題の取り組み態勢について，考えるべき論点」『学術の動向』2013 年 6 月号，日本学術協力財団: 40-45.

舩橋晴俊，2014，「被災地再生のための『第三の道』と取組み態勢の改革」『学術の動向』2014 年 6 月号，日本学術協力財団: 82-87.

舩橋晴俊・長谷川公一・飯島伸子，2012，『核燃料サイクル施設の社会学』有斐閣．

原子力安全委員会原子力発電所等周辺防災対策専門部会，1980，「原子力発電所等周辺の防災対策について」（昭和 55 年 6 月 30 日）．

原子力規制委員会，2014，「緊急時迅速放射能影響予測ネットワークシステム (SPEEDI) の運用について」（平成 26 年 10 月 8 日）．

原子力規制委員会，2016，「原子力災害発生時の防護措置の考え方」（平成 28 年 3 月 16 日）．

Hecht, G., 1998, *The Radiance of France: Nuclear Power and National Identity after World War II*, MIT Press.

International Atomic Energy Agency (IAEA), 2002, "Preparedness and Response for a Nuclear or Radiological Emergency," IAEA Safety Standards Series No. GS-R-2.

International Atomic Energy Agency (IAEA), 2007, "Arrangements for Preparedness for a Nuclear or Radiological Emergency," IAEA Safety Standards Series No. GS-G-2.1.

International Atomic Energy Agency (IAEA), 2011, "Criteria for Use in Preparedness and Response for a Nuclear or Radiological Emergency," IAEA Safety Standards Series No. GS-G-2.

ジョンソン，ジュヌヴィエーヴ・フジ，2011，『核廃棄物と熟議民主主義——倫理的政策分析の可能性』（舩橋晴俊・西谷内博美監訳）新泉社．

寿楽浩太，2017，「原子力専門家と公益——すれ違う規範意識と構造災」田中重好・長谷川公一編『原発震災と避難——原子力政策の転換は可能か』有斐閣（第 8 章）．

金澤一郎，2011，「日本学術会議会長談話 放射線防護の対策を正しく理解するために」（2011 年 6 月 17 日）（http://www.scj.go.jp/ja/info/kohyo/pdf/kohyo-21-d11.pdf 2020 年 8 月 21 日確認）．

唐木英明，2010，『牛肉安全宣言——BSE 問題は終わった』PHP 研究所．

唐木英明，2011，「放射線を正しく恐れる」日本学術会議緊急講演会「放射線を正しく恐れる」講演資料（http://www.scj.go.jp/ja/event/houkoku/pdf/110701-houkoku1.pdf）．

河田東海夫，2019，「日本が保有するプルトニウムでは核武装はできない」言論プラットフォーム「アゴラ」（http://agora-web.jp/archives/2022652.html 2020 年 8 月 21 日確認）．

Mackenzie, D., 1990, *Inventing Accuracy: A Historical Sociology of Nuclear Missile Guidance*, MIT Press.

松本三和夫，1998[2016]，『科学社会学の理論』講談社学術文庫．

松本三和夫，2009，『テクノサイエンス・リスクと社会学——科学社会学の新たな展開』東京大学出版会．

松本三和夫，2011，「テクノサイエンス・リスクを回避するために考えてほしいこと——科学と社会の微妙な断面」『思想』2011 年 6 月号（No. 1046）：6-26．

松本三和夫，2012，『構造災——科学技術社会に潜む危機』岩波新書．

松本三和夫，2013，「構造災と責任帰属——制度化された不作為と事務局問題」『環境社会学研究』Vol. 19: 20-44．

村上達也，2015，「日本の原子力発祥の地，東海村村長の脱原発論——村長を勇退するにあたって伝えておきたいこと」『分権型社会を拓く自治体の試みと NPO の多様な挑戦——地域社会のリーダーたちの実践とその成果』第 11 号，龍谷大学大学院 NPO・地方行政研究コース．

村上陽一郎，2006，『工学の歴史と技術の倫理』岩波書店．

NHK ニュース「震災 3 年 原発事故の損害額 11 兆円超に」（2014 年 3 月 11 日）（http://www3.

nhk.or.jp/news/genpatsu-fukushima/20140311/1516_songaigaku.html　2020 年 8 月 21 日　確認).

日本学術会議，2011,「日本学術会議緊急講演会『放射線を正しく恐れる』」(http://www.scj. go.jp/ja/event/pdf/126-s-3-1.pdf　2020 年 8 月 21 日確認).

日本学術会議，2012,「提言 放射能対策の新たな一歩を踏み出すために——事実の科学的探索に基づく行動を」(平成 24 年 4 月 9 日) 日本学術会議東日本大震災復興支援委員会放射能対策分科会.

日本原子力文化財団，2018,「2018 年度 原子力に関する世論調査」(https://www.jaero.or.jp/ data/01jigyou/tyousakenkyu30.html　2020 年 8 月 21 日確認).

日本原子力文化財団，2019,「2019 年度 原子力に関する世論調査」(https://www.jaero.or.jp/ data/01jigyou/tyousakenkyu2019.html　2020 年 8 月 21 日確認).

日本原子力学会「原子力安全」調査専門委員会技術分析分科会，2011,「福島第一原子力発電所事故からの教訓」(http://www.aesj.or.jp/information/fnpp201103/ chousacom/gb/gbcom_ kyokun20110509.pdf　2020 年 8 月 21 日確認).

日本原子力学会東京電力福島第一原子力発電所事故に関する調査委員会，2014,『福島第一原子力発電所事故 その全貌と明日に向けた提言——学会事故調最終報告書』丸善出版.

日本経済研究センター「エネルギー・環境選択の未来・番外編 続・福島第 1 原発事故の国民負担　事故処理費用，40 年間に 35 兆〜80 兆円に」(https://www.jcer.or.jp/policy- proposals/2019037.html　2020 年 8 月 21 日確認).

佐倉統，2016,「優先順位を間違えた STS——福島原発事故への対応をめぐって」『科学技術社会論研究』Vol.12: 168-178.

島薗進，2013,『つくられた放射線「安全」論——科学が道を踏みはずすとき』河出書房新社.

菅原慎悦，2015,「原子力防災制度改革」城山英明編『大震災に学ぶ社会科学 3　福島原発事故と複合リスク・ガバナンス』(第 6 章　事故後の原子力発電技術ガバナンス) 東洋経済新報社.

Sugawara, S. and K. Juraku, 2018, "Post-Fukushima Controversy on SPEEDI System: Contested Imaginary of Real-time Simulation Technology for Emergency Radiation Protection," S. Amir, ed., *The Sociotechnical Constitution of Resilience: A New Perspective on Governing Risk and Disaster*, Palgrave Macmillan.

田中幹人，2016,「STS と感情的公共圏としての SNS——私たちは『社会正義の戦士』なのか?」『科学技術社会論研究』Vol.12: 190-200.

東京電力福島原子力発電所事故調査委員会 (国会事故調)，2012,「報告書」.

東京電力福島原子力発電所における事故調査・検証委員会 (政府事故調)，2011,「中間報告」(2011 年 12 月 26 日).

Vaughan, D., 1996[2016], *The Challenger Launch Decision: Risky Technology, Culture, and De- viance at NASA*, University of Chicago Press.

Wynne, B., 1992, "Misunderstood misunderstanding: social identities and public uptake of sci- ence," *Public Understanding of Science*, 1(3): 281-304.

吉岡斉，1999[2011],『新版 原子力の社会史——その日本的展開』朝日新聞出版.

吉岡斉，2018,「科学技術批判のための現代史研究」『科学技術社会論研究』Vol.15: 40-46.

(謝辞)　本章は，茨城県東海村「平成 28 年度 原子力と地域社会に関する社会科学研究支

援事業」（寿楽浩太，菅原慎悦）ならびに科学研究費補助金若手研究（B）「リアルタイム被害予測システムの社会的逆機能の批判的検討：SPEEDI 事例を中心に」（H29 年度〜31 年度，寿楽浩太）における研究成果を含みます．記して研究支援に感謝申し上げます．

6章
環境運動と科学者
科学社会学の視点から

定松　淳

1　ダイオキシン論争の問題提起

　1990年代後半，日本の各地で廃棄物焼却から発生するダイオキシンが社会問題化した．日本の廃棄物は，放射性廃棄物を除くと一般廃棄物と産業廃棄物に大別されるが，当時はいずれの焼却についても問題となった．この社会問題化の背後には，研究者によるダイオキシン測定への協力があったことが知られている．特に摂南大学（当時）の宮田秀明は，1995年1月に産廃焼却施設が集中していた埼玉県所沢市周辺でダイオキシン類の測定を行ったのを皮切りに，全国各地で測定に協力した．その後1999年2月にテレビ朝日報道番組「ニュースステーション」による「ホウレンソウ事件」（横田 2001; 成 2001）が起こって，同年7月には「ダイオキシン類対策特別措置法」が公布され，「ダイオキシン問題」は解決に向かったと見なされるに至った．

　一方で，社会問題化の渦中から「ダイオキシン」を問題とすることに対する批判の声があった．例えば，一般的にヒトのダイオキシン摂取はその大半が食品，特に日本人の場合魚貝類を通じたものであり，大気からの摂取は数％に過ぎないという指摘がある（中西（1998）など）．現代日本で特定の地域の食品だけを食べることはまれだから，ダイオキシン摂取のリスクは全国民レベルでコントロールされるべき問題であり，地域的な問題ではない，という批判もここには含意されている．このような批判に対してありうる反論としては，「当事者たちが問題にしているのは廃棄物焼却施設からの煙害総体なのであっ

て，"ダイオキシン"はシンボルやキーワードとして用いられているに過ぎない」，「被害者の気持ちを理解しない批判だ」といったものがある．確かに，現場で問題になっていたのが煙害であるというのは，事実として間違いではない．しかしそれは結局，「ダイオキシンという言葉を使ったのは科学的には不適切だったのではないか（政治的に用いられたのではないか）」という疑惑を呼び込んでしまう．

　この論争は，社会学における環境問題へのアプローチに対しても問題を提起しているように思われる．これまで日本の環境社会学においては，運動論の観点から問題にアプローチすることが多かった．もちろん現場の問題にトータルに取り組もうとする運動を通じてアプローチすることは有効な方法だが，そこに関わる科学者のふるまいに踏み込んで問題の理解を深めるには弱さがある．立石（2005: 1）も指摘しているように，運動論的な分析においては「運動に協力してくれるか否か」という観点から科学者への評価がなされてしまう傾向が生じるからだ．運動とは達成目標をもつ政治的な活動である．とりわけそれが論争的なテーマに取り組むとき，賛成派か反対派か，あるいは運動側か行政側か，といった明確な立場の対立が生じうる．従って，運動に即した記述を行っていくとき，二項対立的な位置づけが生じやすい．

　かといって，既存の科学社会学での議論を導入すれば事足りるというわけでもない．例えばブライアン・ウィン（Brian Wynne）は，イギリス・セラフィールドの核燃料再処理施設の周辺地域におけるチェルノブイリ原発事故後のフォールアウトについて，専門家が誤った判断を連続させたのに対して，地域住民である牧羊家たちがより確かな認識をいだいていたことを描き出した（Wynne 1996=2011）．専門家の，悪い意味での定型的な，限定された認識に対し，牧羊農家のより総体的な認識を現場知や専門家への不信感，あるいは彼らのアイデンティティーと結び付けて描き出したこの研究は，非専門家が専門家に優越した事例として捉えられ，広く影響力を持った．しかし，そこには「科学者＝十分に科学的でない／非専門家＝より科学的」，という別の二項対立が持ち込まれている．これは欧米の科学社会学が科学批判としての側面を持っており，「科学／社会」あるいは「科学／科学外」という形で別の二項対立を持ち込む傾向があるからだ（定松 2018: 第2章; 2020）．これに対し社会学的分

析としては，二項対立的な図式を越えて，社会現象・社会問題のなかに科学者の関わりを的確に位置づけることが求められると本章では考える．本章ではそのような分析の試みとして，所沢ダイオキシン問題とそれに対するダイオキシン研究者宮田秀明の関わりを分析する．以下では，宮田がどのような科学的意図，また社会的意図をもっていたのかを明らかにし，その行為の意味を社会問題化の過程のなかに的確に位置づけることを試みたい．主に定松（2018: 第3章）の記述とデータに依拠しながら，本章ではそれらのデータを科学者と環境運動の関わりという観点から再構成する．そのことを通して，環境問題と科学社会学がどう切り結びうるかについての展望を示したい．

2 住民運動に対する理解と距離

　所沢周辺地域では，1985年に関越道が開通したことを受けて，都内で発生する産業廃棄物の中間処理として焼却を行う業者が増えていった．もともと所沢インターチェンジがある東所沢地域に焼却炉が立地し始め，やがて所沢北方の「くぬぎ山」と呼ばれる平地林のなかに多くの業者が焼却炉を建てるようになった．1998年に住民運動が明らかにしたところによると，所沢市と周辺自治体には焼却能力150 kg/h以上の産廃焼却炉が64炉（自社処分の炉も含む）も集まっていたという（埼玉西部・水と土と空気を守る会編 2005）．1991年から「くぬぎ山」近くの住民による産廃反対運動が始まった．当初運動はそれほど広がらず，行政による対策も進まなかったが，次第に地域外の環境団体から支援が得られるようになった．そんななかダイオキシン研究者の宮田秀明を招くことが提案され，1995年1月にそれが実現した．

　1999年出版の岩波新書『ダイオキシン』の中で宮田は，所沢での調査について次のように述べている．

　　行政側はダイオキシンが出ているという証拠があれば対応できると言い，
　住民側は資金的なこともあり証拠のデータが出せないままになっていた．
　1995年に私たちが土壌を調査して高濃度のダイオキシンを検出し，その実
　態がマスコミで報じられた（宮田 1999: 216-217）．

ただしこの記述は細部に関しては正確ではない．聞き取りによれば，住民運動が宮田を所沢に呼んだのはダイオキシンについての講演会（勉強会）を行うためであった．講演会の後に，宮田の側から現場に行こうという提案があり，到着した現場で，宮田から土壌や松葉のサンプル採取が提案されたのだという（定松 2010: 142）．この時点では，行政にダイオキシンについての対応を要求するほど，住民運動側はダイオキシンについて理解をしていなかった．しかし先の記述は，宮田が住民たちの置かれた状況，そして宮田自身に期待されていたものを，ほぼ正確に理解していたことを示している．つまり，被害を訴えても取り合ってくれない状況に対して，ダイオキシンという形で汚染物質排出の証拠を示すことができれば行政が対応するかもしれない，という期待である．

　一方で，宮田のスタンスは運動と完全に同一化していたわけでもない．それを示しているのは，測定までにかけた時間の長さである．ダイオキシン報道の中ではほとんど注目されていない事実であるが，1995 年 1 月のサンプル採取から，12 月に測定結果を住民運動に送付するまで，実に 1 年近くの時間がかかっている．ダイオキシンの測定には時間がかかることが一般的だが，それでも 1 年という期間は長すぎる．聞き取りに対し宮田は，「この年は講演や研修などいろいろ雑務が入っていたこと」，「それ［住民のための測定］を専門でやっているわけでないこと」を理由として挙げた上で，この種の微量のダイオキシン類を測定する際に測定機器を組み直す必要があることを指摘した．すなわち，環境中のダイオキシン類を測定する場合と，例えば食品中のダイオキシン類を測定する場合では，汚染のオーダーが違っているので，「汚染が移る」可能性がある．別な測定をしながら片手間に測定を行うというようなことは不可能なのである．住民運動側に対しても「時間がかかるかもしれないことは最初から言っておいたと思う」と述べた[1]．

　このことから，宮田自身が所沢周辺地域の状況について関心を寄せていたことも事実である一方で，「今すぐ測定結果を出さなければならない」というほどまでには緊急の事態とは考えていなかったことがわかる．これに対し，翌 1996 年 3 月には宮田は茨城県龍ケ崎地域に招かれ一般廃棄物焼却施設からのダイオキシン排出を測定することになるが，龍ケ崎地域のほうが状況はひどいと考えていたという[1]．龍ケ崎地域では，宮田を招く以前の 1995 年秋に既に，

焼却所周辺でガンによる死亡率が高いとの調査結果が住民運動によって発表されていた.

3 測定データ

では, このようにして採取・測定されたデータは, どのようなものだったろうか. 実はこの結果は論文としてはまとめられていない. この調査では根幹的に重要である産業廃棄物処理施設からの排出ガスデータを計測していないためであるという. けれども 1996 年 6 月にハワイで開催された日本環境化学会の「第 5 回環境化学討論会」で, 所沢の住民運動へ知らされた調査結果が発表されている. その要旨 (Miyata *et al.* 1996) は, ダイオキシン問題が大きく社会問題化する前の段階で, 宮田の科学的認識がどのようなものであったかを文書で確認することができる, 貴重な資料である. 以下にその序論と結果をほぼ全訳して示し, またその時のデータを示そう (**表 6-1**).

なお文中の PCDDs (ポリ塩化ジベンゾジオキシン類), PCDFs (ポリ塩化ジベンゾフラン類), コプラナー PCBs (ポリ塩化ビフェニル類) は, それぞれダイオキシン類の種類である. また文中の TEQ とは 2,3,7,8-TCDD 毒性等価量 (toxicity equivalency quantity) のことであり, それぞれ毒性の異なる PCDDs, PCDFs, コプラナー PCBs を, もっとも毒性の強いダイオキシンに換算した時の重さであることを示している. また pg (ピコグラム) は, 1 兆分の 1 グラムである.

序論：近年, ダイオキシン類 (中略) は, さまざまな国々で大きな関心の対象となってきている. その異性体には非常に毒性の強いものもあるからである. しかし我が国では, 産廃木材の焼却施設からのその排出について, 利用可能なデータはない. 埼玉県の東所沢地域[2] には複数の産廃焼却施設がある. それらが建設されて以来, 周辺住民は悪臭, 目の痛み, 頭痛, 喉の痛みなどに悩まされてきた. 主な原因物質は産廃木材の焼却によって発生する塩化水素, フッ化水素などの無機酸によるものと推測される. このことは, ダイオキシン類や他の多くの有機ハロゲン化合物が焼却活動によって発生して

表 **6-1** 産廃木材焼却炉周辺地点採取の焼却炉残灰および表土サンプルにおける PCDDs, PCDFs, Co-PCBs の TEQ レベル

Sample	Location	Concentration(pgTEQ/g dry weight)				
		PCDDs	PCDFs	Co-PCBs	Total 1[a]	Total 2[b]
Bottom ash	Near Incinerator	530	3,800	2,100	4,300	6,400
Bottom ash	Near Incinerator	540	1,500	1,000	2,000	3,000
Surface soil + bottom ash	75 m from incinerator	170	360	250	530	780
Surface soil + bottom ash	50 m from incinerator	120	330	110	450	560
Surface soil	100 m from incinerator	51	91	46	140	190
Surface soil	150 m from incinerator	76	110	66	190	250
Surface soil	175 m from incinerator	45	170	53	220	270
Surface soil	550 m from incinerator	130	74	110	200	310
Surface soil	850 m from incinerator	36	61	60	97	160
Surface soil	900 m from incinerator	27	69	18	96	110
Control surface soil	4600 m from incinerator	11	24	3.8	35	39
Surface soil in Fukuoka[c]	Park in big city	1.1	0.6		1.7	
Surface soil in Fukuoka[d]	Ceder forest in urban area	34	31		65	

注：a）PCDDs + PCDFs. b）PCDDs + PCDFs + Co-PCBs.
　　c）と d）の PCDDs, PCDFs 総濃度は，福岡における 6 カ所からの表土のデータのうち，おおよそ最小と最大のレベルを示している.
出所：Miyata *et al.*（1996）.

いる可能性を提起する．そこで，その汚染を評価するために，この地域の焼却灰と表土のダイオキシン類が調査された（Miyata *et al.* 1996: 188）［傍点は引用者による］.

　結果：表 1［本書**表 6-1**：引用者注］に示されたように，2 つの焼却灰サンプルは，高レベルの PCDDs, PCDFs, コプラナー PCBs が含まれていた．TEQ（中略）換算合計レベルは，乾重量でおよそ 6400 pg/g と 3100 pg/g であった．TEQ 換算合計中の PCDDs, PCDFs, コプラナー PCBs の配分は，およそ 13%，55%，33% であった．この割合は，都市固形廃棄物焼却炉からの煙道ガスのそれら（29%，73%，5%）とは，かなり異なっていた．特に，焼却灰中のコプラナー PCBs の数値は非常に高いので，産廃木材の焼却によって都市固形廃棄物よりもより容易にコプラナー PCBs が発生することを示唆している．類似の観察は，1995 年の阪神大震災で倒壊した家屋からの廃棄木材の野焼きの事例においても見られた．コプラナー PCBs の高濃度

発生の主な理由は，産業木材スクラップにおける化学物質の高濃度含有に起因する可能性がある．

　焼却施設周辺のすべての表土サンプルは，埼玉県の対照土壌や福岡県の土壌サンプルと比較して，より重度に PCDDs と PCDFs によって汚染されていた．汚染が焼却場所から離れた地域でも見られるので，焼却施設からの煙道ガス中のダイオキシン類によって表土が汚染されたことを示唆している（Miyata *et al*. 1996: 189）．

　この学会発表に対してフロアからの反響は「あまりなかった」という[1]．しかし，このまだ社会的反響の小さな局面での発表から読み取れることは少なくない．見落とせないのは，宮田が周辺住民の「悪臭，目の痛み，頭痛，喉の痛みなど」については「塩化水素，フッ化水素など」が原因であると認識していたことである．宮田は産廃施設近隣住民の健康被害を認識したうえで，それがダイオキシンによるものであるとは考えていなかった．塩化水素，フッ化水素などが発生しているとすれば，ダイオキシン類も発生している可能性があり，そのことを確認しようとした，という意図を明確に確認することができる．

　また宮田は，「我が国では，産廃木材の焼却施設からのその排出について，利用可能なデータはない」と述べている．そして所沢調査でのデータについて，阪神大震災の際に収集したサンプルからのデータと比較した結果，同様にコプラナー PCBs の占める割合が大きいことを指摘し，これが一般廃棄物焼却施設（文中の「都市固形廃棄物」）から排出されるガスの構成とは異なっていることを指摘している．つまり，所沢周辺地域において宮田がダイオキシンの測定を考えた際には，研究者としての科学的関心もあった．この時までに宮田は一般廃棄物焼却炉のダイオキシン排出については測定したことがあったが，産業廃棄物焼却炉については測定したことがなかった．そもそも宮田は大阪府の都市部に住んでいたため，「産廃［焼却施設］というのを見たことがなかった」のである．現場に来てみれば「炉もずいぶん小さいし，煙突も低い．燃やしているものも違うだろうと［想像できた］」．実態がわからないので，そこでデータを取る必要を考えたのである．高い数値が出るかもしれないという予想については，「全くしていなかった」という[1]．

4 所沢での調査の意味

それでは，所沢での調査（1995 年）以前の，産廃焼却炉からのダイオキシン排出についての宮田の認識はどのようなものであっただろうか．そこで，1993 年に執筆された総説である，宮田（1993）を取り上げてみよう．その第 2 節「ダイオキシン類の発生量及び環境汚染」では次のように述べられている．

　　我が国におけるPCDDs及びPCDFsの全推定発生量は，3,976～8,436 TEQgであり，その大半（78～88％）は都市固形廃棄物の焼却に由来するものである．また，廃棄有機塩素化合物と廃油（460 TEQg），病院廃棄物（80 ～240 TEQg）及び金属製造工場（250 TEQg）からも比較的多く発生する．一方，製紙工場からの生成量は少ない．すなわち，我が国においては，両化合物のほとんどは，焼却過程で生成したものである．スウェーデン（中略）と比較すると，我が国の発生量は多く，約 30 倍にもなる．スウェーデンにおける発生量は，金属製造工場，都市固形廃棄物焼却場，製紙工場の順になり，我が国とかなり相違する．これは諸外国とは異なり，我が国では廃棄物の大半が焼却されることに起因する（宮田 1993: 3）［傍点は引用者による］．

文中では日本においては焼却由来のダイオキシン排出が多いことが強調されている．しかしここで注目したいのは，冒頭で述べられていた「我が国におけるPCDDs 及び PCDFs の全推定発生量」である．これは Hiraoka（1991）を引用したものである．著者の平岡正勝は廃棄物工学の権威であり，1980 年代から日本政府のダイオキシン対策の委員会の座長を歴任してきた．Hiraoka（1991）は 1991 年に京都で開催された国際会議における発表要旨であるが，前年に『廃棄物学会誌』に掲載された平岡（1990）を踏まえている．これは，「わが国における各種発生源からの年間排出量を推定する試みは基礎となるデータがないため」，「都市ごみ焼却関係では後で示す国内濃度データを，他の燃焼源データは諸外国の濃度データを用い」（平岡 1990: 22）たものである．平岡（1990）の表に，Hiraoka（1991）で追記された部分を追加したものを以下

表 6-2　ダイオキシン類の排出量概算結果

燃焼・焼却関係など	ダイオキシン類濃度 PCDDs [ng/Nm³]	PCDFs [ng/Nm³]	廃棄物1トンあたりの排ガス発生量 [Nm³/ton]	推定年間焼却処理量 推定廃棄物量 [ton/yr]	焼却処理率等 [—]	推定年間排出量 PCDDs [kg/yr]	PCDFs [kg/yr]	TEQ換算合計 [TEQkg/yr]
都市ごみの焼却	290〜1,700	300〜1,900	5,000	58,700,000		85〜500	88〜500	3,100〜7,400
有機塩素系廃棄物, 廃油などの焼却	150	340	15,000	3,627,000	1.0	8.2	19	460
医療系廃棄物の焼却	140	300	8,000	1,326,000〜3,977,000	1.0	1.5〜4.5	3.2〜9.5	80〜240
下水汚泥の焼却	5.0	30	2,500	3,116,000	1.0	0.0039	0.234	5
製紙スラッジの焼却	5.0	30	2,500	4,034,000	0.3	0.015	0.091	2
回収黒液ボイラ	1.0	0.7	6,700	12,281,000	1.0	0.082	0.058	3
木材, 廃材の焼却	150	100	8,100	8,500,000	0.3×0.0015	0.005	0.003	0.2
金属精錬関連施設	320	940	250	45,283,000	1.0	3.6	10.6	250
活性炭再生処理	1.0	1.0	3,000	20,000	1.0	0.00006	0.00006	0.004
たばこの煙	5,256	—	0.002 [Nm³/本]	306×10⁹ [本]	1.0	3.2	—	16
紙, 板製品	160 [μg/ton]	30 [μg/ton]	—	22,537,000 (流通量)	0.6	2.2	0.41	40
自動車排ガス	2.0[ng-TCDDs/km]×10[km/L-oil]×340,000,000[L-oil/yr]					0.007	—	0.07
石油添加剤(潤滑油)	30[ng/g]×800[g/L-oil]×648,000,000[L-oil/yr]					16		20

農薬	主な用途	ダイオキシン類含有濃度 [ppm]	生産量 [ton/yr]	ダイオキシン類放出量 [kg/yr]
2,4-PA 剤	除草剤 植物成長調整剤	0.001〜23.8	160	〜3.8
MCP 剤	除草剤	0.033〜1.564	162	〜0.25
CNP 剤	除草剤	2,090〜3,880	1,912	4,000〜7,400
クロメトキシニル剤	除草剤	23	591	13.6

注：平岡（1990），Hiraoka（1991）より作成．注記については省略．

に示そう（**表 6-2**）.

　この表には，さまざまなダイオキシンの排出源が推定されている．右端の列が，それぞれの排出源からのダイオキシン排出量の推定である．一番上にある「都市ごみの焼却」が，「3,100〜7,400」となっており，その他と比較して群を抜いて量が多い．この「都市ごみ」の焼却とは，日本の廃棄物処理体系では「一般廃棄物」の焼却に相当する．つまり，このころの日本のダイオキシン対策においては，この平岡の推定に基づいて「一般廃棄物」焼却由来のダイオキシンのみが対策されていたのである．

　ダイオキシン問題が社会問題化した後の文脈では，宮田は「ダイオキシン類

の全発生量のうち約8割がごみ焼却場［一般廃棄物焼却場：引用者注］から排出されると見積もられていますが，（中略）とてもそんな高率とは考えられません」（宮田 1998: 150）と述べ，この試算を批判的に捉えている．しかし所沢での調査以前の段階においては，この平岡の試算に対して疑問を抱いていなかったことがわかる．日本において一般廃棄物よりも産業廃棄物の量の方が多いこと[3]を考える時，産廃焼却に対策をすることは，日本人全体のダイオキシンのリスク削減にもつながる．これまで注目されてこなかった巨大なダイオキシン発生源として産業廃棄物焼却が注目されたことがわかる．前述の通りこの調査は投稿論文としてはまとめられていない．しかしその結果は宮田にとって"発見"だったのである．

　実際，1996年に入って日本政府がダイオキシン規制をスタートさせる検討を始めると，宮田の所沢での調査データも取り上げられた[4]．それまで日本政府は「評価指針値」に基づいて一般廃棄物焼却施設のダイオキシン排出のみに対策をしていた（「指針値」に基づくものなので「規制」ではない）．しかし1997年から耐容1日摂取量という「基準値」に基づいて規制をスタートさせることになった．これにあわせて，産業廃棄物焼却施設もダイオキシン規制の対象に含まれることとなった．そこでは所沢でのデータ，また政府検討会での宮田自身の働きかけも一因となったと考えられる．宮田による所沢でのデータ取得は，実際に行政におけるダイオキシン規制範囲の拡大にも一定の役割を果たしたのである．

5　マスコミ報道の位置づけ

　測定結果は1995年12月に所沢の住民運動のもとに届けられた．この測定結果を，所沢の住民運動は通信社などに送り，一部の新聞で報道がなされた．まず確認しておきたいのは，マスコミに情報を流したのは住民運動側の動きであり，宮田はそれに直接関与していない，ということである．前述の通り，宮田自身は近隣住民の「健康問題」を問題視していたので，住民運動による「行政への要求」，それも市町村レベルの基礎自治体への要求を基本的に念頭に置いていた．必ずしもマスコミを通じた「世論の喚起」を想定していたわけでは

ないことに注意する必要がある.

　宮田はダイオキシン測定結果を発表することの社会的影響をどのように捉えていたのだろうか. そこで, 所沢での調査（1995 年）以前の宮田のマスコミとの関係がどのようなものであったかを確認してみよう. 新聞記事検索 G-Search を用いて, 1990 年 1 月 1 日から 1994 年 12 月 31 日まで「本文」と「見出し」の両方について,「宮田秀明」を検索すると 18 件がヒットした. このうち同姓同名の別人と見なせる 2 件を外した 16 件が本章で取り上げる宮田秀明に該当する. これらには単にコメントを求められただけのものもある. あるいは, 学会発表が記事になっているもの, 宮田自らが発表したという形式になっているものもある. いずれにせよ, 一般にはあまり知られていないが, 所沢での調査以前も宮田は社会に向けた発信活動, あるいは新聞によって研究が取り上げられるという経験をしていた. そしてそれは, それほど大きな社会的反応を引き起こすことはなかった. ここから, 宮田が所沢調査の結果発表についても, そこまで大きな反応が生じると考えていなかったであろうことが窺える.

　実際, 直後の反応は大きくなかった. 所沢市議会では何人かの議員がこの問題を取り上げたが, 市行政の対応は進展しなかった. また地域住民の関心も高くなかった. 当時の所沢の運動を支援していた環境団体は次のように述べている.

　　1995 年 12 月 24 日,「止めよう！　ダイオキシン汚染」緊急集会を皮切りに 96 年 1 月から 5 回にわたる「連続学習会と市民の集い」と 4 月 14 日全県集会を開催し, 延べ 600 人が参加しました. しかし, 環境問題に関心のある近県, 近市町村からの参加者が大半を占め, 所沢, 狭山, 三芳などの市民参加はあまりいませんでした（「止めよう！　ダイオキシン汚染」さいたま実行委員会編　1998:102）.

1990 年代後半のダイオキシン問題の集中的な報道を経験したあとの我々は,「ダイオキシン」というキーワードで報道すれば, 世論が反応するのは自明のことのように考えてしまう. しかし,「ダイオキシン」というキーワードでも,

それが世論の反応を引き出すかどうかについては，さまざまな要因が関係する．「ダイオキシン測定を行ったから社会問題化した」と見なすのは短絡である．

6　住民運動の展開

　もちろん世論や運動の喚起にマスコミの報道が介在する面は大きい．所沢についていえば，「1996 年 10 月 12 日，テレビ朝日『ザ・スクープ』（埼玉県 T 市がひた隠す高濃度ダイオキシン汚染）の放映が最初のきっかけをつく」り，「その後，こぞってマスコミ各社がくぬぎ山を報道するようにな」ったと言われている．その結果「1996 年後半，マスコミに後押しされるようなかたちで，ダイオキシン汚染を自分自身の問題として取り組む市民団体が 20 近くでき」ることとなった（「止めよう！　ダイオキシン汚染」さいたま実行委員会編 1998: 102-103）．

　そんななか，初期の住民運動が 1996 年 5 月に埼玉県公害防止条例（当時）に基づいて請求したダイオキシン調査の結果が 1997 年 3 月に出た．埼玉県行政がダイオキシン測定のための器具を揃えるなどしているうちに，住民運動が大きく拡大した．その声に応えようと，1997 年 4 月に調査結果を報告する説明会が開催されることとなった．その日の様子は住民運動によって次のように記録されている．

　　1997 年 4 月 12 日，400 人収容の所沢市役所 8 階の大会議室で，私たちは早くから焼却の実態の写真パネルを展示し，開始を待ち構えていました．参加者は埼玉県からは説明・答弁者 9 名を含む約 20 名，住民は約 430 名も参加して，立ち見が出る程になりました．埼玉県は，調査結果の数値が環境庁（当時：引用者注）のリスク評価検討会中間報告の指針値を下回っていることを強調し，この説明会で所沢周辺のダイオキシン汚染は深刻なものでないと安全宣言をする目論見でいました．

　　しかし，「最大数値の取り方や，別の分析数値を使えば指針量を上回るのではないか」など，県の説明の問題点，矛盾点が次々と鋭く指摘されると，

県は「この調査で安全とは言っていない．データの少ない中で，手探りで調査を始めたばかりだ」と姿勢を変え，母乳などの健康調査を計画していると約束しました．2時〜4時の予定時間を1時間以上も超過したこの説明会では，当初胸を張っていた県の説明者は最後にはうつむいているだけでした（埼玉西部・土と水と空気を守る会編 2005: 32-33）．

　このときの調査結果（埼玉県環境生活部ダイオキシン対策室 1999）を確認すると，後のダイオキシン対策批判と同様の「大気からの摂取量は大きくないから，地域住民の摂取量は大して大きくならない」という旨の主張がなされている．これは一般的に当てはまる事実であり，運動側の「最大数値の取り方や，別の分析数値を使えば指針量を上回るのではないか」という指摘は科学的には当たっていない（定松 2018: 付録E）．しかし「私たちは早くから焼却の実態の写真パネルを展示し」と述べられているように，拡大した住民運動は産廃焼却施設の集中地帯に足を運び，その操業状態のひどさを目の当たりにしていた[5]．ここには，ダイオキシンという言葉でトータルな煙害を指し示している住民側と，あくまで科学的に厳密な「ダイオキシン」という観点のみから対応しようとする行政側との間のすれ違いがある．
　もちろん「科学的に厳密な意味でのダイオキシン問題」についても，所沢の住民運動はアプローチしようとしていた．1997年12月には日本政府によるダイオキシン規制がスタートし，産廃焼却施設においてもダイオキシン測定が義務付けられた．拡大した住民運動はその記録の閲覧を行っている．当時，焼却炉からのダイオキシン排出に対しては，排出濃度の目安として「80 ngTEQ/N m³」[6] 以下が求められていた（ng（ナノグラム）は，10億分の1グラム，N（ノルマル）は0℃，1気圧の状態での気体の体積を意味する）．住民運動が記録を閲覧してみると，ほとんどの業者は「80 ngTEQ/N m³」以下の数値を達成していた（埼玉西部・土と水と空気を守る会 1998）．ただしダイオキシンの測定は「年1回4時間」の義務付けであり，かつそれは安定した焼却状態で行うものと規定されていた．また，目安が守れなかったとしても直罰規定はなかった．したがって住民運動側からは納得できるものではなかった．
　ここには，科学的に求められているダイオキシン規制の水準と，行政が規制

を行っていくうえでの実施可能性とでも呼ぶべき水準とのギャップが現れている．大気から摂取するダイオキシンの量は少なく，それによってヒトの摂取量が直接大幅に増大することは焼却労働者でもない限り，あまりないとされている．しかし排出されたダイオキシンは環境中に残留して，生物の体内に蓄積される．それは長期的には，食品を通じてヒトの摂取量の増加につながる．そのため，国際的には予防原則的な考え方が採用され，リスクベースではなく，技術ベースで「最善の実証済技術 BDAT（Best Demonstrated Available Technology），もしくは最大限達成可能な制御技術 MACT（Maximum Achievable Control Technology）の適用をはかるという考え方」（酒井 1998: 70）が採用されるようになっていた．そこで「国際的に共通の基準となりつつある」規制水準は，「$0.1\,\mathrm{ngTEQ/N\,m^3}$」であった（酒井 1998: 87-88）．日本国内でも，2002 年 12 月からはこれに準じる排出規制が行われることになっており，1997 年 12 月からの「$80\,\mathrm{ngTEQ/N\,m^3}$」はそれまでの暫定的な基準だったのである．「$0.1\,\mathrm{ngTEQ/N\,m^3}$」での規制が科学者集団の合意に基づき求められる規制水準であるとすると，「$80\,\mathrm{ngTEQ/N\,m^3}$」が守られているかどうか曖昧な所沢の状況は科学的に問題がないとは言えない．ヒトの摂取量の増大につながらないからといって，所沢に「科学的に厳密なダイオキシン問題」がなかったと考えるのは早計であろう．

　しかしいずれにせよ，住民運動の側からすれば，このような状況で「ダイオキシン」という問題設定だけにこだわり続けるのは得策ではない．しかも所沢周辺の地域には焼却能力 $150\,\mathrm{kg/h}$ 以上の産廃焼却炉が「47 業者 64 炉」も集中している現状があった（この数字自体，住民運動自身の調査によって明らかにされたものである）．ひとつの焼却炉についてもダイオキシン排出規制が実質的に遵守されているかわからないのに，どうして自分たちの地域にはこんなに焼却炉が建てられているのだろうか．そのような問題意識から，所沢においては，産廃業者への許認可権を持っている埼玉県行政のあり方を問題視するようになっていった（埼玉西部・土と水と空気を守る会編 2005; 定松 2010; 2018: 第 5 章）．市町村ではなく，県行政を問題視するようになったという点で，宮田とは明らかに異なる問題把握にたどり着いたのである．

7 考察と結論

　以上，所沢ダイオキシン問題を事例として，最初に測定を行った科学者の行動に焦点を当て，環境運動（ここでは住民運動）との問題把握のずれと重なりを浮かび上がらせることを試みた．

　本章の分析から第1に示されていることは，初発の科学者の問題意識と，最終的な住民運動の問題把握は異なるものになったということである．この事例においては，もともと科学者は産廃焼却施設の近隣住民の健康被害を知り，その傍証として産廃焼却炉からのダイオキシン排出の測定を行った．科学者自身は問題をダイオキシンに限らない排出物質による健康被害と捉えており，市町村レベルの自治体による対応がなされるべきと考えていた．一方，その後のダイオキシン報道の影響もあり，所沢市全域に住民運動は拡大した．拡大した住民運動に参加した人々は現場に足を運んでいたので，産廃業者の操業状態の悪さを知り，そのような産廃施設が地域に集中していることに問題意識を焦点化していった．彼らは埼玉県行政による許認可を問題視し，県行政レベルでの政策を問うようになっていった．「ダイオキシン」という科学的言説に非専門家である住民が煽られたという見方は不適切で，運動側は「ダイオキシン」という問題設定を入り口として，自分たちなりの問題把握に到達したと見るべきである．

　このとき，PUS（Public Understanding of Science: 公衆の科学理解）の蓄積からみて重要なことは，運動の認識が「ダイオキシン汚染あるいは環境汚染があるかどうか」という（自然）科学的な問題把握を離れ，産廃施設の集中という「社会問題の核心はどこにあるか」という社会科学的な問題把握に発展していることである（いうまでもなく，これは自然科学的な問題が重要ではなくなったということではない）．当事者たち自身が，問題を解決しようと模索し，できることを探るなかで，少なくとも彼らにとっての「問題の核心＝埼玉県行政の政策」に到達したということである．当事者にとって「ダイオキシン」という情報はあくまで入り口であり，「リスクにどう反応するか」という科学的論点にとらわれ続けることは，問題を矮小化した理解につながってしまう．この

点，ウィンはポール・スロビック（Paul Slovic）のリスク心理学（Slovic 1992）について，「スロビックとその同僚によるこの貴重な洞察は，焦点が客観的・普遍的に『リスク』についてであるという今だ疑問に付されたことのない共通の想定には根底的なところでは挑みかかってはいない」（Wynne 2001=2001: 107）と批判している．しかしウィンの諸業績もまた，焦点が「科学」に関わるものであるという想定を置き続けるのであれば，同型の弱点をはらむことになるだろう．そうではなく，社会問題としての把握のなかに，科学的論点を適切に位置づける必要があるのである．

　ただし第2に，そのことは必ずしも「科学的に厳密な意味でのダイオキシン問題」が所沢に存在しなかったということを意味しているわけではない，ということも本章では指摘した．住民運動は当初「ダイオキシン」への対策も求めたが，行政の枠組みのなかでは十分な対策にはならなかった．所沢地域においても「大気からのダイオキシン摂取量」はヒトの摂取量の基準値をオーバーするような水準にはなかったからである．ただし国際的に求められる「排出濃度の水準」からみたとき，産廃焼却炉から排出されるダイオキシン濃度は問題がないとは言えない水準にあった．住民運動が取り組んだ「産廃問題」のなかに「科学的に厳密なダイオキシン問題」も包摂されていると捉えるべきである．

　運動論的な蓄積からも，運動が問題に対してトータルに接近をし，そこに「科学的に厳密なダイオキシン問題」が含まれたであろうことは十分予想できる．しかし，本章のように科学的内容に踏み込むことで，科学的に厳密なダイオキシン問題が単に包摂されるかどうかではなく，「問題視されるレベルであったかどうか」を検討することができる．そのことによって，「科学的に厳密なダイオキシン問題が問題視されるレベルで存在したかどうか」に関心を向けがちな科学者たちとの間にも対話の回路が開かれる．これに対し「被害者の状況をわかっていない」といった心情的な反論を行うにとどまるのであれば，「科学の側か社会の側か」あるいは「運動の側か行政の側か」といった二項対立を強化することにつながってしまう．特に科学者が関わる場合，そのような反論は「被害者に同情した結果，科学者としての役割を逸脱してしまった」という形で，「科学的／非科学的」という二項対立を重ねられてしまいかねない．

　そのうえで第3に，本章では科学者自身が研究上の関心をもって所沢での

調査を行っていたことを明らかにした．それまでデータのなかった産廃からのダイオキシン排出についてのデータを得る，という関心である．もっとも，次のような疑問が生じるかもしれない．所沢での調査が"発見"だったとしても，宮田はそれ以降も全国各地でダイオキシンの測定を行っている．そこには最初の時のような科学的意味はないのではないか，という疑問である．これに対しては，あるインタビューでの次のようなやり取りが参考になる．

　——研究者のスタイルに二つあるのではないかと思うのです．一つは研究室にこもるアカデミック派，もう一つは現場に出て市民運動などと連携する，いわば社会派．先生のスタンスには一種の社会派的なものがあるのでしょうか．

　（宮田）それは少し違いますね．いままでどういうことをやってきたかと言いますと，学問的に分からないことがいっぱいあります．たとえば，講演に行った折に，所沢の人たちが参加しており，近くの産業廃棄物焼却炉により苦しんでいると訴えます．日本では当時はごみ焼却炉一辺倒の話ですよね．ところが，日本には産廃焼却炉については何もデータがない．茨城県の竜ケ崎へ行った時もガンが多いということでしたが，焼却場の周りの汚染データはまったくないわけです．苦情を訴えても行政側は，何の証拠があるのかということになって，全くとりあわないわけです．学問的には何もデータがない．そういう状態においては，ダイオキシン類が出てるならどの程度出てるのかということを推測していくデータを提供するのが私たちの義務だと思っているんです（さうすウェーブ 2007）［傍点は引用者による］．

実際に先の所沢での調査データにおいても，福岡県の土壌におけるダイオキシン測定値が比較対照のために挙げられていた．宮田が「ダイオキシンが検出されたこと」を問題としようとしているのではなく，他の事例との比較においてダイオキシンが「どの程度出ているのか」を問題にしようとしていたことがわかる．

ここまで見てきたように，宮田は運動と一体化した研究者ではない．それでも現場での測定にコミットするのは，専門家としての職能への自覚があるから

専門家の　　　　　　専門家としての　　　　現実問題には
全人格的な　　　　　限定的な　　　　　　　コミットしない
コミットメント　　　コミットメント　　　　専門家

図 **6-1**　専門家のコミットメントのグラデーション

だと考えられる[7]．ここでいう職能とは，「社会のなかでのその職業が受け持つ役割」である．ダイオキシンを測定する技能をもつ人間として，測定を求める声が社会の側からあれば，できるだけそれに応えていく．もちろんそれも程度問題であって，よほどのことでなければまずは所属組織での仕事や研究活動が優先される．だから所沢での測定結果を出すまでにも時間がかかった．もし運動・被害者という観点からのみ裁断するのであれば，1 年近くも時間がかかったことは非難に値するのかもしれない．しかし，そのような "限定的なコミットメント" であっても，"全くコミットしない" 専門家と比べれば社会的な価値は明らかである（図 **6-1**）．時間がかかっても明確なエビデンスを提供しようとしたことが，産廃焼却という問題の認知や，国政レベルでのダイオキシン規制範囲の拡大につながったと捉えるべきだろう[8]．

　つまり，「科学的」な立場は，「行政側か運動側か」「賛成派か反対派か」といった政治的立場と独立に関与することが原理的に可能である．社会的な状況に関与しないのが科学的なのではなく，社会的な状況に関与しながら科学的であることが可能なのである．もちろんそれが結果的にいずれかの立場に資することはある．また科学者がそのような "事後的な政治的効果" にあまりに無自覚であるとすれば，そのこと自体は問題視しうる．けれども，ある社会的行為が事後的にどのような政治的効果を持つかは究極のところわからない．であるとすれば，"事後的な政治的効果" ばかりをとりあげる批判もまた，政治的なふるまいであることは指摘しておきたい．

　これに対し，科学者にとっての当事者目線で，そのときそのときの科学者の関わり・科学的な論点を丁寧にたどることは，二項対立的な論点を解きほぐすことにつながる可能性がある．自然科学であれ社会科学であれ，確かな知は，

154

政治的な対立を超越する可能性を持つ．そのような力を示す分析・記述が，社会学においても求められるのではないだろうか．

1) 2007 年 8 月 20 日，摂南大学枚方キャンパスにて宮田秀明に聞き取り．
2) 些細なことだが，ここでは宮田たちが向かった場所（所沢北部の「くぬぎ山」）が「東所沢地域」と誤って表記されている．地名について住民側が間違って伝えることは考えられない．おそらく，地元住民を支援していた人々（環境団体やジャーナリスト）が紹介をした際に宮田が受けた説明の中で，所沢インターチェンジのある東所沢のことが言及され，その記憶が残っていたのではないかと推察される．このことから，宮田自身がくぬぎ山の位置について正確に把握していなかったこともわかる．これは，運動と宮田が一体化していたわけではないことの傍証になるだろう．
3) ただし全てが焼却されているわけではないことには注意する必要がある．
4) 環境庁（当時）の報告書では「近年，特定の発生源の周辺における汚染状況の把握等を目的とした調査がいくつか行われている」として，「ア．香川県豊島周辺環境調査／イ．阪神・淡路大震災後の震災廃棄物焼却に係る周辺大気環境調査／ウ．茨城県龍ケ崎地域の一般廃棄物焼却施設周辺環境調査／エ．埼玉県所沢市（三富地域）の廃棄物焼却施設周辺環境調査」のデータが掲載されている（ダイオキシン排出抑制対策検討会 1997: 12-14）．このうち，宮田はウとエのデータを測定しており，この報告書には掲載されていないがイについてもデータを測定していた．
5) のちの 1999 年の記録であるが，産廃焼却施設を訪れた記録が住民運動のウェブサイト上に残っている（埼玉西部・土と水と空気を守る会編 1999）．
6) 「80 ngTEQ/N m³」は，当時の摂取量の基準値 10 pgTEQ/kg/day をオーバーしないように，かなり安全側に立って算出されている（定松 2009; 2018: 第 4 章）．
7) 「科学者の社会的責任」の議論を分析した吉岡斉は「科学知識の生産機構そのものに，自己点検機能は本質的に欠落している．（中略）もし科学者が，科学知識の生産機構の部品，つまり役割人間であるとすれば，彼は自己点検に向かう契機をまったく持たない」（吉岡 1984: 34）と喝破している．そのうえで「役割人間からはずれたところにある，科学者の人間性だけが，社会的責任を発展させていくための，よりどころなのである．そして科学者の人間性を覚醒させるために決定的なものは，外部社会との積極的な交流である」（吉岡 1984: 34）としている．この意味では宮田の役割人間を越えた職能への自覚は，彼が仕事を始めた時期に遭遇したカネミ油症問題での体験が作用しているように思われる．
8) 立石裕二（2011）は長良川河口堰問題をめぐる，行政側と反対運動側の科学者について分析する中で，反対運動側（「批判的科学ネットワーク」）においても〈争点志向〉の研究者だけでは社会問題を進展させることが難しく，〈専門志向〉の研究者が参加することが重要であるとの見方を提示している．ダイオキシン問題もまた，宮田秀明という〈専門志向〉の研究者が参加することで，大きく進展した事例と捉えることができる．

【文献】

ダイオキシン排出抑制対策検討会，1997，『ダイオキシン排出抑制対策検討会報告』（環境省図書館所蔵）．

平岡正勝, 1990, 「廃物処理におけるダイオキシン類の生成と制御」『廃物学会誌』1(1): 20-37.

Hiraoka, Masakatsu, 1991, "Municipal Solid Waste Management in Japan: Situation and Problems," *DXN Kyoto '91 The Kyoto Conference on Dioxins Problem of MSW Incineration 1991, May 14 Tuesday-17Friday, Kyoto International Community House*: 1-10.

宮田秀明, 1993, 「ダイオキシン関連物質の環境，人体，食品汚染の現状と問題点」『食品衛生学雑誌』34(1): 1-11.

宮田秀明, 1998, 『よくわかるダイオキシン汚染——人体と環境を破壊する猛毒化学物質』合同出版.

宮田秀明, 1999, 『ダイオキシン』岩波書店.

Miyata, H., M. Ikeda, T. Nakao, O. Aozasa, and S. Ohta, 1996, "Real Situation of Pollution by Dioxin Analogues from Industrial Waste Incinerators,"『第 5 回環境化学討論会 講演要旨集』: 188-189.

中西準子, 1998, 「環境ホルモン空騒ぎ」『新潮 45』1998 年 12 月号.

定松淳, 2009, 「1997 年ダイオキシン規制の分析」『年報 科学・技術・社会』18: 65-91.

定松淳, 2010, 「所沢ダイオキシン公害調停運動におけるフレーム調整過程」『環境社会学研究』16: 139-153.

定松淳, 2018, 『科学と社会はどのようにすれ違うのか——所沢ダイオキシン問題の科学社会学的分析』勁草書房.

定松淳, 2020, 「科学社会学の方法」藤垣裕子責任編集『科学技術社会論の挑戦 3 「つなぐ」「こえる」「動く」の方法論』東京大学出版会, pp.197-213.

埼玉県環境生活部ダイオキシン対策室, 1999, 『ダイオキシン対策レポート』埼玉県（埼玉県立図書館所蔵）.

埼玉西部・土と水と空気を守る会, 1998, 「業者ダイオキシン自主測定結果報告一覧 (98.12. 31)」(http://www3.airnet.ne.jp/dioxin/g_dxn.html　2016.12.10).

埼玉西部・土と水と空気を守る会, 1999, 「焼却施設の維持管理記録閲覧記（99.6.24）」(http://www3.airnet.ne.jp/dioxin/etsuran0.html　2016.12.10).

埼玉西部・土と水と空気を守る会編, 2005, 『産廃銀座に挑んだ住民たち——公害調停・裁判の記録』合同出版.

酒井伸一, 1998, 『ダイオキシン類のはなし』日刊工業新聞社.

さうすウェーブ, 2007, 「環境・ひと 宮田秀明インタビュー 2」(http://www.southwave.co.jp/swave/6_env/miyata/miyata02.htm　2007.08.17).

Slovic, Paul, 1992, "Perception of Risk: Reflection on the Psychometric Paradigm," Sheldon Krimsky and Dominic Golding, eds., *Social Theories of Risk*, Westport, Connecicut and London: Praeger, pp.117-152.

成元哲, 2001, 「モラル・プロテストとしての環境運動」長谷川公一編『講座環境社会学 4 環境運動と政策のダイナミズム』有斐閣, pp. 121-146.

立石裕二, 2005, 「イタイイタイ病問題における科学と社会の関係——科学委託と研究同期を中心に」『年報 科学・技術・社会』14: 1-37.

立石裕二, 2011, 『環境問題の科学社会学』世界思想社.

「止めよう！　ダイオキシン汚染」さいたま実行委員会編, 1998, 『「ゴミ焼却」が赤ちゃんを殺すとき——しのびよるダイオキシン汚染をどうくい止めるか』合同出版.

Wynne, Brian, 1996, "Misunderstood Misunderstandings: Social Identities and Public Uptake of

Science," Alan Irwin and Brian Wynne, eds., *Misunderstanding Science?: The Public Reconstruction of Science and Technology*, Cambridge and New York: Cambridge University Press, pp. 19-46 立石裕二訳「誤解された誤解——社会的アイデンティティと公衆の科学理解」『思想』1046: 65-103, 2011.

Wynne, Brian, 2001, "Expert Discourses of Risk and Ethics on Genetically Manipulated Organisms: the Weaving of Public Alienation," *Notizie di Politeia*, 17(62): 51-76 塚原東吾訳「遺伝子組換え作物のリスクと倫理をめぐる専門家による言説構成」『現代思想』29(10): 100-128, 2001.

横田一, 2001, 『所沢ダイオキシン報道』緑風出版.

吉岡斉, 1984, 『科学者は変わるか』社会思想社.

7章
科学社会学と科学技術史

佐藤　靖

はじめに

　科学技術史という学問領域にとって，科学社会学は科学哲学とともに最も近い関係にある隣接領域，あるいは不可分の領域である．学問的発展の歴史的経緯をみても，第1章で既に述べられているように，多くの先達が科学技術史と科学社会学の双方にまたがる形で重要な成果を残してきた．科学技術史の研究者にとって，科学社会学の知見を踏まえることは非常に有用である．なぜなら，歴史記述にあたっては個々人と社会の双方を総体的に描くことが重要であり，その際には科学社会学が提示する，個々人と社会とをつないで理解するための社会学的なスキームや視点が役立つからである．一方で科学社会学の側では，歴史研究が産み出す膨大な過去の事例やその解釈を踏まえて社会学的なスキームを構築する．過去の特定の時代のマクロな時代背景やその変化についての歴史的洞察も，科学社会学の研究にとって重要だろう．科学技術史と科学社会学の相互依存関係は大変深い．

　ただ，両者の間には方法論や価値観の面でかなり違いもある．科学社会学は科学技術に関係するさまざまな社会的構造を解き明かすことを目指す．したがってそこにはなんらかの抽象化・一般化の要素が必ず入る．さらに，科学社会学では，社会学一般がそうであるように，弱者の視点から社会構造に接近することにしばしば価値が置かれる．一方で科学技術史は科学技術に関係する過去の事象を，複雑さを厭わずに描き解釈を与えることを志向する．その結果創り上げられる歴史記述は，特定の観点，例えば科学者らが戦争にどう関与したか

であるとか，新しい技術の登場が労働者らにどのような影響をもたらしたかといった観点に基づくものとなることも多い（そうでなければ解釈を含まない平坦な通史的記述になる）が，歴史研究において必要以上の一般化を冒すことは厳に戒められる．何よりも特定時点におけるリアリティーが重視されるのが歴史研究である．

　ただしそもそも科学技術史といっても，その性格は国によって違う．例えば米国では，日本と比較して歴史記述に物語性や文学性が求められる度合いが大きいように思われる．文章の美しさや読みやすさが歴史分野の著作の重要な評価軸として意識される．歴史は実証的な学問であるが，同時にいわば芸術性を備えており，それが社会還元の際の 1 つの価値になっているのである．また，米国の科学技術史の研究対象は非常に広く，日本では物理学史，化学史，生物学史，数学史といったオーソドックスな学問分野が中核となっているのに対し，米国では例えば人類学のような人文社会科学の歴史や，防災技術のような複合的分野の歴史などについても早い時期から研究が行われており，メディカルスクールが発達していることもあって医学史の比重も大きい．

　科学技術史と科学社会学との関わり合い方も国によって異なる．米国では，科学技術の歴史を社会的文脈のなかでとらえる学問的伝統が早くから培われ，特にペンシルバニア大学やコーネル大学など一部の大学においては歴史記述に社会学的な観点を取り入れる重要性が強調されてきた．一方，日本では科学哲学との関わり合いのなかで科学史研究が進められてきた面が大きい．1990年代以降は日本でも科学技術史の研究者の多くが STS（Science and Technology Studies / Science, Technology and Society）への関心を強めたが，日本におけるSTS は科学コミュニケーションや生命倫理，技術者倫理，環境問題といった限定されたテーマに非常に大きな比重を置く形で展開されてきた経緯があり，科学社会学には焦点が当たってこなかった．日本では科学技術史と科学社会学とのつながりはまだまだ細いといえるだろう．

　本来，科学技術史と科学社会学はさまざまなレベルで関わり合う．第 1 章で解説されているストロング・プログラムや SCOT は，両者がほぼ一体として推し進めた学問的な大きな流れである．一方，「実験者の無限後退（experimenter's regress）」や「境界作業（boundary work）」といった明確な概念が両分

野で共有され活用されることもある．だが，そのような直接的な両分野の相互作用に加えて，さまざまな社会学的な視点を，曖昧な形ではあっても歴史記述に導入することによって，歴史記述の説得性を高めようとすることもある．本章では，このような科学技術史と科学社会学との多面的な関わりをみることができる研究テーマの1つの事例として，技術者の職業観の歴史をとりあげてみたい．科学者や技術者及びその集団の職業観に着目することは，必ずしも科学社会学が提示する具体的なスキームに乗っていなくても，個人の動機から共同体の制度や規範，そして外部社会までをつないで考えるうえでの方法となり得るという点において，非常に社会学的であるといえる．

　以下ではまず，技術者の職業観に着目したいくつかの歴史研究の例を通して，技術者コミュニティの規範・価値観やその内部の対立構造，その国家や産業界との関わりなどに関し，これまでどのような指摘がなされてきたかを簡潔に押さえる．そのうえで，1960年代に米国航空宇宙局（NASA）においてアポロ計画の実施を担った技術者集団を題材に，彼らの職業観・技術観及びその実践と，当時の米国の全体的な時代背景とをつなげて捉えてみたい．そして最後に，科学社会学の視点を幅広く押さえたうえでそれを歴史記述に導入することの重要性を確認することとしたい．

1　技術者の職業観と職業実践のパターン

　技術者の職業観について考えるとき，まず当初の見通しをよくするため，比較的単純な二項対立の軸を導入することから始めたい．二項対立的な構図は得てして過度な単純化に陥りがちだが，以下に述べるように，技術者の職業観を歴史的にみるときにはこれまで多かれ少なかれそうした図式が援用されてきた．

　例えば，技術史家モンテ・カルヴァート（Monte Calvert）は，19世紀米国の機械技術者に関する歴史研究の中で「工作所文化（Shop Culture）」と「学校文化（School Culture）」とを対比している（Calvert 1967）．当時「工作所文化」の伝統を引き継いでいた技術者は，概して裕福な家庭の出身で，しばしば血縁者や知人などが経営する工作所の見習いとなって一定の技能や価値観を身につ

け，紳士の風格を備えた技術者になることを期待されていた．彼らは社会のなかで既に相応の地位をもっていた階層にあり，その意味で保守的であった．一方，「学校文化」に属する技術者は，しばしば労働者階級の家庭の出身で，社会の階梯を上っていくことを目指した．そのために彼らは技術学校で訓練を受け，実践的訓練よりもむしろ数学や物理の教育の必要性を強調する傾向があった．「工作所文化」の技術者が私的なネットワークのなかに自分たちの位置を確立していたのに対し，「学校文化」の技術者は大企業を含む官僚的な組織のなかで専門職業としての技術者の地位を確立しようとした．

このような対比は機械技術者のコミュニティのみにみられたものではない．米国の歴史家トッド・シャラット（Todd Shallat）は，土木工学分野でも民間の技術者と陸軍工兵隊に雇われていた技術者との間には大きな溝があったことを指摘している（Shallat 1994）．前者は英国的な徒弟制度の色彩をもつ仕組みの下で育成されていたのに対し，後者はウェストポイント陸軍士官学校で訓練を受け，フランス流の数学や物理学に基づく工学理論を共有していた．陸軍工兵隊は潤沢な公的資金により数多くの巨大公共事業を成功させた実績などから 19 世紀には大きな影響力をもつようになり，しばしば民間技術者を監督する立場に立つことになったが，伝統的な訓練を受けた民間技術者の反感をかった．民間技術者にとってみれば，陸軍工兵隊は官僚的，エリート主義で，商業ベースの技術や，ひいては米国の民主主義の価値観までも脅かしかねない存在のようにみえたのである．

類似の対比的な技術者像は，他の時代にもみられる．技術史家エドウィン・レイトン（Edwin Layton Jr.）は，第 1 次世界大戦後の米国の主要な技術者協会の内部の議論を調べ，そこに「保守的技術者」と「進歩的技術者」との摩擦を見出している（Layton 1971）．当時，企業組織に身を置いていた「保守的技術者」に対し，「進歩的技術者」は商業主義から距離を置くことを目指した．技術者の自律性と社会的責任を重視して，社会的問題を解決する専門職としての技術者の地位を確立しようとしたのである．言い換えれば，彼らは技術者の全面的な専門職業化を目指した．そのために，「進歩的技術者」は例えば米国機械技術者協会，米国化学工学会，米国電気電子技術者協会のように分野ごとに分かれている職業団体組織を傘下におさめる米国技術協会を，米国医学協会に

なぞらえて設立することなどを試みている．しかしこうした運動は「保守的技術者」の抵抗にあってほどなく挫折した．

　以上紹介した3つの歴史研究は，いずれも米国の技術者コミュニティの内部の特定の場面でみられた状況を描いたものである．各事例の間には当然相違点もあるが，大まかには次のような共通の二項対立の図式が浮かび上がる．すなわち，一方には，現場で実践的な訓練を受け，地域社会の人的ネットワークに依存して商業的な価値観のなかで徐々に自らの地位を確立していく技術者がいる．そしてもう一方には，高度な数学や物理の理論を含む教育を学校で受け，商業的な価値観から距離を置いて官僚的組織のなかで上昇志向をもって活動する技術者がいる．ここで留意すべきなのは，両者において，技術者が受ける教育・訓練，技術者の職業上の活動空間及び価値観，そして職業上の展望までがそれぞれ一貫性をもってつながっていることである．つまり，技術者の職業観及びその実践が，彼らのキャリアサイクル全部にわたって一体として成立しているのである．そして，そのような技術者の職業観・職業実践のパターンは1つではなく，少なくとも両極のようなものが存在し，おそらくそれらを取り巻く多様なパターンが存在するのである．

2　職業観と技術観の一体性

　こうした技術者の職業観・職業実践のパターンは，彼らの技術観・技術実践のパターンと一体を成す．このことは，現場での訓練を通じて育ってきた技術者と，技術学校で理論志向の教育を受けてきた技術者が，互いに異なる技術観と技術実践をもつであろうことを考えれば当然であると推察できるが，その具体的なパターンを鮮やかに描いた研究としては，例えば技術史家ケン・アルダー（Ken Alder）による革命期前後のフランスにおける銃生産に関する歴史研究を挙げることができる（Alder 1997）．当時，フランス政府の官僚組織の技術者らは各地の造兵廠の近くの職人らに銃や大砲を製造させていたが，そのコントロールに大変手を焼いた．職人らは現場での長い職業人生のなかで個性の強いスタイルをそれぞれ確立しており，それを変えようとしなかったからである．技術官僚らは国立の技術学校で訓練され，たいてい数学に秀で，精巧な機

械製図を実践し，能力主義を前提とした階層的組織を合理的と考えていた．彼らは低熟練の労働力を用いる分業を推し進め，機械製図や，互換性部品の使用に基づく規格化された技術実践を導入しようとした．だが，職人らはそうした技術アプローチによって自らの裁量を手放させられることに頑強に抵抗する．結局，当時のフランスに互換性部品という考え方は定着せず，それは米国に輸入され米国で最初に花開くことになるのである．

　アルダーは，このように 18 世紀末フランスの技術官僚と熟練職人それぞれの職業観・職業実践及び技術観・技術実践を描くなかで，"technological life" という概念を導入している．日本語訳が非常に難しいこの *"technological life"* という概念は，技術者の生を構成する技術的・社会的な価値観及び実践の一貫した総体と捉えてよい．技術官僚らは，彼ら固有の "technological life" を生きていた．それは，数学や機械製図の能力や，互換性部品の使用に代表される合理的な技術アプローチといった技術観・技術実践とともに，能力主義，階層的な分業といった職業観・職業実践によって構成されていた．さらに彼らの "technological life" には，効率よく高品質の銃や大砲を生産するという国家的要請が浸透していた．一方，熟練職人の "technological life" は地域の共同体のなかに根ざしており，その日常の生活のリズムのなかに技術の実践が織り込まれていた．そして，彼らが徒弟制度を通じて個性ある職人へとひとり立ちしていく人生設計も確立され，社会的に認知されていた．すなわち "technological life" とは，いわば技術者が生涯を通して営みをなす世界全体であり，熟練職人はそれを変更させられることを拒んだのである．

3　科学社会学の議論領域のなかでの位置づけ

　ここまで，歴史的にみると技術者の職業観及びその実践についてはさしあたり二項対立の軸を導入すると議論を進めやすくなること，その両極において職業観・職業実践は技術観・技術実践と不可分の一体を成していること，そしてその一体となったものが技術者の生，ないし "technological life" に埋め込まれたものであると理解し得ることについて述べてきた．このような技術者の職業観に関する歴史的な見方は，科学社会学の議論領域に親和性をもつも

のである．第1章では，科学社会学の議論領域が(1)内部構造論，(2)制度化論，(3)相互作用論の3つに類型化されているが，技術者の職業観の問題はこれらいずれにも関係するからである．

　まず(1)内部構造論についてみると，それは科学者集団ないし技術者集団の内部の構成やネットワーク，価値観，ダイナミクス等の解明を目指すものであるが，本章でこれまで紹介してきた技術者の職業観に関する歴史研究からいくつかのことがいえるだろう．まず，技術者コミュニティのなかにはまことに対照的な価値観や規範をもつ集団が共存しているということがある．19世紀米国の「工作所文化」の技術者にとっては，技術者として求められる技能だけでなく地域社会のなかで一定の価値観を身につけ，紳士たるふるまいを実践する必要があるという規範があった．革命期フランスの技術官僚の世界では，数学こそが技術者の能力を測る公平かつ客観的な基準であり，能力主義を前提とした階層的組織にあって，数学に秀でることにきわめて大きな価値が置かれた．こうしたそれぞれ特徴ある技術者集団の価値観や規範を，マクロ及びミクロの空間的・時間的文脈の中で複雑さを避けることなく描き出そうとするのが技術史研究の特徴であるといえる．すなわち，技術者集団の価値観や規範は "technological life" のなかで捉えられ得るが，その分析において主軸となりうるのは技術者の職業観，特に通時的なキャリア観であるように思われる．技術者のキャリア観には他のあらゆる "technological life" の要素，すなわち技術者として受ける教育・訓練，技術アプローチとその実践，技術者の動機と目的，評価基準とアイデンティティ，そして生活空間や人生設計までもが反映されるからである．

　次に(2)制度化論は，科学者や技術者が社会のなかで専門職業化した存在となった過程を明らかにしようとするものである．そもそも何をもって専門職業化と呼ぶかについては非常に幅があるものの，このテーマについてはすでに膨大な研究が積み上げられ，その歴史的過程の概略については一定の理解がおおむね定着しているといってよいだろう（古川 1989: 97-144）．しかし，技術者の専門職業化に関していえば，技術者コミュニティのなかに二項対立的な構造を基本とする多様な職業観をもつ技術者が存在している状況が多くの時代にみられたということが，特有の複雑さをもたらす．米国では，19世紀の「学校文

化」の技術者や第1次世界大戦後の「進歩的技術者」が技術者の専門職業化を目指した．彼らは，どのような出自であっても技術学校でフォーマルな教育を受け，私的なネットワークのなかではなく官僚的な組織のなかで社会的な貢献を果たし地位を確立できるような専門職業としての技術者像を定着させようとしたのである．もちろん，「学校文化」の技術者らが目指したものと「進歩的技術者」らが目指したものが完全にパラレルだったわけではなく，前者が私的なビジネスのネットワークの外で活躍できる技術者の地位を確立しようとしたのに対し，後者はそもそも商業主義と距離を置くことを主張するなど，よりラディカルだったが，それでも彼らのベクトルは同様の方向を向いていた．しかし，彼らの専門職業化の試みは決して技術者コミュニティ全体に広がることはなかった．現在も，大多数の技術者は企業に所属し企業人としてのアイデンティティを強くもっていることを考えれば，技術者の専門職業化は永遠に未完の試みであるということもできるだろう．

　最後に(3)相互作用論は，科学者集団や技術者集団がその外の世界とどのように相互作用するかを問題にする．その相互作用の媒体は，情報，人材，資金，物財などであるとされる．技術者集団は企業，地域社会，国家，他の科学者集団・技術者集団などと複雑な関わり合いをもつが，技術者の職業観に関する歴史研究はそのような相互作用についてどのようなことを示唆するだろうか．まず，単純にいえば，「工作所文化」の技術者や「保守的技術者」，それにフランスの熟練職人などは主に地域社会や私的な性格の強い企業とのつながりが深く，一方，「学校文化」の技術者や「進歩的技術者」，フランスの技術官僚などは，主に国家や大企業などの官僚的組織との関わりが強かったといえるだろう．ただ，これまで紹介した歴史研究を踏まえれば，このような技術者集団とその外の世界との相互作用の媒体は，資金や人材といった具体的なものだけではなく，忠誠心やアイデンティティ，人生の展望といった抽象的，社会的なリソースや価値からも構成されていたとみることができるだろう．

　(3)相互作用論についてはさらに，"technological life" の概念で表されるような，より総体的な技術者の捉え方をすることで，もう少し視野を広げた議論が可能になるようにも思われる．次節以下では，第2次世界大戦後の東西冷戦下の米国において非常に大きな政治的・社会的役割を果たした米国航空宇宙

局（NASA）の技術者に注目し，主に(3)相互作用論の視点から技術者集団の職業観について検討し，特に現代における国家と技術者の"technological life"との関係について考察する．なお，以下では "technological life" と同義の語として，日本語で「技術文化」という語を用いることとしたい．

4 NASAとアポロ計画[1]

NASA は，1957 年 10 月 4 日にソ連が世界初の人工衛星スプートニク 1 号の打上げに成功したほぼ 1 年後，1958 年 10 月 1 日に設立された．当時，宇宙開発は，大陸間弾道ミサイル（ICBM）の開発など軍事目的においても，未知の領域の探査という非軍事目的においても，米ソ両大国の威信に関わる重要な技術分野であった．NASA のミッションは非軍事目的の宇宙開発に限定されていたが，実際には NASA と陸海空軍を擁する国防総省との連携関係は深く，人的な交流も多かった．NASA は設立後 5 年間で約 3 万人の組織に急成長するが，その中核となったのは，前身組織である航空諮問委員会（NACA）に加え，陸海空軍から移管された組織や人員だった．このような混成部隊であった NASA だが，設立 11 年目の 1969 年 7 月 20 日にはアポロ計画により有人月面着陸を達成し，世界を驚嘆させる．

NASA のアポロ計画が本格的にスタートしたのは，ケネディ大統領が就任して 4 カ月後の 1961 年 5 月 25 日に議会で「私は，1960 年代末までに人間を月面に着陸させ無事に地球に帰還させる，という目標の達成をわが国が公約すべきと考えます」と宣言したときである．その直前にはソ連のユリ・ガガーリン（Yuri Gagarin）が世界初の有人宇宙飛行を成功させていた．スプートニク 1 号につづいてまたもソ連の後塵を拝した米国は，急遽対抗策を打ち出したのである．

NASA は，首都ワシントン DC にある NASA 本部のほか，全米各地の研究開発センターから構成されていたが，そのうち 3 つのセンターがアポロ計画に深く関与した．NACA 出身の技術者を中核とする有人宇宙船センター（現ジョンソン宇宙センター），陸軍から移管された組織を中核とするマーシャル宇宙飛行センター，そしてそこから独立したケネディ宇宙センターの 3 つである．

NASA 本部とこれらのセンターの間には，計画の進め方などをめぐり考え方の相違や対立関係がよくみられた．各センターはそれぞれ，組織母体の伝統に根ざした技術文化をもっており，それは得てして経験的判断や人的裁量に頼りがちで，指揮命令系統が弱く，全般的に合理性や厳密さに欠けたものだった．ところが，国家の威信がかかったアポロ計画を着実に成功させる必要があった NASA 本部は，各センターの技術プロセスを厳しくコントロールするためにシステム工学の導入を進めたのである．

　システム工学とは，一般に，技術システムの統合的な開発業務，及びその方法を指す．それを実践する技術者はシステム技術者と呼ばれる．システム技術者は，技術システムの仕様を管理し，システムの各要素の開発状況をフォローし，それらの要素が互いにうまくかみ合うよう調整する．また，コストやスケジュール面での制約を勘案しつつ，計画全体の整合性を維持する．システム工学の特徴は，技術開発に関わるあらゆることがらを文書化し，技術開発プロセスの合理化・形式化を指向するところにあった．また，システム工学は，あらゆる技術的問題を明示的に分析し，客観的な最適解を追求する傾向があった．

　もともとシステム工学は，1950 年代に米国が ICBM の開発を進めていた過程で確立したものである．ICBM 計画では，高度に複雑なシステムを短期間に開発する必要があったため，その開発管理のためにシステム工学という概念が生まれ，新たな手法やアプローチが整備された．システム工学のアポロ計画への導入を推し進めた NASA 本部の技術者らは，多くが空軍ないしは空軍関連の企業の出身であった．

　NASA 本部にいたシステム技術者にとって，システム工学は彼らの職業観と切り離せないものだった．NASA 本部には各センターや民間企業，そして軍から人材が集まっていたが，彼らは数年で栄転していくことが多かった．そのような流動性の高い職場環境では，形式化・文書化されたシステム工学が共通理解の土俵として不可欠だった．システム工学は，有能な技術者であれば誰でも操ることができる共通言語であり，その意味で革命期フランスにおける数学と同様，メリトクラシーの評価尺度としても機能していた．頻繁な異動と強い上昇志向に特徴づけられるシステム技術者の職業観と，合理化・形式化を指向するシステム工学の特徴とはよく合致していたのである．

だが後述するように，システム工学はNASAの各センターではあまり歓迎されなかった．各センターの技術者らはNASA設立以前より独自の技術観や技術実践を培っており，それは彼らの安定したコミュニティの濃い人間関係のなかに編みこまれていたからである．彼らにとって，技術開発プロセスの文書化や形式化は煩雑で意味のないものであり，さらには彼ら固有の技術開発の進め方やコミュニティのあり方を否定するものだった．彼らのシステム工学に対する抵抗は，ちょうど革命期フランスにおける熟練職人の互換性部品の導入に対する抵抗になぞらえて考えることができる．熟練職人らは彼らのコミュニティのなかで個性の強い技術実践を確立しており，規格化された技術手法に反発した．その反発の理由は，自分たちの技術実践を変えれば職業観や人生観をも変えなければならなかったからである．NASAの各センターの技術者も同様の状況だったことについて，以下，マーシャル宇宙飛行センターと有人宇宙船センターを具体例としてみていきたい．

5　マーシャル宇宙飛行センターの技術者集団

アポロ計画において，約50 tの宇宙船を地球から月に向けて打ち上げるためには，全長110 m，重量2,700 tという空前絶後のロケットが必要となった．このサターンV型ロケットを開発したマーシャル宇宙飛行センターを当時率いていたのは，ドイツ出身の著名なロケット技術者，ヴェルナー・フォン・ブラウン（Wernher von Braun）所長である．同センターは全体で数千名の規模であったが，フォン・ブラウンら100名強のドイツ出身の技術者がその中核となっていた．彼らは第2次世界大戦前のドイツでミサイル開発を主導し，戦後渡米してからも米国陸軍で引き続きミサイル開発に携わっていたが，NASA設立後にNASAに移管された．このように30年来協働を重ねてきていた彼らは，その過程でオールラウンドな技術能力を蓄積し，団結力のあるチームを形成していた．

そのような歴史あるフォン・ブラウンのチームは，ロケット開発において，言葉では表現しきれない技術判断や，ハードウェア志向の実践的経験が果たす役割を重視した．つまり彼らは，明示的な技術分析よりもむしろ長年の経験を

通してはじめて獲得できる実践知こそが重要と考えていた．さらに彼らは，ロ
ケットという巨大システムの開発には，長年の協働を通してのみ培われるチー
ム内の信頼感や深い相互理解に基づく有機的な協力関係が不可欠と考えてい
た．このような考え方はフォン・ブラウンの次のような言葉に垣間見ることが
できる．「良いチームはみな……冷静な科学的言語では評価が難しい一定の性
格をもっている．良いチームには帰属の意識，誇り，そして集団で物事を成し
遂げる気持ちがある．自ら進んで取り組むという要素がそこにある．……良い
チームは木や花のようにゆっくりと有機的に育つのでなければならない」．マー
シャル宇宙飛行センターは，こうしてフォン・ブラウンを中心とした一体
的・有機的な技術開発を実践していた．そして，同センターの技術者らの多く
は，その閉じたコミュニティに職業人生すべてをかけて忠誠を尽くしたいと考
えていた．

　だが，アポロ計画が本格化すると，このようなフォン・ブラウンらのチーム
は変化を迫られる．まず，計画の規模があまりにも大きかったため，マーシ
ャル宇宙飛行センターは技術開発業務の大部分を民間企業に外注することを
余儀なくされた．このため，それまで維持していた彼らの一体的・有機的な技
術開発のスタイルを保てなくなった．また，アポロ計画全体を指揮していた
NASA 本部は，マーシャル宇宙飛行センターを含むすべての関連センターに
対し，システム工学の形式的・明示的な手法を用いて管理を強め，頻繁に文書
による仔細な報告を求めようとした．これは，言葉では表現しきれない技術判
断や実践的経験に価値を置く同センターの技術的伝統を脅かすものであった．
フォン・ブラウンを中心とする全体論的なロケット開発の進め方は NASA 本
部には受け入れられず，合理的な階層的分業を前提としたシステム工学が次第
に導入されてきた．

　サターンⅤ型ロケットの開発は，フォン・ブラウンらが NASA 本部のシス
テム技術者らの間で折り合いをつけながら進められ，結局 1967 年から 1972
年にかけて行われた全 13 機の打上げが失敗なく終わる．この成功には，フォ
ン・ブラウンらの一体的・有機的な技術能力も，形式化や文書化を追求するシ
ステム工学も，ともに不可欠だったと考えられている．チームの団結力と信頼
と，技術プロセスの明示化による階層的管理とがうまくかみ合ったことが，ア

ポロ計画の成功の大きな一因となったのである.

6 有人宇宙船センターの技術者集団

　有人宇宙船センターが開発したアポロ宇宙船は，月面への軟着陸や月周回軌道上でのランデヴー・ドッキングなど複雑な動作を行う巨大な技術システムであるが，その開発にあたっては2つの技術分野の知見が必要だった．1つは，空気力学・構造設計・制御などの知見を有する航空技術分野である．航空機の開発は，有人システムを取り扱うという点においても，宇宙船の開発と共通する部分があった．もう1つは，誘導制御や大気圏再突入に関する知見を確立しつつあった弾道ミサイル分野である．弾道ミサイル計画においては，巨大技術システムを短期間で開発するプロジェクト実施の経験も蓄積されていた．有人宇宙船センターではこの2つの分野出身の技術者らが協働してアポロ宇宙船の開発に取り組んだが，彼らは対照的な技術観や職業観をもっていた（**表7-1**参照）.

　航空分野出身の技術者は，それまでも有人システムを研究開発の対象としていたため，宇宙船の設計にあたってもその運用者，すなわち飛行士や管制官の視点を重視して考える傾向があった．また彼らは，技術的問題に臨む際に必ずしも合理的な解を求めようとするのではなく，民主的なやり方を通じての人的解決を志向する傾向があった．例えば，センター副所長をつとめていたジョージ・ロウ（George Low）は「最善の技術的判断，最善の分析的判断は最善の全体的判断でないこともある」と述べたことがある．このような彼らの志向は，彼らの出身組織である NACA がボトムアップの研究体制をとっていたことによるところが大きい．NACA では必ずしも指揮命令系統が明確でなく，技術者らは相互を評定しつつ協働相手を選んで仕事をしていた．そして彼らは評価を静かに蓄積していくことでコミュニティ内での位置を確保していった．そうした相互評定を基調とする閉じたコミュニティのなかで，彼らは調和的・民主的な技術スタイルを培っていたのである.

　一方，弾道ミサイル分野出身の技術者は，全体のシステム分析を重視する傾向があった．彼らのリーダーは，アポロ宇宙船計画室長のジョセフ・シェイ

表 7-1　NACA 出身技術者とシステム技術者の技術文化の対比

		NACA 出身技術者	システム技術者
技術観 技術実践	技術アプローチ 技術判断・決定 宇宙船開発の哲学	人的解決を志向 調和的・多元的 宇宙飛行士中心主義	システム分析を志向 論争的・単一的 システム中心主義
職業観 職業実践	社会的空間 評価基準 報奨	閉鎖的・非階層的 相互評定主義 コミュニティ内の位置	流動的・階層的 技術能力主義 給与・地位

（Joseph Shea）であった．まだ 30 代ながら幾多の職場でミサイル開発の突貫プロジェクトをこなし，すでに最優秀のシステム技術者という評判を勝ち得ていた彼は，アポロ宇宙船開発計画のまさに中枢にあってトップダウン的に計画を進めた．彼は常に徹底的に情報収集をし，あらゆる問題を合理的に判断しようとした．そして，センター内に異論があるときには素早く論破し，宇宙船開発計画のすべてを自らコントロールしようとした．彼は「皆が中途半端な理解ですませてしまうことが多いのにいつも驚いてしまう」とまで言っている．彼にとっては，システム分析がすべてだった．これは航空技術者出身のロウが「私はシステムを信じていない．私は仕事をする能力があり意欲をもつ人たちを信じている」と述べていたのとは対照的であった．

　マーシャル宇宙飛行センターと同様，有人宇宙船センターにおいても，このような 2 つの異なる技術文化が折り合い，融合することによってアポロ宇宙船の開発が進んでいった．そこには対立や摩擦もあったが，両者それぞれが貢献することによって，結果的にはきわめて複雑な宇宙船の有人システムが完成することとなった．

7　国家と技術者の技術文化

　アポロ計画期の NASA においては，システム技術者と，ローカルな技術文化のなかを生きていた技術者らがそれぞれ異なる技術観と職業観をもって共存し，せめぎ合っていた．すでにみてきたように，このような構図は多くの歴史的場面で観察され，そこでは国家が支配的な影響力を及ぼしていることが多い．すなわち，一方の技術者集団には国家及び官僚組織の論理が浸透した技術

文化がみられ，もう一方の技術者集団にはそれと相容れない技術文化がみられるのである．

革命期フランスにおいて，国家的使命を帯びた官僚組織の技術者らが新しい製図法や互換性部品の使用に基づく規格化された技術実践を導入しようとして，地元の職人たちの頑強な抵抗に遭ったことは前述した．同様に，例えば技術史家メリット・ロー・スミス（Merritt Roe Smith）は，南北戦争以前の米国ヴァージニア州にあったハーパーズ・フェリー造兵廠に関する歴史研究の中で，連邦政府軍需品部と同造兵廠との間に見られた摩擦を描いている（Smith 1977）．軍需品部は，造兵廠における銃の生産性を確保するため，職人たちの仕事に規律を押しつけ，技術実践を規格化しようとした．しかし，伝統的な訓練を受けた熟練職人たちはそうした管理を受け入れようとしなかった．地域に固有の政治力学や生活風土の中で根を張って生きていた彼らは，就業規則や生産目標の押しつけに頑として抵抗したのである．

ここで，NASA のシステム技術者，革命期フランスの技術官僚，19 世紀米国の軍需品部の技術者らはみな，国家権力とローカルな技術者との媒介者として機能していたとみることができる．NASA 本部の技術官僚らは，議会と各センターとの間の媒介者という立場にあって，システム工学の規格化された明瞭な手法を通して開発状況を効率的に把握し，議会対応と現場管理の双方を同時にこなした．フランスの技術官僚や米国の軍需品部の技術者らも，国家権力から要請される銃の生産目標とその仕様とを満足させる役目を負い，他方では頑固で個性の強い職人を管理した．そして，NASA の技術官僚がシステム工学を導入しようとしたように，彼らは互換性部品を用いる新しい規格化された技術アプローチを導入しようとした．システム工学も互換性部品も，ローカルな技術者コミュニティの不透明な社会的関係を無力化させ，技術者各人の個性と裁量を制約するという面で共通している．だからこそそれらはローカルな技術者コミュニティで強い抵抗にあったわけである．

8　時代の社会的価値観と技術観・技術実践

米国で 1960 年代に台頭したシステム技術者の，大企業や政府の官僚的空間

の中で機動性を発揮し個人的成功を追求するという技術文化は，時代の風潮に即していた面がある．経済学者のアン・マークセン（Ann Markusen）は，冷戦期の米国においては「利口さ，競争力，個人的成功，機動性，……こうしたものが，勤勉，一貫性，団結，年長への敬意といったそれ以前の産業的価値観をしのぐようになった」と示唆している（Markusen 2001: 44）．マークセンはそこに，軍隊的な階層主義の文化を反映した新しい能力主義の型を見る．社会学者ロバート・ベラー（Robert N. Bellah）らも，同様の米国人の価値観の変容を論じている（Bellah *et al.* 1985）．戦後の米国においては，正統派の共和主義に根ざし，道徳的・宗教的責務の文脈で捉えられていた古い型の個人主義が後退し，代わりに「近代的個人主義」とも呼ぶべきものが台頭してきたという．すなわち，拡大する中産階級に属する人々の多くが，家族をはじめとする社会の絆に束縛されず，能力主義の世界でキャリアを築き上げるべく，戦略的に学問的訓練の場を選び，自由な契約に基づいて職を渡り歩くようになった．そこでは，官僚的な階層社会における自由競争が前提され，その競争に生き抜くための技術教育，合理性，機動性が重視される．ジョセフ・シェイらシステム技術者は，まさにこのような型にあてはまるといえるだろう．

　こうした能力主義的・合理主義的な価値観は，1960 年代の連邦政府において特に純化された形で現れた．科学技術の専門家の権威は米国社会全般においても，また政府部内においても当時最高潮に達していた[2]．また，ケネディ大統領が政権内にいわゆる「ベスト＆ブライテスト」を広く配したこともあり，連邦政府全体が合理的，テクノクラシー的な思考態度を帯びるようになっていた（Halberstam 1972）．マクジョージ・バンディ（McGeorge Bundy），ウォルト・ロストウ（Walt Rostow），ロバート・マクナマラ（Robert McNamara）といった，政治家ではない，高度な学識経験ないしは実務経験を備えた超エリートの専門家が行政府の中核を占めた．そして彼らの部下たちが客観的・合理的な政策分析により連邦政府を改革していった（Hughes 1998: 162; Edwards 1997: 127-134; Schlesinger 1965: 153）．

　端的に言えば，1960 年代のケネディ政権下において，米国の連邦政府はテクノクラシー的傾向を帯びることとなった．歴史家でありケネディの特別補佐官でもあったアーサー・シュレジンガー（Arthur Schlesinger）は，「（当時の）ホ

ワイトハウスにおける支配的な姿勢は，公共政策というものがもはやイデオロギーの問題ではなくテクノクラシー的管理の問題である，というものだった」と述べている[3]．ケネディ自身も，「実際には，ほとんどの［行政的な］問題，あるいは少なくとも多くの問題は事務的な問題である．それは非常に洗練された判断［を要するもの］であって，……もはやそれは，おおかたの人間や行政官の理解を超えた内容の問題となっている」と言っている[4]．

　このように連邦政府がテクノクラシー的傾向を強めるなかで，NASA 本部もその例外ではなかった．NASA 本部は明晰かつ客観的な技術的判断を下すことのできるシステム技術者を多く擁していた．そして彼らの武器であったシステム工学は，テクノクラシー的理念を実施するうえでまさしく有効な手段であった．政治学者フランク・フィッシャー（Frank Fischer）が言うように，システムズ・アプローチ（システム工学を包摂する概念）は「テクノクラシー的統治の主要な知的基盤」なのである．それは合理的，科学的，分析的，目標志向的で，客観的な最適化プロセスを通じて「政治的事項を科学の技術的言語に翻訳する」という「不可欠のテクノクラシー的作業」を担う[5]．つまりそれは，人間同士の関わり合いを通じての判断を客観的な分析で置き換えてしまう．NASA 本部においては，システム技術者らがこうしたテクノクラシー的理念を実践した．彼らが実践したシステム工学は，戦後米国社会の能力主義的・契約主義的な傾向が特に顕著に現れた 1960 年代の連邦政府の価値観と非常に親和性が高いものだったのである．

　ここで社会学の検討領域の 1 つである(3)相互作用論の視点に立ち返れば，システム技術者という技術者集団は，その外の世界にある国家とどのように相互作用していたといえるだろうか．彼らは国家から報酬を得ており，研究開発費の支出も受け，一方で国家的目標に沿った技術役務と成果を提供していた．しかし，そのようなタンジブルな相互作用に加え，国家の側からは使命感や将来的なキャリアの展望を彼らに提供していたし，彼らは目標達成への意思や忠誠心を国家に対しコミットしていた．さらに，技術者集団らはよりマクロな時代の価値観とも相互作用していた．すなわち，能力主義的・契約主義的傾向を増す戦後米国社会の中で，1960 年代の連邦政府においては特にテクノクラシー的合理主義が支配的になったが，その一部であった NASA 本部のシステム

技術者らはそうした思考態度を共有し，システム工学を核とする合理主義的な技術手法やアプローチの発信源となっていた．こうして，戦後米国全般の社会的価値観から，連邦政府の思考・行動様式，NASA の技術者コミュニティの技術文化，そして個々の技術者らが実践する特定の技術アプローチまでを総体的に捉えることができる．このような捉え方が，社会学的な見方を取り入れた科学技術史研究の 1 つの特徴と言えるのではないだろうか．

9　おわりに

　本章では，技術者の職業観及び技術観，そしてそれらの実践を一体として理解する必要があること，その総体を "technological life" ないし技術文化といった言葉で呼ぶとすると，それは技術者集団によって大きく異なることを指摘してきた．さらに，どの時代でも国家の論理に強い影響を受けた技術者集団がローカルな技術者集団の技術実践に変更を迫ることがあるが強い抵抗を受けること，その抵抗の理由は技術実践の変更がキャリアの展望や人生設計をも含む職業観の変更を必然的に伴うものであるためであることを述べてきた．このようなことは，歴史研究を踏まえていえることであるが，そうした歴史研究も当然，社会学をはじめ他の分野の知見を取り入れたものである．そのような歴史研究の積み上げによってまた社会や人間に関する一般的な言明を進化させていくことも可能になる．

　冒頭に述べたように，日本の科学技術史はこれまで科学社会学の手法や観点を十分に取り入れてきたとは必ずしもいえない．もちろん，歴史研究にあたっては社会学やその他の分野の著作にあたることはいずれにせよ必然であろうし，科学社会学などの分野の概念やツールも科学技術史に援用されてきた．しかしながら，そこに留まらず，社会学的な視点ないしは姿勢，すなわちマクロな社会状況から共同体の構造，そして個人の動機に至るまでをつないで捉えるという考え方が科学技術史の記述に反映されることがより広く実践されることが望まれる．それにより，科学技術史が分野のなかで内向きにならず，より広い人文社会科学の諸領域とのやりとりを行う機会も増えてくるのではないだろうか．

1) 以下の NASA の技術者の技術文化に関する議論については，佐藤（2007）及び Sato（2005）を基にしている．
2) Balogh（1991）．連邦政府における専門家の影響力の長期的な浮沈に関しては，Wood（1993）を参照．
3) Dickson（1984: 265-266）．ただ，ここでの「テクノクラシー」という言葉の意味については注意を要する．本源的にはこの言葉は「技術専門家による社会や産業の管理」（Oxford English Dictionary），あるいはシオドア・ローザック（Roszak 1969: 7-8）が定義したように，「支配者が技術専門家に拠り，技術専門家が科学的様式の知識に拠ることで正当性が確保される社会」を意味する．だが実際にはこの言葉はより広義に用いられることも多い．ここではテクノクラシーを，道徳的・イデオロギー的観点を交えた民主的プロセスによる見解形成よりも合理的・客観的な実務的判断を優先する国策遂行の様態，と理解する．テクノクラシーという言葉の用法の変遷を簡潔にまとめたものとしては，Winner（1977）第 4 章を参照．
4) "Remarks to Members of the White House Conference on National Economic Issues," May 21, 1962, in *Public Papers of the Presidents of the United States, John F. Kennedy, 1962* (Washington, D.C.: U.S. Government Printing Office, 1963) p. 422.
5) Fischer（1990: 198-199, 208-209）．同様の議論は Benveniste（1972）第 4 章などにも見られる．ここで，Fischer や Benveniste がシステム工学そのものではなくて「システムズ・アプローチ」について議論していることに注意されたい．一般的な理解では，システムズ・アプローチとはシステム工学を包摂する概念であり，オペレーションズ・リサーチ等も含む一連の学問領域あるいは技術領域である．この概念上の整理については，Hughes *et al.* eds.（2000: 1）を参照されたい．

【文献】

Alder, Ken, 1997, *Engineering the Revolution: Arms and Enlightenment in France, 1763-1815*, Princeton: Princeton University Press.

Balogh, Brian, 1991, *Chain Reaction: Expert Debate and Public Participation in American Commercial Nuclear Power, 1945-1975*, Cambridge: Cambridge University Press.

Bellah, Robert N. *et al.*, 1985, *Habits of the Heart: Individualism and Commitment in American Life*, Berkeley: University of California Press　島薗進・中村圭志訳『心の習慣——アメリカ個人主義のゆくえ』みすず書房，1991.

Benveniste, Guy, 1972, *The Politics of Expertise*, Berkeley: Glendessary Press.

Calvert, Monte, 1967, *The Mechanical Engineer in America, 1830-1910: Professional Cultures in Conflict*, Baltimore: Johns Hopkins University Press.

Dickson, David, 1984, *The New Politics of Science*, New York: Pantheon Books　里深文彦監訳『戦後アメリカと科学政策——科学超大国の政治構造』同文舘出版，1988.

Edwards, Paul N., 1997, *The Closed World: Computers and the Politics of Discourse in Cold War America*, Cambridge: MIT Press.

Fischer, Frank, 1990, *Technocracy and the Politics of Expertise*, Newbury Park, CA: SAGE.

古川安，1989，『科学の社会史——ルネサンスから 20 世紀まで』南窓社.

Halberstam, David, 1972, *The Best and the Brightest*, New York: Random House　浅野輔訳『ベスト＆ブライテスト』サイマル出版会，1983.

Hughes, Agatha C. and Thomas P. Hughes, eds., 2000, *Systems, Experts, and Computers: The*

Systems Approach in Management and Engineering, World War II and After, Cambridge: MIT Press.

Hughes, Thomas P., 1998, *Rescuing Prometheus*, New York: Pantheon Books.

Layton, Edwin Jr., 1971, *The Revolt of the Engineers: Social Responsibility and the American Engineering Profession*, Baltimore: Johns Hopkins University Press.

Markusen, Ann, 2001, "Cold War Workers, Cold War Communities," in Peter J. Kuznick and James Gilbert, eds., *Rethinking Cold War Culture*, Washington, D. C.: Smithsonian Institution Press, pp. 35–60.

Roszak, Theodore, 1969, *The Making of a Counter Culture: Reflections on the Technocratic Society and Its Youthful Opposition*, Garden City, NY: Doubleday　稲見芳勝・風間禎三郎訳『対抗文化（カウンター・カルチャー）の思想――若者は何を創りだすか』ダイヤモンド社，1972.

Sato, Yasushi, 2005, "Local Engineering in the Early American and Japanese Space Programs: Human Qualities in Grand System Building," Ph. D. Dissertation, University of Pennsylvania.

佐藤靖，2007，『NASA を築いた人と技術――巨大システム開発の技術文化』東京大学出版会.

Schlesinger, Arthur M. Jr., 1965, *A Thousand Days: John F. Kennedy in the White House*, Boston: Houghton Mifflin　中屋健一訳『ケネディ――栄光と苦悩の一千日』河出書房，1966.

Shallat, Todd, 1994, *Structures in the Stream: Water, Science, and the Rise of the U.S. Army Corps of Engineers*, Austin: University of Texas Press.

Smith, Merritt Roe, 1977, *Harpers Ferry Armory and the New Technology: The Challenge of Change*, Ithaca: Cornell University Press.

Winner, Langdon, 1977, *Autonomous Technology: Technics-out-of-Control as a Theme in Political Thought*, Cambridge: MIT Press.

Wood, Robert Coldwell, 1993, *Whatever Possessed the President? Academic Experts and Presidential Policy, 1960–1988*, Amherst: University of Massachusetts Press.

8章
医療社会学と科学社会学

山中　浩司

1　科学と医学

　科学社会学における医療・医学の位置づけを考えるうえでは，まず，科学と医学の関係について，その歴史的経緯と少なくとも現代社会における両者の配置を理解しておく必要があると思われるので，ごく簡単に，両者の発展の経緯と相違についてまとめておきたい．

　まず，「科学」はいつごろから始まるのか？　もちろん，これは「科学」の定義によって変わる．科学者は，現代科学に関連するあらゆる事項を歴史の中に求めて，古代までさかのぼるであろうが，少なくとも歴史家や社会学者は近代科学の出現を歴史的事象とみなしており，大体 15 世紀の天文学改革から 17 世紀のロイヤルソサエティーの出現あたりまでを「科学革命」とみなし，いわゆる科学者集団が明確な形で登場することを近代科学の誕生と考えている．この当時はしかし，多くの科学者はアマチュア学者であって，大学に関係する学者もあれば，職業は医師であったり，役人であったりするものもいる．つまり，「科学」が職業化されていない．19 世紀になって，大学が拡充されたり，国家が自然科学に投資し始めてから，科学者は研究をすることによって生活の糧を得るようになる．つまり，科学の場合は，まず科学研究と呼ぶべき活動があり，こうした活動を共有し科学者同士を結びつける団体が形成されて集団化し，さらにその後に「科学者」として職業化するのである．

　他方，「医学」は最初から職業であり，それも英語圏ではプロフェッションと呼ばれる高尚な職業であった．ボローニャ大学をはじめとして中世の大学

は，おおむね3つの上位学部をもっており，これは神学，法学，医学である．それぞれ，聖職者，法律家，医師という社会的に尊敬される職業人を送り出す．プロフェッションとしての医師は，科学者とは異なり，患者とその家族というクライアントをもつ．もっとも，現代の医師とは異なって，18世紀までの医師の役割はもっぱら患者の話を聞いたり，一家の相談に乗ったりという，いわば教養あるカウンセラーというような立場である（Shorter 1986）．治療できる病気は限られ，患者も医師にそう多くを期待しない．大学でも，医学部の教育といえば，18世紀まで，多くの大学で臨床研修を課さず，古代の医学テキストをラテン語で読むという座学中心のものであったという．

医学史家のアーウィン・H. アッカークネヒト（Erwin H. Ackerknecht）は，歴史的に登場し，また現代も重層的に存在する4つの医学を区別して，図書館医学（医学文献を読むこと），ベッドサイド医学（患者の家を訪問すること），病院医学（病院で診療活動や研究活動をすること），実験室医学（ラボで血液や尿や細菌の研究をすること）と称している（Ackerknecht 1967）．大学での医学教育は当初は図書館医学，つまりもっぱらラテン語で書かれたギリシャ古典医学のテキストを読んで，医学的教養を身に付けるのである（今日ではEBM（Evidence-Based Medicine）という形で図書館医学は復活している）．治療や患者の扱いは，大学を出てから，修業をして身に付ける．裕福なクライアントの家に出向いて彼らのご機嫌を伺いながら家庭医としての収入を得るために行う医学をベッドサイド医学という．ところが，18世紀になると，オランダ，フランス，スコットランドなどで，次第に臨床研修を教育に取り込む動きが出て，いわゆる「臨床医学」（上記の区分では病院医学にあたる）が成立する．大学の医学部がクリニックを併設し，あるいは既存の病院を研修施設として利用し，医学教育に病院での研修を取り込む過程がこれである．教育のための施設は，裕福な貴族の家庭では都合が悪く，さまざまな疾患を持った人たちが集まる病院が必要であった．ちなみに，それ以前の病院は自立した生活を営むことができない病者のための慈善施設であり，医師はそのごく一部の機能を担っていたにすぎない．病院に医師が出入りし，病院の管理権を次第に医師が掌握することで，病院は次第に治療本位の機能的な施設に変貌するのである．こうした状況下にある医学を病院医学と呼ぶ．病院医学には，検死解剖という制度を

背景として病理組織の観察と分析というような科学的研究の方向性が示されるが，しかし，一般的には，医学が「科学化」されるのは，実験室医学の登場をまってからと言われている．実験室医学は，19世紀に顕微鏡と化学分析が医学部の中に入り込むことで，特にドイツの大学で急速に発展する（Tuchman 1993）．この医学のもっとも輝かしい成功は，細菌学の発展であり，感染症の原因の解明と制圧は軍事的にも政治的にもきわめて大きなインパクトをもっていた．後で述べるように，医学の科学化は，科学者としての医学者の職業化とも連動している．つまり，医師として生計を立てるというよりは，医学研究者として生計を立てる集団が登場するのである．

つまり，「医学」はまずは職業的活動であり，多くの国でギルド的な職業団体を形成しており，19世紀にようやく「科学化」されるのであるが，その活動のすべてが「科学化」されるわけではない．たとえば，ベッドサイド医学の要素，患者との会話，患者の家族との関係の構築，患者へのアピール，簡単なベッドサイド診断術などは，現代でも医師にとって重要な活動であり，医学的にも重要な要素である．また，外科医が行う手術の多くの部分は，科学というよりは技能や「術」であり，手先の器用さや，困難に遭遇したときの瞬間的判断などがものを言う．こうした医療の側面を「術 art」としての医学と呼ぶ習慣があり，科学的医学が高度に発達した今日でも，しばしば「術としての医学（medicine as art）」と「科学としての医学（medicine as science）」という側面が対比され，両者のバランスや関係が議論の対象となることがある．

したがって，「医学」は科学とは異なる「術」の側面を含んだ活動でもある．しかし，医学が科学と異なるのはこうした側面だけではない．「科学」は伝統的に「技術」と区別されてきたが，「医学」は，「技術」とよく似た側面もまた含んでいる．それは医学における「有用性 utility」の問題である．科学社会学者たちがこれまで科学を扱ってきたように「科学」を知識の生産活動と考えれば，問題になるのは知識の「真理性 verity」や「妥当性 validity」である．しかし，医学では，妥当性よりもしばしば有用性の方が重要である．妥当性については不明であっても有用性が示される治療法もあり，逆に妥当性が示されても有用性が示されない治療法や検査法も存在する．こうした場合に，医学が優先する事項は有用性であり，この点はどちらかといえば，「科学」よりも

「技術」に接近する．したがって，研究医学とはいえ，すべてが完全に科学の基準にしたがっているとは言えないのである．

　以上のように，医学と科学は異なった発展経路をたどり，また現代でも異なった性質を帯びた領域であると言える．ただし，医学は，科学によってその社会的権威を獲得してきた側面は否定できず，また現代科学において医学と隣接する科学，生物学や化学などとの関連を考えれば，医学がこうした科学に及ぼした影響も無視できない．その意味で，両者は，その一部が共進化（co-evolution）の関係にあると言ってもいいだろう．

2　ふたつの社会学――科学社会学と医療社会学

　上述のように科学と医学が異なった側面をもつことに対応して，社会学においても，科学社会学の中に医学社会学なる領域があるのではなく，科学社会学と医療社会学が別個に存在する．科学社会学の中で医学を扱うことは無論あるが，しかし，こうした研究は医学や医療の重要な側面をカバーしないことになる．以下では，このふたつの社会学の発展の経緯と相互関係について，見ていこう．

科学社会学

　科学社会学という分野は現在ではさまざまな問題を扱っているが，きわめて大まかに概観するなら，伝統的には以下のような研究を含んでいる．まず米国では，1940年代のロバート・K. マートン（Robert K. Merton）の一連の著述（これらは1973年に『科学の社会学――理論的・経験的探究』という著作にまとめられた）（Merton 1973）に由来する問題関心を引き継ぐ一群のグループがある．彼らは，科学を1つの社会制度とみなし，その規範構造，動機，報酬制度，集団構造，知識の伝播様式などを研究する．代表的な研究として，科学者コミュニティーの構造を扱ったワーレン・O. ハグストローム（Warren O. Hagstrom）の『科学コミュニティー』（Hagstrom 1965），異なった国における科学の制度化の形態を比較したジョセフ・ベン‐デビッド（Joseph Ben-David）の『社会における科学者の役割――比較研究』（Ben-David 1971），科学

者の競争や社会的階層化を扱ったジョナサン・R．コール（Jonathan R. Cole）らの『科学における社会的階層』（Cole 1973），ノーベル賞受賞者を調査しマタイ効果の実証研究となったハリエット・ズッカーマン（Harriet Zuckerman）の『科学エリート──合衆国におけるノーベル賞受賞者』（Zuckerman 1977）などがある．米国におけるこうした研究の潮流は部分的に科学計量学や計量書誌学にもつながっている．

　これらの研究に共通する視点は，社会制度としての科学であり，科学の規範，競争のルール，集団の構造，知識の伝播や評価，また，異なる制度環境相互の比較などを含んでいる．科学の社会的側面の多くを含んでいるが，しかし，科学知識そのものの性質や，科学知識の性質とこうした制度との関連については踏み込まないのが通例であった．科学社会学のこうした態度は，当時別に存在した科学史や科学哲学との分業体制を遵守するという意味合いもあったようである．科学知識そのものの位置づけや評価や分析については，社会学は立ち入らず，科学哲学や科学史にゆだねるという方針である．他方，科学史や科学哲学も，科学の制度的な側面や科学者集団の社会学的な特性については科学社会学にゆだねていたように見える．トーマス・クーン（Thomas Kuhn）は，マートンを引用して科学が集団的活動であり，社会的現象の1つであることを強調するが，しかし19世紀以降科学に生じるさまざまな制度的な問題（職業化や国家との関係など）についてはほとんど言及することなく，ただ，パラダイムの社会制度的側面を指摘するにとどめている．

　他方，ヨーロッパでは，特にイギリスにおいて，科学知識を社会的構築物とみなして，他の文化的産物と同様に扱おうとする一群の研究者が現れる．一般に「科学知識の社会学 sociology of scientific knowledge: SSK」と呼ばれるグループがこれで，理論的には，デビッド・ブルア（David Bloor）の『知識と社会的イメージ』（Bloor 1976）に示された「強いプログラム」という綱領が引き合いに出される．このグループの特徴は，科学知識そのものの社会性をターゲットにしていること，つまり，人類学が未開社会における知識の体系を研究するのと同じやり方で近代科学を研究するというスタイルである（第1章，第2章を参照）．研究手法も米国の科学社会学が，科学論文の引用関係の分析や，科学者集団の制度的分析といったマクロな社会科学の手法をとっているのに

対して，ヨーロッパの科学知識の社会学の多くは，科学者のラボに入り込むフィールドワークを主体とし，科学知識が生成するミクロなプロセスを問題としていた．アクターネットワーク理論（actor network theory）を唱えたフランスのミシェル・キャロン（Michel Callon）やブルーノ・ラトゥール（Bruno Latour），技術の社会的構築を唱えるオランダのウィーベ・ビイカー（Wiebe Bijker）やイギリスのトレヴァー・ピンチ（Trevor Pinch）らも，大枠ではこのグループに属する．

医療社会学

　他方，医療社会学は別の経路をたどって発展してきた．初期の医療社会学を取り巻くマクロな社会環境としては，第2次大戦後の福祉国家の成立，医療制度の拡充，感染症から慢性疾患へのシフトなどを背景として，医療の社会的側面（人種，貧困，啓発など）の問題がクローズアップされ，こうした問題の解決を目指して，多くの資金がこの領域に投じられたことがあるようだ（たとえば米国の全米精神医療研究所（NIMH）など）．このために，医師や社会学者や人類学者がこの領域に移動してきたという．米国では，1930年代の生理学者ローレンス・ヘンダーソン（Lawrence Henderson）の影響下に（Henderson 1935），ハーバードの社会学者が医療の社会機能主義的側面に関心をもち，タルコット・パーソンズ（Talcott Parsons）の病人役割論（Parsons 1951）やマートンらの医学教育における医師の社会化の分析（Merton *et al.* 1957）が登場した．また，シカゴ学派第2世代のハワード・ベッカー（Howard S. Becker）やアンセルム・ストラウス（Anselm Strauss）らは，従来支配的であった機能主義的な医療の解釈にシンボリック相互作用論をもちこみ，権力や支配の問題など，よりダイナミックな視点を導入した（Becker *et al.* 1961; Glaser and Strauss 1965）．こうした問題がもっとも先鋭化したのは精神医療の領域で，アーヴィング・ゴッフマン（Erving Goffman）の『アサイラム』（Goffman 1961）をはじめとして，精神医療施設についての批判的な研究がこの時期に集中的に登場した．無論，この現象は医療社会学だけの問題ではなく，精神分析学の普及や精神医学内部における変化，社会全体の既成秩序批判の潮流などが関係しているが，精神医療における脱施設化への動きに医療社会学は大きく関わることにな

った.

1970 年代になると，科学社会学において科学知識の正当性を自明視しない潮流が登場したのと同様に，医療社会学においても，確立された近代医学と近代医療制度を機能的に自明のものとみなさない視点が登場する．こうした視点はまず医師を代表とする医療プロフェッションの成立とその政治的な意味について（Freidson 1970a; Larson 1977; Starr 1982），医師 - 患者関係における対立的要素について（Freidson 1970b），さらに従来医学領域で扱われなかった問題を医学が扱う傾向「医療化 medicalization」について（Zola 1972; Conrad 1976），いずれも批判的な研究が相次ぐようになった．また，近代医療を 1 つの文化とみなす医療人類学者たちの比較文化研究も重要な役割を演じた（Lock 1980 など）．さらに，近代医療において沈黙を余儀なくされてきた患者自身による「病の語り illness narratives」（Frank 1995）や医療におけるジェンダー問題への関心（特に生殖医療関連）も，現代の医療社会学において重要な位置を占めている.

医療社会学が社会制度としての医療を扱うのは，科学社会学が社会制度としての科学を扱うのと同じである．しかし，医療社会学は科学社会学と比較するとその関連する範囲は広大である．科学社会学は，後で述べるように，「科学」と「技術」を区別するという立場が昨今は維持しにくくなっており，次第に企業の研究開発者たちをその射程に取り込み始めている（Shapin 2008）．また，アクターネットワーク理論や技術の社会的構築論に代表されるように，科学や技術が関連するアクターは，科学者や技術者の集団をはるかに超えて，企業や政治家，それに人工物までも含めているので，さらに広がって一般消費者のような漠然とした社会集団を含む可能性もある．しかし，それでも科学社会学における科学活動の領域は，医療活動などと比較すれば閉鎖されており，医療社会学で問題となるような医師 - 患者関係，患者の病気行動，患者による病の語り，社会的事象の医療化や脱医療化，こうした領域に対応するような事象を見いだすのは困難である．他方では，医療社会学は，医療現場に知識や情報としておりてくる新しい医学的知見，医薬品，医療機器がどのようにして生まれ，どんな社会関係を巻き込んでいるのかについては比較的ナイーブに対応してきた.

要するに，少なくとも 1980 年代まで，科学社会学は科学者から見える地平から踏み出さず，医療社会学は現場の臨床医から見える地平からは大きく踏み出さなかったように見えるのである．

3　ふたつの社会学の間
　　──科学社会学における医療，医療社会学における科学

　ところが，1990 年代になると，こうした棲み分けが怪しくなってくる．従来であれば医療社会学がやっていたような領域に入る科学社会学者，医療社会学から科学社会学的なことに入り込む研究者が出てくる．両者が用いる概念も次第に入り交じりあい，若い社会学研究者で，医療や医学に関心のある人は両分野を見渡す必要が出てきた．

科学知識の社会的構築
　こうした動きの背景としては，いくつかの事情が挙げられる．まず第 1 に，1970 年代の科学知識の社会的構築という議論が，1980 年代になると一部医療社会学や医学史にも影響するようになる．1982 年にはエディンバラ大学出版から『医学的知識の問題──医学の社会的構築を検討する』（Wright and Treacher, eds. 1982）という論集が出る．医療社会学や医学史の専門家による論集であるが，明らかに科学知識の社会学の影響を受けている．クーンが影響を受けたとされるポーランドの細菌学者ルドヴィック・フレック（Ludwik Fleck）に関する論集が出ると，医療社会学の専門誌 *Sociology of Health and Illness* にも，「医学知識の社会的構築についてのルドヴィック・フレック」（Löwy 1988）という論文が掲載されるなど，科学社会学から医療社会学への議論の輸入が現れるようになる．このフレックについては，あとでふれよう．医療人類学者のマーガレット・ロック（Margaret Lock）らも 1980 年代末の論集『再検討される生物医学』において，医療社会学において医学的知識そのものの中味を分析の対象とする研究が出てきたと指摘して，科学社会学との連動を示唆している（Lock and Gordon, eds. 1988: 6）．

「ヒトゲノム計画」

　これよりさらに大きな出来事は，やはりヒトゲノム計画の衝撃である．
「ELSI（倫理的・法的・社会的問題 Ethical Legal and Social Issues）」という用語
は，1980年代後半から HIV 問題，生殖医療などに関連する医療倫理・生命倫
理の領域で用いられていたが，ヒトゲノム解読が社会にもたらす衝撃の大き
さを想定したジェームス・ワトソン（James D. Watson）らの強い要望により，
1990年，ヒトゲノム計画予算の3% が倫理的・法的・社会的問題に配分され
るようになった．ヒトゲノム計画に参加した多くの国で，突如としてこうした
問題にかかわりのある研究者に巨額の研究費がおりるようになった．

　もちろん，社会学者がよくこぼすように，多くの場合，これらの領域は，法
学者と倫理学者と倫理的問題に関心をもつ医学研究者によって占められ，社会
学者や人類学者は少数であることは否めない．また，ELSI に関連する仕事と
いうのは遺伝学的検査などを含む大規模プロジェクトに付随したもので，元来
は研究レベルの倫理問題であり，臨床レベルの複雑な社会事情に踏み込んだも
のは少なく，医療社会学者の管轄であるようには見えない，ということも事実
である．

　しかしながら，現場の研究者や倫理学者，法学者に至るまで，先端医学やそ
の臨床への応用などについて様々な議論が噴出する中で，医療社会学者が，ゲ
ノム医学や脳科学などの先端科学に由来する社会的問題について無関心であ
ることは困難であるし，また，遺伝学研究の現場などを追跡してきた科学社会
学者が，その先にある臨床現場で遭遇するであろう問題を無視することも次
第に困難になってきた．遺伝学化 geneticization（Lippman 1991），生物医学化
biomedicalization（Clarke *et al.* 2003），遺伝学的市民 genetic citizenship（Heath,
Rapp, and Taussig 2004），といった概念が提唱され，これらは科学社会学と医
療社会学の両分野に浸透した．

　ゲノム医学や新しい遺伝学のみならず，情報技術の臨床現場への浸透（Berg
1997）や脳科学の新しい発展（Dumit 2005）など，1990年代には，旧来の医
療社会学では扱われなかった新しい技術や科学に関連する様々な研究が登場
した．こうした研究は，医療社会学，医療人類学，科学社会学の交叉する領域
に現れたのである．

商業的利益

　さらに，もう 1 つの問題は，医療社会学にとっても科学社会学にとっても従来は比較的縁遠い問題であった商業的利益の問題がある．もちろん，マルクス主義の流れにおいて，資本主義的生産様式や資本主義イデオロギーが精神医療や科学技術開発と深く関連しているという議論は存在した．しかし，商業的利益が，医療や科学の世界に直接重大な影響を及ぼすと考えられるようになったのは，米国における特許政策の変更と，マネージドケアをはじめとする一連の医療制度改革が行われる 1980 年代以降の話である．公的資金を得て行った研究でも特許取得を可能としたバイドール法など，アカデミック科学と商業的利益の関係の見直しによって，米国では科学研究のすみずみまで商業的な関心が浸透した．医学研究においても，研究者や研究機関と商業組織との関係に起因する利益相反問題が無視できない問題となり，著名な医学雑誌編集者たちが危機感を表明するようになった．何よりも象徴的であったのは国際的プロジェクトとして進められていたヒトゲノム計画の末期における，遺伝学関連の商業企業の急速な台頭と遺伝子特許取得ラッシュである．医療現場も営利組織化する病院機構（いわゆる株式会社病院）とプロフェッショナルとしての医師の義務感の間に次第にきしみが感じられるようになる．また，科学と技術の境界も曖昧になり，科学の世界でも有用性や産業化可能性が重要な問題になる．

　こうした事情を背景として科学社会学も医療社会学も，科学と商業，医療・医学と商業という問題を無視できなくなり，しばしば両者の関心は接近することになった．たとえば，医薬品開発を追跡する科学社会学者は，1990 年代の医薬品規制当局の規制緩和の流れを追いかけて，製薬産業主導で生じた「薬物化 pharmaceuticalization」という現象を指摘するようになり（Abraham 1995），他方では，医療社会学者は日常生活における問題が次第に医薬品によって解決される傾向を強めている点を指摘して，同じく「薬物化」を唱えるというようにである（Williams, Gabe, and Davis, eds.　2009）．

　かくして，科学社会学と医療社会学は近年急速に接近し，科学知識の相対性，科学知識の文化や社会への埋め込み，それらと商業的利益との関係といった問題について，視点や概念を共有しつつあると言える．

4 科学と医学の接点から見える事象

　1990 年代以降の科学社会学と医療社会学の接近を見ると，科学や医療について考え直すべき問題がいくつか浮上する．1 つは，科学や医学において，実験室や研究室のような閉鎖された空間で知識が生み出され，それが臨床現場や企業や社会に次第に伝播していくというような一般的イメージは，必ずしも実態と合わないということである．科学や医学を駆動する力はあらゆるところにあり，高度に閉鎖された集団としての科学者や医学者というイメージを維持するのは現在では困難である．商業企業がマーケットからのフィードバックを無視して生産を続けられないのと同様に，科学や医学の知識生産も，それが関係する社会や臨床現場のからのフィードバックなしに継続するようには見えない．

　また，こうした異質なアクターが接続するためには，パラダイムのような高度に閉鎖された集団に共有された枠組みではうまくいかないということも問題になる．研究者と臨床医や企業家の間で生じるさまざまな問題や，さらに一般公衆との情報のやりとりを考えれば，パラダイムのような概念が説明できる範囲は極めて限られている．

　こうした点からみて，再考すべき科学社会学の古典が 2 点ある．いずれも医学の問題を扱ったものである．医学領域の問題が科学社会学にとって理論的にも重要な意味をもつことを示すために，以下これについて述べよう．

フレックと思考スタイル

　まず，クーンに重大な影響を与えたと言われるユダヤ系ポーランド人の細菌学者ルドヴィック・フレックの著作について．フレックは，細菌学の専門家であり，いわば専門の科学者であったが，大学における科学者としてのポジションを得ることができず，長い期間臨床活動を余儀なくされていた．フレックの社会生活と彼の思想の関連を指摘する論者は，科学者としての社会的ポジションを得られなかった時期の彼の臨床活動経験が，医学知識の複雑な性格を彼に印象づけたのだという（Schnelle 1986）．

フレックの「思考スタイル Denkstil」や「集合的思考 Denkkollektiv」という概念はクーンのパラダイム概念の先駆とされ，両者を比較する論考は多い．パラダイム概念が 1960 年代の科学史，科学哲学，科学社会学においてまきおこした論争を考えるなら，それより四半世紀以前にポーランドで発表された論考に類似した概念が見いだされることは確かに興味深い．しかし，すでに何人かの論者が指摘しているように，現代から見ると実はその相違の方が興味深く，クーンのパラダイム概念の方が古く感じられるほどである（Schnelle and Cohen 1986; Löwy 1988; Egloff 2005）．以下では，4 つの点について論じよう．

　まず，フレックは，科学的思考や知識は個人の活動ではなく，集団的な活動の産物であるという．これは，クーンとまったく同じである．個人の思考や知識は集団の中で伝えられ変形され，認められ，一定の思考スタイルの中に埋め込まれなければ科学的知識とはならないという．この思考スタイルは，それぞれの専門分野において成立し，したがって専門が細かく分かれれば分かれるほど多くの思考スタイルが成立する．特定の思考スタイルはまた特定の観察技能を発達させる．こうした技能を身に付けなければ，科学者はそのコミュニティーに参与できない．異なった思考スタイルの間では，同じ概念や用語や観察は同じ意味を持たないために，コミュニケーションは一定の変形を伴わずには成立しない．この点もクーンのパラダイムに近似している．

　しかし，クーンと異なるのは，フレックにおける思考スタイルや集団的思考が，パラダイムよりもはるかに柔軟な構造を持っているということである．フレックは，集団的思考には特定のスタイルを保持しようとする力と，それを絶えず改変しようとする力が同時に働いていると考えている．スタイルを保持しようとする力は，一定の構造を維持し，不規則性を排除し，内部の（esoteric）コミュニケーションを保持しようとする．しかしながら，同時に，こうした集団は絶えず外部の集団と接触しており，外部から，また外部に向けて（exoteric）コミュニケーションを行う．細菌学者は感染症の臨床医や化学者とやりとりをする必要がある．彼はその都度，その知識を変形し翻訳しなければならない．こうしたやりとりはその都度ミクロな変化を思考スタイルの中に引き起こすとフレックは主張する．「コミュニケーションは，変形なしには起こらない．それは実際，常に様式化された再モデル化を含んでおり，集団内では

確認作業をもたらし，集団間では根本的な変化をもたらす」（Fleck 1935[1979]: 111）．したがって，パラダイムとは異なり思考スタイルは日常的に変化するものである．外部とのコミュニケーションが断たれた思考スタイルは，固定化し発展しなくなる．

　フレックはまた，科学以前のさまざまな概念，とりわけ民間で利用され信じられている概念が科学上の重要な発見の原アイデアや前アイデアになっていると指摘し，科学的概念が自らの思考スタイルの中で閉じていないことを重視する．「多くの堅固に確立している科学的事実は，その発展過程において，前科学的で，いくぶんぼんやりとした関連する原アイデアや前アイデアとつながっていることは，たとえそうしたつながりを実証することができないとしても否定しようがない」（Fleck 1935[1979]: 23）．この点でも，パラダイム成立を科学の境界として理解するクーンの立場と大きく異なる．フレックはまた，昨今の医学においてますます重要性を増しているハンドブック科学の意義についても興味深い指摘を行っている．個別の学術論文（journal science）の知識はそれだけでは，まだ科学知識としての地位は不確実で，ハンドブックに記載されて，その知識が匿名化されてはじめて一定の地位を得るようになるという．しかし，ハンドブック科学（vademecum science）は，ジャーナル科学を単にまとめたものではなく，そこには独自の力が働くという．それは基本的に外部に向けて発信される知識であり，そのための選択や変形が生じる．ハンドブック科学はいずれ一般に浸透し，民間の概念を変形させるだろう．こうした民間の概念はさらに科学者の用いる概念へと変形される．こうしたプロセスの中で，ジャーナル科学も，民間の科学も相互に変化していくことになる．

　最後に，フレックにおける思考スタイルのこうした柔軟な構造が，医学という特異な科学と関連している点についてふれておこう．1927年の医学史学会での講演「医学的思考のいくつかの特異性について」の中で，フレックは医学がほかの科学と異なる点をいくつか指摘している．特にここで興味深いのは，彼が医学的思考の源流を臨床活動の複雑さに見ている点である．

　冒頭，彼は「科学者は，典型的で正常な現象を探索する．しかし医学者は，非典型的で，異常で，病的な現象を厳密に研究する」（Fleck 1927[1986]: 39）と述べ，科学と医学の相違を強調する．「不規則な現象の法則をいかにして

見いだすのか」ということが医学の特異性を示しているという．実際，医学には驚くほど無数の特性概念がある．1つの病気にも様々な亜型があり，病気の特性を記述するための概念は増える一方である．また，医学におけるほど理論と実践，書物の知識と実際の観察が乖離している分野はないという．臨床活動では，首尾一貫していればいるほど，うまくいかない．「こんなユニークな事例に出会うのは医学だけである．医師は，その治療が『より論理的』であればあるほど，ひどい医師になる」（Fleck 1927[1986]: 42）．特定の治療方法や理論は，首尾一貫していればいるほど短命だと彼は言う．このために，よい臨床家は，常に自分の見方を変更する必要がある．「あらゆる医療上の問題において人が遭遇するのは次のような事態である．視角を変更して，首尾一貫した精神態度から撤退することがたえず必要になるということだ」（Fleck 1927[1986]: 43）．

　フレックの議論は，1920-30年代の医学を想定しているが，しかし，高度に閉鎖された科学者集団のイメージが次第に色あせつつあり，異質な集団間の結びつきがますます重視されている現代においては，クーンが1960年代に想定した物理学の世界よりも，むしろリアルであるように思われる．

ベン – デビッドと臨床医学

　再検討を要するもう1つの論考は，マートン派の科学社会学者ベン – デビッドの1960年の論文「医学における役割とイノベーション」である．ベン – デビッドについては，科学が置かれた制度的環境の相違が科学の発展にどのような影響を及ぼすかという点から，特に19世紀のドイツと20世紀後半の米国を比較する研究が著名である．上記の論文は，19世紀後半のドイツにおける医学者のプロフェッション化，つまり研究に専念する医学者の職業化（医学の専門分化）が，医学上のイノベーションにどのような影響を及ぼすかについて検討している．特に同時代の米国と比較することで，この影響を推測しているのであるが，簡単に言えば，ベン – デビッドは，医学イノベーションにとって，特にその質と発見のタイプを考慮した場合，研究医学の職業化はネガティヴな影響を及ぼすと推定している．その論拠は，比較的シンプルである．革命的革新は，通常部外者によってもたらされる．医学研究の職業化は，科学的研

究を部内者による独占に置き換える．ベン‐デビッドによれば19世紀のドイツにおける医学上の革新の多くは臨床活動の中での問題を解決するために臨床医が科学者として行った研究によるという．確かに，職業化し，専門化した医学研究は，一定の方向の研究を加速するかもしれないが，こうした研究は狭い範囲の問題に集中する傾向があるというのが彼の考えである．「臨床家たちに押し寄せる実践的な問題の範囲は，いつでも無限に広大である．他方では，科学的問題の範囲は，だいたいにおいて科学分野の理論的境界の中に閉じ込められている」（Ben-David 1960: 558）．ドイツでは，すでに19世紀中葉にある公立病院の院長が「われわれの目的は，したがって，純粋に科学的なものだ．医学は科学であり，術ではないのだ」と述べるにいたっていると彼は指摘して，研究医学と臨床医学の間のコミュニケーションがこれ以降次第に低下したと述べている．これに対して，米国では，研究医学は，臨床現場や公衆からの圧力に対してはるかに開かれており，ドイツにおけるような事態になっていないと指摘している．教育においても，ドイツでは大学は科学としての医学を学生に教えるだけで臨床の実践的な技能は大学を出てから習得するものとなったと指摘する．「19世紀末のドイツでは，研究と教育は臨床活動から完全に切り離された」という．19世紀のドイツ医学の華々しい成果の多くは，研究医学が職業化していないフランスやイギリスから問題が持ち込まれたもので，細菌学の成果も，その多くは実践的な課題のためのものであったと指摘する．そしてこれらすべてのことから，ベン‐デビッドは，次のように述べる．「これらすべては，臨床実践活動は研究を新しい方向へ導く重要で系統的な役割を果たしているという仮説を支持している」（Ben-David 1960: 564）．

　ベン‐デビッドの議論は，フレックのように周到なものでなく，また，プラグマチズム的な発想の影響を感じないわけではないが，しかし，米国における医療プロフェッションと医学研究の関係を考えるうえで重要な論点であり，フレック同様にクーン的な科学のイメージを修正するために有効な議論と考えられる．こうしてみれば，医学は，科学活動全体の性質を考えるうえで，重要な論点を提供する領域であると言える．それは，医学が日常の臨床実践活動から決して完全に切断されえないために，科学としての医学の活動を閉鎖された自律的な領域として想定できないということによる．いずれの科学分野も実は同

様の問題を抱えており，専門分野の自律性はあくまでも相対的なものであり，この自律の程度には社会制度が重要な要因として関係していると理解すべきである．

5　現代医学に関わる社会学の重要な理論と概念

　現在，科学社会学および医療社会学が現代医学に関連して議論しているいくつかの重要な理論と概念について紹介しておこう．上述のようにいずれも1990年代以降にふたつの社会学分野で共有されている議論である．

遺伝学化（遺伝子化）

　上で述べたように，ヒトゲノム計画とそれに関連する遺伝学的研究の熱狂的なうねりは，科学社会学者も医療社会学者もこの新しい遺伝学を無視することを不可能にした．巨大なプロジェクトの社会的な側面についての研究を担うよりも，20世紀と21世紀の交わりの時代に生じた社会現象としての遺伝学に注目した社会学者は枚挙にいとまがない．社会学は，伝統的に生物学的還元論への警戒心が強い．遺伝学に対しても，社会進化論や生物学的人種概念などと同様に，その社会的ブームには批判的である．しかし，「遺伝学化」や「遺伝子本質主義」という概念のもとに集められた一連の社会学的研究は，非常にバリエーションが大きく，単に遺伝学の社会的影響を批判的にとらえるものばかりではない．それが科学にもたらす影響，医療現場にもたらす影響，消費者への影響，疾病分類にもたらす影響，さらに患者団体や政策にもたらす影響にいたるまで実に多様な問題が指摘され，分析されている．ここでは，ゲノム科学全般を意味する新しい遺伝学に関連する社会学的研究の全体についてまとめることは到底できないが，いくつかの論点だけを挙げておこう．

　遺伝学化（geneticization）という概念は，1991年にアビー・リップマン（Abby Lippman）が提唱した（Lippman 1991）．この概念は，「個人間の差異が，彼らのDNAコードに還元されるプロセス」「障害，行動，生理学的変異が少なくとも部分的にその起源が遺伝学にあると定義すること」「さらに，遺伝学的技術を用いた介入が健康の問題を管理するために用いられるプロセス」と

される．リップマンは，出生前診断における遺伝子診断の用い方という文脈の中で，遺伝学的な見方が女性の健康や出産にどのような意味を持つのかを批判的に検討しているが，「遺伝学化」という概念は，明らかにネガティヴな意味で用いられ，新しい遺伝学がもつ還元主義，決定論，本質主義への傾向に対して批判的なスタンスを鮮明にしていた．しかし，その後，遺伝学がもたらしたさまざまなインパクトについての実証研究が相次ぎ，概念そのものは次第にニュートラルなものに変化したように思われる．遺伝学化は，新しい遺伝学の知識や実践が，出産（Rosenberg and Thomson, eds. 1994），疾病分類（Kerr 2000），政策（Duster 2003），大衆文化（Nelkin and Lindee 1995）などとどのように相互作用するのかを扱う際に用いられる1つのコンセプトであり，医療化論が必ずしも医療化現象のネガティヴな側面のみを取り上げるのではないのと同様に，遺伝学化も両面を含んだ現象として提示されるようになった（Novas and Rose 2000）．

生物医学化

　遺伝学化と密接に関連するもう1つの概念は，生物医学化（biomedicalization）である．医療化論と生物医学化論の関係を論じた論考の中で額賀淑郎は，「生物医学に関心をもつ科学社会学者により，科学技術のイノベーションの視点で，生物医療化論が論じられるようになった」と述べている（額賀 2006）．つまり，生物医学化は，医療化論の延長に出てきた議論ではなく，もともと科学社会学の側から出た概念である．「生物医療」という用語はなく，この概念の中心は，現代社会における「生物医学 biomedicine」の役割であることを考えれば，「生物医療化」という訳は誤解を招きやすく，「生物医学化」という訳が適切であると考え，本書ではこれを用いる．

　「生物医学化」という概念の初出は，一般的には1980年代末の老年医学とされている．老化現象をもっぱら生物医学モデルによって理解し，老化を医学的問題として構成し，生物医学的介入によって老年の問題を解決しようとすることを，キャロル・L. エステス（Carroll L. Estes）らは老化の「生物医学化」と呼んでいる（Estes and Binney 1989）．しかし，老年医学における生物医学化の指摘は，医学モデルと生物医学モデルの相違については明確ではなく，この

点で医療化論との違いがはっきりしない.

　科学社会学から,生物医学化というモデルが提唱されたのは,アデレ・クラーク(Adele Clarke)らの2003年の論文においてである.クラークらは,以下の5つの相互作用プロセスが,生物医学化を生み出すと同時に,また生物医学化によって生み出されるとしている.(1)生物医学セクターの政治経済的再編,(2)健康に対する関心の増大,リスクや監視のための生物医学,(3)生物医学の技術的科学的性質の強化,(4)生物医学的知識の生産,流通,消費の革新,医療情報管理の変革,(5)身体の新しい属性,新しい個人や集合的技術科学的アイデンティティの生産.クラークらは,医療化から生物医学化へという歴史的シフトを問題にしていると標榜している(Clark *et al.* 2003).

　クラークらの議論は,単に,生物医学的な基準によって問題が構成されるようになるという傾向を,医療化の延長上に指摘したものではない.いくつかの複雑な事象が構造的に連動しながら,生物医学的問題構成が社会において進展し,医療化が対象としてきた事象が生物医学的事象に転換されるという事態を指摘したものである.確かに,指摘される事象は構造的に関連しているかもしれない.生物医学研究とその政治経済的な配置とは関連しているだろう.多くの産業がこれにかかわり,また生物医学的アプローチが巨額の公的資金を誘引する仕組みも,生物医学化の現象に関係する.健康に対する関心やリスクへの感度や身体を監視するさまざまな技術や知識は生物医学化と連動しているように見える.種々の患者団体や支援団体と生物医学研究との結びつき,彼らが構成する集合的アイデンティティと生物医学との関連,こうしたことを考えるとクラークらの議論は魅力的なものに見える.しかしながら,この種の構造的に連動しているシステム論的な議論は,しばしば柔軟な分析を困難にするし,概念を特定の歴史段階の議論に閉じ込める可能性がある.社会学者の職業的な理論的関心の範囲に問題を閉じ込めて,柔軟な問題関心を失わせるように思われる.「医療化」という議論は,もっと柔軟に用いられており,決して特定の歴史段階を指示する概念ではなかった.これは医療化が,社会学者だけでなく,医療者や一般にも用いられたことによるメリットであると考える.

　ともあれ,生物医学化は,現在では,クラークらが標榜したような意味をこえて,医療社会学者,科学社会学者の双方において,またさらに,医療関係者

などにおいても頻繁に用いられるタームとなっており，現代社会における重要な傾向のひとつとして理解しておく必要があるだろう．

薬物化

　最後に，生物医学化とも関連する「薬物化 pharmaceuticalization」という概念についてもふれておこう．上で述べたように，この概念も科学社会学と医療社会学が乗り入れている領域を構成している．

　薬物化の定義は，論者によって微妙に異なっているが，医療化が，従来医療の問題と考えてこなかった問題が医療上の問題として構成されることを指すとすれば，薬物化は，医療問題であろうと生活スタイルの問題であろうと，従来薬物を用いて解決するものでなかった事象が薬物を用いて対処されるようになることを指すと言える．その場合医療化が先行しているか，あるいは医療化なしに薬物化が生じるかといったことは問題ではない．

　1980 年代には，途上国で医師や医療が介入することなく，医薬品が流入して乱用される事態が指摘されていたが，皮肉にもそうした事態が先進国では1990 年代にようやく問題になる．医薬品の規制緩和の流れと，製薬産業の急速な成長を背景として，製薬産業に対する批判的な議論が活発化するのと軌を一にしてこの概念は登場した．規制緩和と製薬産業を追跡していた科学社会学者のジョン・アブラハム（John Abraham）や，日常生活に医薬品が浸透する事態に関心を向けた医療社会学者のサイモン・ウィリアムズ（Simon Williams）らの議論がよく知られているが，医療化論の提唱者ピーター・コンラッド（Peter Conrad）も 2000 年代後半以降，製薬産業を医療化の新しいエンジンとしてとりあげている（Conrad 2005）．コンラッドが医療化の古典的事例として分析していた ADHD（注意欠陥・多動性障害）は，薬物化された発達障害の代表例であり，製薬産業の役割に注意を払わなかったわけではないが，コンラッドは「医療化」の中にこの問題を囲い込んでいる．薬物化論の論者たちは，医療化と薬物化という概念を別の概念として使い分けることを提唱し，医療関係者をバイパスすること，医療問題ではないライフスタイルや容貌やエンハンスメントといった広大な領域が薬物化の対象となることを重視している．

6 むすび

　最後に，現代医学とそれと関連する分野に関する社会学研究で用いられる
方法について，簡単にふれておこう．多くの研究は，複数の方法を組み合わせ
て行われているが，もっともよく用いられるのは，資料分析，インタビュー調
査，フィールド調査などの質的調査法である．科学者同士のネットワークを分
析するのに社会ネットワーク分析を用いる場合もある．医療社会学では，質問
紙調査のような量的調査も頻繁に用いられるが，調査対象者が比較的限定され
ていることもあり，質的調査による詳細な分析の方が主流であると思われる．
方法の問題は多様な問題を含むので，別途論じる必要があるだろう．

　以上，科学社会学と医療社会学が，別個の伝統をもち，それぞれの問題圏の
中で発展してきたことを概括した．現在では，ふたつの研究領域は相補的な関
係にあり，どちらを中心にするにせよ他方の知識が必要となっている状況と言
える．これは，また，現代社会における科学の問題がますます生命の問題と密
接に関わるようになったこと，そしてまた生命の問題がますます医療の問題と
関わるようになったことを反映しているとも言える．その意味で，科学社会学
と医療社会学の結びつきを学ぶことは現代社会を学ぶことに通じるのである．

【文献】

Abraham, John, 1995, *Science, Politics and the Pharmaceutical Industry: Controversy and Bias in Drug Regulation*, UCL Press.

Ackerknecht, Erwin, 1967, *Medicine at the Paris Hospital, 1794–1848*, John Hopkins University Press　舘野之男訳『パリ，病院医学の誕生——革命暦第三年から二月革命へ』みすず書房，2012.

Becker, Howard S. *et al.*, 1961, *Boys in White: Student Culture in Medical School*, University of Chicago Press.

Ben-David, Joseph, 1960, "Roles and Innovations in Medicine," *American Journal of Sociology*, 65(6): 557–568.

Ben-David, Joseph, 1971, *The Scientist's Role in Society, a Comparative Study*, Prentice Hall.

Berg, Marc, 1997, *Rationalizing Medical Work: Decision Support Techniques and Medical Practices*, MIT Press.

Bloor, David, 1976, *Knowledge and Social Imagery*, University of Chicago Press　佐々木力・古川安訳『数学の社会学——知識と社会表象』培風館，1985.

Clarke, Adele *et al.*, 2003, "Biomedicalization: Technoscientific Transformations of Health, Illness, and U.S. Biomedicine," *American Sociological Review*, 68(2): 161-194.

Cole, Jonathan R., 1973, *Social Stratification in Science*, University of Chicago Press.

Conrad, Peter, 1976, *Identifying Hyperactive Children: The Medicalization of Deviant Behavior*, Ashgate.

Conrad, Peter, 2005, "The Shifting Engines of Medicalization," *Journal of Health and Social Behavior*, 46(1): 3-14.

Dumit, Joseph, 2005, *Picturing Personhood: Brain Scans and Biomedical Identity*, Princeton University Press.

Duster, Troy, 2003, *Backdoor to Eugenics,* Second ed., Routledge.

Egloff, Rainer, 2005, "Einleitung," R. Egloff, hrsg., *Tatsache – Denkstil – Kontroverse: Auseinandersetzungen mit Ludwik Fleck,* Collegium Helveticum, pp. 7-11.

Estes, Carroll L. and Elizabeth A. Binney, 1989, "The Biomedicalization of Aging: Dangers and Dilemmas," *Gerontologist,* 29(5): 587-596.

Fleck, Ludwig, 1927[1986], "Some Specific Features of the Medical Way of Thinking," Robert S. Cohen and Thomas Schnelle, eds., *Cognition and Fact: Materials on Ludwick Fleck*, Riedel Publishing Company, pp. 39-46.

Fleck, Ludwig, 1935[1979], *Genesis and Development of a Scientific Fact*, University of Chicago Press.

Frank, Arthur W., 1995, *The Wounded Storyteller: Body, Illness, and Ethics*, University of Chicago Press　鈴木智之訳『傷ついた物語の語り手——身体・病い・倫理』ゆみる出版，2002．

Freidson, Eliot, 1970a, *Professional Dominance: The Social Structure of Medical Care*, Transaction Publishers　進藤雄三・宝月誠訳『医療と専門家支配』恒星社厚生閣，1992．

Freidson, Eliot, 1970b, *Profession of Medicine: A Study of the Sociology of Applied Knowledge*, University of Chicago Press.

Glaser, Barney G. and Anselm L. Strauss, 1965, *Awareness of Dying*, Transaction Publishers　木下康仁訳『死のアウェアネス理論と看護——死の認識と終末期ケア』医学書院，1988．

Goffman, Erving, 1961, *Asylums: Essays on the Social situation of mental patients and other inmates*, Doubleday & Company　石黒毅訳『アサイラム』誠信書房，1984．

Hagstrom, Waren O., 1965, *The Scientific Community*, Basic Books.

Heath, Deborah, Rayna Rapp, and Karen S. Taussig, 2004, "Genetic Citizenship," David Nugent and Joan Vincent, eds., *A Companion to the Anthropology of Politics*, Blackwells, pp. 152-167.

Henderson, Lawrence J., 1935, "Physician and Patient as a Social System," *New England Journal of Medicine*, 212(18): 819-823.

Kerr, A., 2000, "(Re)Constructing genetic disease: the clinical continuum between cystic fibrosis and male infertility," *Social Studies of Science*, 30(6): 847-894.

Larson, Magali S., 1977, *The Rise of Professionalism: A sociological Analysis*, University of California Press.

Lippman, Abby, 1991, "Prenatal genetic testing and screening: constructing needs and reinforcing inequities," *American Journal of Law & Medicine*, 17(1/2): 15-50.

Lock, Margaret, 1980, *East Asian Medicine in Urban Japan*, University of California Press　中川米造訳『都市文化と東洋医学』思文閣出版，1990．

Lock, Margaret and Debora Gordon, eds., 1988, *Biomedicine Examined*, Springer.

Löwy, Ilana, 1988, "Ludwik Fleck on the social construction of medical knowledge," *Sociology of*

Health & Illness, 10(2): 133-155.

Merton, Robert K., 1973, *Sociology of Science*, University of Chicago Press.

Merton, Robert K., George G. Reader, and Patricia Kendall, 1957, *The Student-Physician: Intro-ductory Studies in the Sociology of Medical Education*, Harvard University Press.

Nelkin, Dorothy and M. S. Lindee, 1995, *The DNA Mystique: The Gene as a Cultural Icon*, W. H. Freemen.

Novas, Carlos and Nikolas Rose, 2000, "Genetic Risk and the Birth of the Somatic Individual," *Economy and Society*, 29: 485-513.

額賀淑郎, 2006,「医療化論と生物医療化論」『社会学評論』56(4): 815-829.

Parsons, Talcott, 1951, *The Social System*, Routledge & Kegan Paul.

Rosenberg, Caren H. and Elisabeth J. Thomson, eds., 1994, *Women and Prenatal Testing: Facing Challenges of Genetic Technology*, Ohio State University Press　堀内成子・飯沼和三監訳『女性と出生前検査――安心という名の幻想』日本アクセル・シュプリンガー出版, 1996.

Schnelle, Thomas, 1986, "Microbiology and Philosophy of Science, Lwöw and the German Holo-caust: Stations of a Life—Ludwick Fleck 1896-1961," Robert S. Cohen and Thomas Schnelle, eds., *Cognition and Fact: Materials on Ludwick Fleck*, Riedel Publishing Company, pp. 3-36.

Schnelle, Thomas and Robert S. Cohen, 1986, "Introduction," Robert S. Cohen and Thomas Schnelle, eds., *Cognition and Fact: Materials on Ludwick Fleck*, Riedel Publishing Company, pp. i-xxxiii.

Shapin, Steven, 2008, *The Scientific Life: A moral history of a late modern vocation*, University of Chicago Press.

Shorter, Edward, 1986, *Bedside Manners: Troubled History of Doctors and Patients*, Viking.

Starr, Paul, 1982, *The Social Transformation of American Medicine: The rise of a sovereign pro-fession and the making of a vast industry*, Basic Books.

Tuchman, Arleen M., 1993, *Science, Medicine, and the State in Germany: The Case of Baden, 1815-1871*, Oxford University Press.

Williams, Simon J., Jonathan Gabe, and Peter Davis, eds., 2009, *Pharmaceuticals and Society: Critical Discourses and Debates*, Wiley-Blackwell.

Wright, Paul M. and Andy Treacher, eds., 1982, *The Problem of Medical Knowledge: Examining the Social Construction of Medicine*, Edinburgh University Press.

Zola, Irving, 1972, "Medicine as an institution of social control," *Sociological Review*, 20: 487-504.

Zuckerman, Harriet, 1977, *Scientific Elite*, Free Press.

9章
科学知・メディア・ジャーナリズム

田中　幹人

1　メディアとジャーナリズムの科学社会学

　20世紀は科学の躍進の時代であると同時に，マスメディアの時代でもあった．新聞や雑誌といった印刷メディアに加え，ラジオ，テレビ，衛星放送，そして世紀末に至ってはインターネットを基盤に置く情報コミュニケーション技術（Information and Communications Technology: ICT）まで，新しいメディアの導入と定着の波が繰り返し打ち寄せた．これに伴い社会の有り様も大きく変化を遂げつつある．このことは，必然的に「メディア」の社会学にも，そしてメディアを通じて知を共有している「科学」の社会学にも，理論の再検討を迫っている．

　そこで本章では，科学知の社会流通に関わる，科学の「専門家」と，科学と社会のメディア界面で活動する科学ジャーナリストという「相互作用の専門家（Interactional Experts：本章では『媒介専門家』とする[1]）」という，2つの社会集団の対比の中で諸問題を描き出すことにしよう．

　このために以下の節では，まず語の定義を踏まえ，「科学をメディアで伝える」媒介専門家の営為についての歴史的経緯を振り返る．そのうえで，ともに真実を探求する営為であるにもかかわらず，科学とは異なるジャーナリズムの規範的側面について検討したうえで，現代の科学知を巡るメディア構造の変化によってもたらされている諸問題について検討することにしよう．本章で描き出されるのは，社会の媒介（メディア）構造の変化によって引き起こされている，知の再編の様相となるはずである．

科学レポーティングと科学ジャーナリズム

　「科学」ジャーナリズムの実践活動を「政治」,「経済」など他のジャーナリズムから際立たせている点は, 専門家集団, 及びその生産する知を排除しては, その実践活動が行えないことだろう. しかしこの媒介専門家について考える前に, 語の定義を行う必要がある. ここで暫定的に「科学ジャーナリズム」と呼んだものは, 少なくとも2つの異なる機能を期待されている. すなわち「(1)科学知の伝達を行う」ことと,「(2)科学の深く関係する社会問題(以下,「科学的イシュー」)について議論の場を構築する役割を果たす」ことである. 科学とメディアの境界領域を扱う議論は, しばしばこの2つの観点を混同したまま扱ってしまう. 従って, 以下では前者(1)の, 知の分配の実践に重きを置いた機能主義的営為を〈科学レポーティング(science reporting)〉, また公共的規範を重視する後者の営為(2)を,(狭義の)〈科学ジャーナリズム(science journalism)〉として区別し, この両者を含む広義の科学ジャーナリズム概念のことは「科学報道(science writing)」と記述することにしよう[2].

　この区別に従えば, 科学レポーティングの機能は科学知の分配と普及である. この行為は, 必然的に科学知を一段の高みに置き, メディアを通じてこれを分配することによって人々の「科学リテラシー」を高め, さらには科学的イシューに対処する市民の自己決定を支援することで, 民主社会の円滑な運営に資することが目的となる(Nelkin 1987; Logan 2001). この観点からは, 科学知の生産者である専門家が大本の情報の「送り手」であり, 公共空間の他の市民が情報の「受け手」となる. そしてその中間媒体＝メディアの内部で活動する「科学ライター(レポーター)」といった媒介専門家に要求されるのは, 科学知の忠実な翻訳者として振る舞うことである. 新聞の「科学面」, テレビの科学番組や科学雑誌は, この知識伝達の要素が強いメディア・コンテンツと言える[3].

　一方, 科学ジャーナリズムの機能は, 科学的イシューを前提とし, その問題の把握と解決に向けた社会的作用のなかに科学知を位置づけることにある. その目的は「真実」の探求という点では科学の営みと重なるが, 科学知を参照しながらも, その生産に関わる専門家集団から独立した立場を取り, 社会的文脈における科学知の意味を見いだすことにあると言えるだろう. この観点から

は，専門家のみならず，科学的イシューの関わる公共ステークホルダー全員が情報の「送り手」であり，また「受け手」ともなる．この前提からは，ときに科学共同体の多数派から批判される少数派の論点を紹介することも，あるいは市民の不安を伝えることもジャーナリズム規範の一部となる．新聞の社会面，テレビの報道番組や週刊誌の記事は，この要素が強いメディア・コンテンツと言える[4]．

　もちろん，この科学報道における科学レポーティング／ジャーナリズムという分類は，実践の優劣を意味するものではない．しかし，この区別は科学知に関するコミュニケーションの社会的意味の弁別を可能にする．たとえば，科学レポーティングという営為は，科学知の生産者としての科学共同体への信頼を前提とし，科学共同体ないし科学というシステムを「優先的な忠誠（prior loyalty）」の対象と位置づけている．だがこの立場は，科学共同体による知識生産の機能不全が問題となる場合に報道を難しくする．過当競争によって研究成果の捏造・偽造・盗用が発生したり，研究資金の流れが研究そのものに影響を及ぼすことは珍しくないし，東日本大震災のような複合的問題においては個々の専門性システムが機能不全に陥る．あるいは科学者が申し分なく倫理的であっても，科学の営みにおいて発生する問題事象は確かに存在する．こうした知識生産の機能不全を，「ジャーナリスティックに」俎上に挙げることは可能なはずだが，そうした科学共同体内部に踏み込む試みは，しばしば科学共同体から「適切な科学の伝え方ではない」とされ，このような試みをする媒介専門家はときに「反科学」の烙印をすら押されるのである（e.g. Borel 2015）[5]．政治や経済とは異なり，科学報道においては，科学共同体の多数派意見を所与として伝えないことが批判されうるが，これは「ジャーナリズム」の公共的規範からは異質の現象である．従ってこのような場合は，「科学ジャーナリズムが行われている状況下で，専門家集団は科学レポーティングを期待している」状況として定式化できる．

科学ジャーナリズム略史

　ここで簡単に，科学報道に関する歴史的経緯を踏まえておこう．科学知をメディアで伝える営みは，科学レポーティングから科学ジャーナリズムへ——些

か皮肉な表現を採用するならば「チアリーダーから番犬へ」（Rensberger 2009: 1055），という過程を経てきた．例えば英米では，19世紀半ばの学術誌という科学共同体の「専門メディア」の完成に伴い，新聞などの一般メディアを通じ，科学技術の研究成果のプロモーションと社会発展に向けた応用可能性を，生活文脈への影響に絡めて報道する形式が一般化した．さらに第1次世界大戦期に現代のような体裁の「客観的」報道の手法と形式が確立されていくなかで，新聞やラジオ番組の中で「科学ニュース」は明確なジャンルとして区別されるようになっていく．そして1930年代から戦後にかけて，科学技術の媒介専門家が生まれ，職能集団としての規範と倫理が醸成されていくようになる[6]．しかし，この時代における科学報道は，科学知の生産集団の宣伝者，あるいは「チアリーダー」としての従属的立場に過ぎない[7]．科学を対象としたジャーナリズム意識が育っていくのは，レイチェル・カーソン（Rachel Carson）の『沈黙の春』（1963年）に代表される，科学技術への懐疑的視線が普遍的になった1960年代以降である．原子力や環境の問題が噴出したこの時代以降，「独立した科学知の報道者・批判者」としての「番犬（watchdog）」の地位を目指した言論活動の模索が行われるようになり，この科学ジャーナリズムの試行錯誤の潮流は現在まで続いている（Nelkin 1995; LaFollette 1990; Zelizer and Allan 2010）．

　日本における科学報道の潮流は，こうした英米の動きを遅れてなぞっている．明治期以降，国策科学の称揚期に啓蒙的な科学レポーティングが行われるようになったが，現代においても新聞各社の科学報道の要である「科学部」が相次いで設置され，科学報道が活発化したのは1950年代からである[8]．そして公害事件などを経て1970年代後半になると，欧米と問題意識を共有するようになっていき，科学そのものに対するジャーナリズム意識が芽生え始める．例えば，科学者の研究不正にメディアの関心が向けられ始めたのもこの頃である（山崎 2002）．そして1994年になって「日本科学技術ジャーナリスト会議」が組織された（日本科学技術ジャーナリスト会議編 2004）．それまでも原発や公害などの科学的イシューに際して，個々のレベルでは科学ジャーナリズムは行われてきたが，総体としては社会部との連携の中で科学知を媒介供与する役割を負うことが多かった[9]．そして独立した批判者としての科学ジャーナリズム

を目指す試みは，2011 年の東日本大震災後からやっと強く意識されつつある
と言えるだろう[10].

2 つの文化の衝突——規範から概観する

　概念と歴史の整理を踏まえて，改めて科学ジャーナリズムとは何か，という
ことを考えるならば，それは「科学的イシューを巡る，媒介専門家の営為」で
あると言えるだろう．科学共同体を自律的な知の生産システムと成さしめて
いるとされる規範については，いわゆる「マートン CUDOS[11]」のエトスを始
めとし，また現実的営為に基づく批判的観点から構成されたジョン・ザイマン
（John Ziman）の「PLACE[12]」など，様々な議論が存在する．しかしそれでは，
これらの科学共同体の規範と衝突するジャーナリストの規範とは何だろうか．
ジャーナリズムの規範理論は，それぞれの文化圏におけるメディアの成り立っ
た経緯などに強く影響を受けるため，科学とは比較にならないほど多様で複雑
であるが（e.g. Hallin and Mancini 2004），議論のために成文化されたジャーナ
リズム規範として，しばしば参照される 10 原則（elements）を掲げておこう．

「ジャーナリズムの 10 原則」

(1) ジャーナリズムの第一の責務は真実の探求である．

(2) ジャーナリズムの優先的な忠誠の対象は市民である．

(3) ジャーナリズムの本質は検証の 職 能 である．

(4) ジャーナリズムの従事者は取材対象からの独立を維持しなければならない．

(5) ジャーナリズムは，権力の独立した監視者として奉仕しなければならない．

(6) ジャーナリズムは，批判と歩み寄りのための公共フォーラムを提供しなければな
らない．

(7) ジャーナリズムは，意義と関連性を作りださなければならない．

(8) ジャーナリズムは，ニュースを包括的に，均整の取れたかたちに保たなければな
らない．

(9) ジャーナリズムの実践者はそれぞれの道義心に従う責務がある．

(10) もはや情報の生産者にして編集者となった市民もまた，ニュースに関する権利と
責任を負う．

（Kovach and Rosensteil 2014, 翻訳は筆者による）

科学とジャーナリズムの価値観の衝突が起こる状況を概観するには，このジャーナリズム規範を手がかりにするのが適切であろう．上記の「原則」を踏まえつつ「衝突」の有り様を描写してみよう．

　まず科学とジャーナリズムが衝突しない点は，実はおおまかにも(1)**真実の探求**と(3)**検証の職能**の2つしかない．そしてこれらに限っても，表面的な目的の一致以上にそのすれ違いは根深い．どちらも「真実」を希求する営みであるが，科学ジャーナリズムにとって科学は「真実」への最も有力なアプローチ法であるが，また同時に手法の1つに過ぎない．

　その歴史上，ジャーナリズムは「科学的（scientific）」であることをひとつの目標としてきた[13]．こうした科学性への探求は，統計学などそれぞれの時代の最先端の「科学」を応用する試みとしてジャーナリズムに反映されてきた[14]．しかしこうしたジャーナリズム営為から科学への接近は「検証の職能」を科学知の導入によって発展させるという方法論的指向性に留まり，それ以外の点においては，科学はジャーナリズムとしばしば「文化的に」衝突する．科学ジャーナリストが不確実性を伴う倫理的ジレンマ状況に直面したとき，この規範の衝突はより露わになる．例えば，「すでに普及しているワクチンの副作用を疑いうる少数の深刻な症例が報告された」という状況を想定しよう．こうした状況では，一般に科学の多数派は科学のシステムに対する信頼に基づき，現実のハザードの生起確率を低いと見なし，科学報道は(2)**優先的な忠誠の対象**が問われることになる．すなわち，科学レポーティングの観点からは，科学共同体内の多数派を優先的な忠誠の対象と見なし，その見解——多くは第一種の過誤を警戒し，「現状観察を維持すべき」という立場——を「真実」として強調する．しかし，確率が低くともハザードの生起がそのまま深刻な被害を意味しているときには，科学ジャーナリストはその(9)**道義心に従って**「市民／公共」に対する責任を優先し，第二種の過誤を危惧し「被害の可能性」を強調するのである．そもそも，「科学知の公共性」という概念を採用することは，ジャーナリストにとっては魅力的だが，科学の専門家にとっては，規範的には同意するにせよ，実践上の矛盾を抱え込むことになるのだ[15]．

　こうしたジャーナリズムの営為は，(5)**権力の独立した監視者**として自らを位置づける以上，必然である．すなわち，科学共同体が知識権力を持つ集団であ

ると見なし，またその権力が政治や経済など他の権力と密接に関わっていることを踏まえれば，その権力機構が不具合を起こしている可能性を疑う義務がある．

　これはジャーナリズムにとって「ニュース価値」とは何か，という問いと接続している．科学知の生産システムが，その社会への政策的・経済的反映を含めて上手くいっているならば，そのことはニュース価値を持たない．「ワクチンが人々の健康に寄与している」ことは科学レポーティングとしては価値あるコンテンツだが，ニュースにはなりえない．しかしジャーナリズムにおいては，「人々の健康をもたらすはずのワクチンが，逆に害をもたらしている可能性」こそが，(7)**意義と関連性の創出**に繋がるのである．

　しかし同時に，こうしたジャーナリズム営為は，科学共同体の多数派からは，しばしば「科学的『真実』を無視している」と批判される．そのために，科学ジャーナリズムは，情報源となる専門家の意見の多様性や，報道における問題の枠組みへの配慮を通じて，(8)**包括的で均整の取れたニュース**を作り上げることに苦心することになる[16]．前述の通り，科学ジャーナリズムは，科学知の専門家を重要な情報源とせざるを得ず，完全に独立した検証を行うことは不可能に近い（それを行おうとすれば，メディアは自前の実験室を作り，専門家を雇わねばならない）．科学的イシューの問題に切り込むことは，しばしば科学の問題点を指摘することになるが，(4)**取材対象からの独立**を貫くことは，科学知の供給源が科学共同体である以上，非常に困難なことである．

　こうした問題は，水俣病，遺伝子組み換え作物論争，英国におけるMMRワクチン問題など，科学ジャーナリズムにおいて普遍的に見られる構造である．科学的イシューの科学ジャーナリズムが直面してきた問題は，このような状況下で批判と歩み寄りのための(6)**公共フォーラム**をいかにして社会に提供するか，という観点である．そして，科学的イシューの解決の鍵となる知識は科学共同体が占有しているがゆえに，それは一層困難になるのである．

2　メディア変動の時代の科学とジャーナリズム

　ここまで，科学報道に含まれるレポーティングとジャーナリズムという側

面を弁別し，また歴史を踏まえたうえで，科学の営みとの規範の異動をなぞってきた．しかし世紀をまたいで起こったICTの普及以降に起こった変化は，メディアを通じた科学知の社会共有のあり方と意味を変容させつつある（Brossard 2013）．まず，ニューメディア時代[17]から続く情報の多チャンネル化は，ICTによって加速度的に促進した．しかしそれら膨大な数のチャンネルが情報の受け手の可処分時間を奪い合った挙げ句，マスメディア経済は以前のようには回らなくなり，経済効率のよい情報取引が最優先されるようになった．こうした変化を背景に，ICTは科学知が「売れない」コンテンツであることを白日のもとに晒したのである（cf. McNair and Hibberd 2015）[18]．

　もちろん，科学報道の需要が無くなったわけではない．新しい情報に対する欲求は人類に普遍的なものであり，娯楽材としてのニュース市場はむしろ活性化している．問題はメディアという情報の分配と共有の構造が変化したことによる混乱である．

　本章の後半では，この「メディアによる／メディアを巡る」混乱が，科学知と社会の関係性にどのような影響を与えているかについて，主に2つの観点から考察しよう．その1つはメディアの政治経済学的変化が顕著に表れる，パブリック・リレーションズを中心とした知の配分の問題であり，もう1つは，ソーシャルメディア技術とその人工性によって引き起こされる，社会における知の共有，議論と分断の問題である．そしてこれはとりもなおさず，当初は9項目だった上記のジャーナリズム規範の末尾に2007年に付け加えられた，一見するとジャーナリズムの責任放棄ともとれる「⑽もはや情報の生産者にして編集者となった市民もまた，ニュースに関する権利と責任を負う」という項目の検討に繋がることだろう．

科学のパブリック・リレーションズの隆盛

　メディアの批判政治経済学的観点からは，科学とジャーナリズムの間隙で，新たに支配的権力を獲得しつつあるのは，科学の「パブリック・リレーションズ（Public relations: PR）」である[19]．PRはしばしば「広報」と訳され，その実態は「宣伝」であると誤認されている．しかし本来のPRは，「広報・広聴」という初期の訳語が示すように，組織体が公共的責任を果たすための，社会と

の双方向コミュニケーションを指向する活動である[20]. このように PR の議論においては実践と理念の乖離が常に指摘されてきた. 本節で描写するのも, 先に掲げたような PR＝広報・宣伝という「誤解」を是認する方向に向かっている現在の科学の PR の有り様である.

　科学とジャーナリズムがともに啓蒙主義の落とし子であるのに対し, PR は 20 世紀の産物である. 19 世紀末から始まった普通選挙権の拡大は, 20 世紀に完成したマスメディアによる「媒介民主主義 (mediated democracy)」の発達を促した. これはメディアの担い手たるジャーナリストを「第四階級 (fourth estate)」の地位に押し上げたが, 対抗手段としての PR の発達も促し, 1980 年代には PR は「第五階級」と見なされるようになった (Baistow 1985). すなわち, この頃にはエリート集団が情報マーケティングの専門家を雇用し, マスメディアからの「攻撃」に対処し, あるいはむしろジャーナリズムの言説を「利用」して自らの正統性を, 広報宣伝を通じて主張する仕組みが普遍的になったのである (Göpfert 2007)[21].

　こうした PR の力に気づいた科学共同体も, 科学知という「商品」を売り込もうと情報市場の闘いに参入していった (Bauer and Gregory 2007). ことにその傾向が顕著になったのは, 1980 年代後半からのバイオテクノロジーや地球温暖化の問題に際しての, ロビイングと一体化したメディアを通じた PR 戦の中である. 例えば, 環境 NGO であるグリーンピースは, 遺伝子組み換え作物を用いた食品を「フランケン・フード」と呼ぶメディア・キャンペーンを張った. もちろん, この呼称はホラー小説の古典的怪物, フランケンシュタインへの連想と恐怖の喚起を狙って注意深く設計されたものである. この呼称は遺伝子組み換え技術を「神の摂理に背く科学」とラベルするうえで効果的であった (Nisbet and Scheufele 2007). こうした状況に対抗するため, 企業に同調するかたちで, 科学共同体もまた遺伝子組み換えの「安全性」についてメディア・キャンペーンを企図するようになる. こうした PR を超えた「プロパガンダ戦」を経るなかで, 科学においてもジャーナリズムよりも PR への訴求が優位に立ったのである (Göpfert 2007).

　マーティン・バウアー (Martin W. Bauer) は, 1980 年代後半から顕著になった, 科学共同体が「公衆の科学理解 (Public Understanding of Science: PUS)」に

向け，啓蒙活動を企業宣伝戦のように展開するこの状況を「PUS Inc.」と皮肉混じりに描写している（Bauer and Bucchi 2007）。この，科学のイメージ PR 戦略のなかで，科学はその CUDOS 規範を喪失していき，公共空間を「情報消費者の集まる市場」とみなすようになっていった（Bauer and Bucchi 2007: 47）。PUS Inc. の状況下では，科学共同体は集団としての系統的懐疑主義よりも特定の研究者のスター化を，科学内の議論状況を伝えるよりも「科学界の統一声明」を出すことを，公共に必要とされる知識を伝えるよりもイメージを形成するプロパガンダを目指してしまうのである[22]。

（1） PR 指向を強める科学

　巷間信じられているのとは異なり，プロパガンダが日常的に行われているのは，独裁国家ではなく民主国家である（Erjavec 2005）。情報のヒエラルキー構造が存在し，それが認知されている社会においては，社会の構成員は頂点にある「権力」の在処を当然のこととして認識しているがために，エリートの側は強くメッセージを発しさえすればよい。しかし民主社会における情報の自由市場の中では，個々の組織体は自己の正統性を主張するため，さまざまな宣伝活動を行う必要に駆られる（Autzen 2014）。

　ICT によってもたらされたメディア生態系における競争の苛烈化は，科学についてもそのままプロパガンダ戦の激化を意味する。後述するように，ICT 以降のメディア環境で，科学共同体はそれまではあまり直接には目にすることのなかった，科学に対する「わからず屋」たちを直接目にするようになった。SNS でつながった専門家は，「愚かしい科学の誤解」に基づいた記事を回覧し，またコメント欄やソーシャルメディア上でそれを支持する市民を目撃し，憤慨する（こうした記事も人々も前世紀から存在するが，ここまでアクセス容易な領域で可視化されてはいなかった）。科学共同体は，メディアに溢れている（と専門家が考える）遺伝子組み換えを危険視し，温暖化問題に対する無知を露呈し，ワクチン接種に反対して公衆衛生を危険に晒す大衆を正すため，メッセージを作成し，投入することで「メディア・イベント」を引き起こし，これによって「大衆の誤解」を打ち消そうと試みるのである（cf. Schäfer 2011）。しかし，科学共同体から投入された科学知のニュース価値はまた次の論争を引

き起こしていくことになる．この PR を中心とした活動の中では，今や科学共同体やメディアのみならず，企業，NGO や政府，そして市民といった多様なステークホルダーによって，それぞれの「科学的真実」に根ざしたヘゲモニー闘争が繰り返されている（e.g. Anderson and Marhadour 2007）．この中においては，科学者もそれぞれの陣営において正当化の論陣を張る旗手となるのである（Ivanova *et al.* 2013）．

　この傾向に，研究を取り巻く経済的苦境が拍車をかける．現代における専門知の生産構造は，「世界大学ランキング」のような知の格付けの商業的圧力を無視することはできず，結果的に多くの研究機関や大学では「メディア露出」が科学の評価項目となる．わかりやすい研究成果をメディアに取り上げて貰い，科学レポーティングを喚起して，公的・民間資金，ひいては人材の確保に繋ぐことが目的化するのである．

　このメディア露出を目指す組織の姿勢に対しては，専門家も協力的である（cf. Marcinkowski *et al.* 2013）．もともと科学者はメディアを効果的な宣伝媒体だと考えがちであり，ひとたびメディアに登場したならば，科学者はメディア露出をその既に多忙な営為の 1 つに加えるのである（Tsfati *et al.* 2010）．

　そして，あらゆるメディア効果と同じく，PR の効果測定の難しさがこの傾向を致命的に加速する[23]．「広告」と同義の誤用としてではなく，本来の意味での PR──「双方向コミュニケーションを踏まえ，広報・広聴を通じて公共的責任を果たすこと」を，科学共同体が指向した場合は，なおさら終わりのない宣伝戦を意味するのである．

　日本においても理化学研究所が予算獲得の一手段として「広報戦略」に組織的に取り組み始めた 2003 年頃を皮切りに，研究成果の PR 競争が始まっている．こうした組織単位での競争激化は，ロバート・K. マートン（Robert K. Merton）が「マタイ効果（Matthew Effect）[24]」と呼んだ研究上の格差を増大させる．斜陽化するメディア産業は，科学技術のような狭い領域に特化した専門ジャーナリストを雇い続けることができず，そうしたメディアから放出された媒介専門家は，それを雇用する必然性と余裕のある研究機関や大学の広報担当官（Public Relations Practitioner: PRP）として採用される[25]．こうした PRP は，自らの科学ジャーナリスト経験を最大限に活用し，ますます受け手のジャーナ

リストの欲する「ニュースに最適化 (newsready)」された情報を生み出すことになる[26]. このニュースに最適化されたレベルのプレスリリースは,「わかりやすく」,「正確であり」, またときには科学共同体の視点からの社会的・倫理的観点をすら含んでいる. 一見したところその質は, 科学を好む公衆に「ジャーナリズムはもはや不要」とすら言わしめるものとなるのである.

(2) PR の過当競争は科学情報のスピンとチャーナリズムに向かわせる

　科学共同体とメディアの間で PR を介して取り結ばれる, 意図せざる情報の共犯関係を, より実践に近い観点から見ていこう.

　すでに見てきた通り, 科学共同体を PR に駆り立てるのは, 科学的イシューを巡る論争のような「外的」圧力への対抗努力である. 従ってその実践に際しては, しばしば「社会的説明責任 (social responsibility)」としての科学コミュニケーションの必要性が掲げられる. しかし一方で科学者は, メディアが公共の言論空間への窓口であることは充分に理解しつつも, PR の理念により近い意味での「公共的責任 (public accountability)」を果たし, 科学共同体の内部が公共に露出することには消極的である (Peters 2013)[27]. つまり, 科学共同体はその社会における知的優位性を維持しつつ, 公共的議論を操作することを指向する. 現代の科学共同体は公共空間に向けて, 自分たちは価値のある知の生産をおこなっているとアピールし, 専門家をセレブリティ化し,「私たちの研究は世界初の・人類に大きな益をもたらす成果です」,「研究は充分な倫理的・リスク的配慮を持って行っています」と主張することこそを「社会的責任」と考えているのである.

　こうした, 自身の出す情報に対する「誤解」の可能性を斟酌して予防に努め, 他者の賛同を得るためにメッセージに正当性の根拠を与えようと努力することは, そのまま現代のより洗練されたプロパガンダ行為——「スピン (spin)」へと繋がっていく (Gaber 2000; Andrews 2006). 投手がなんとかしてバッターからストライクを取ろうとボールにスピンをかけて変化球を投げるように, PRP は, ジャーナリストによるフレーミングが自組織の利益に適ったものになるよう, 情報に一工夫を加えるのである[28].

　科学報道は, こうした状況下でますますスピンに対して脆弱になっていく.

「（科学）ニュースに最適化された」情報は，その質のみならず量においても増大していき，これを受け取る側のライター／ジャーナリストも，近年は社会における情報の流通・代謝速度の増加に伴い，その営為の最適化を迫られている（e.g. Hansen 1994; Göpfert 2007）．膨大な情報を，ICT が加速する情報代謝の中で鮮度の落ちないうちに伝えようとすれば，それらはプレスリリースの主張する利益をそのまま喧伝し，新たな科学知が内包するリスクについてもプレスリリースが控えめに言及する内容を転写するのみである（Bubela and Caulfield 2004）．この媒介専門家としての役割を放棄した，コンテンツの粗製濫造の報道行為は「チャーナリズム（churnalism）」と呼ばれる（Davies 2008）．「わかりやすさ」を求める科学レポーティングは，その性質としてスピンに弱く，チャーナリズムに堕しがちである——情報提供者が「わかりやすく」語ってくれれば記事は書きやすいが，同時にそれは解釈の余地を取材対象に委ねることになる．そして，こうした状況下では科学ジャーナリズムには十分な批判性が期待できない．例えば，倫理的には議論を呼びそうだが，画期的な再生医学の進展を示す科学的成果のプレスリリースの最後に，「倫理的課題については今後の議論が待たれる」と書かれていたとしよう．この場合，情報発信源が倫理的問題の存在を認知しているという事実そのものが，ジャーナリストの追及を鈍らせる．結果として，この研究成果を伝える記事の最後には，「倫理的課題も残されており，今後ますますの議論が必要だろう」といった儀礼化した定型句表現が付け加えられるのである[29]．これは「問題が問題だ」という循環論法の域を出ないが，ジャーナリズム上の体裁を繕ううえでは効果的な表現となる（実際には科学レポーティング未満であるとしても）．実際，メディア研究の成果によれば，現代のニュースの大半が PR を情報源とし，1 次発信者によって書かれたスピンをそのままに，チャーナリズムの実践に沿った（体裁上はジャーナリスティックな装いをもって）記事の体裁で伝えている（Macnamara 2014）．医療分野でも，「報道による誇張」として批判されてきたものは，そもそもプレスリリース段階の誇張に起因していることが実証的にも指摘されている（Sumner *et al.* 2014; Adams *et al.* 2019）．こうした科学報道のチャーナリズム化を「番犬からチアリーダーへ」と呼ぶことには異論がないことだろう．

　さらに困ったことに，こうした状況下では科学もジャーナリズムも，PR に

よって容易に利用されうる．専門家は知識生産を通じて，媒介専門家は知識伝達を通じて，別の権力の企図した宣伝戦に荷担する．例えば，タバコ産業界は「タバコによる肺がんのリスク」の社会的印象を和らげるため，同じく肺がんを引き起こしうるアスベストのような因子の研究に支援を行い，その成果を喧伝してきた（Michaels 2008）[30]．

　あるいはまた，生命科学分野を中心に相次ぐ捏造報道，再現性の低い論文の乱発といった科学知生産上の「不祥事」も，明らかに PR と連動している[31]．

　ここまで述べてきたように，メディア環境の混乱に際しては，PR の活性化を軸として，（知の）権力中心との緊張関係から政治経済的な相互依存関係への変化が生じると同時に，それに伴う問題が表面化している．専門家はそれを科学報道の問題として処理しがちであるし，ジャーナリストは過剰なプレスリリースに音を上げ，それを科学共同体の問題としがちである．しかし，恐らくは専門家と媒介専門家の間に生じてしまっている共犯関係こそが本質的な問題と言えるだろう．

科学知に対する影響——メディアによる水平分散，メディアによる分断

　現代の私たちはパソコンで，スマートフォンで，あるいはタブレットで，音楽やラジオを聴き，記事を読み，ニュース番組を見る．もはやメディア・デバイスとコンテンツは連動しておらず，知のテクスト／コンテクストこそが価値を持つ．さらにより巨視的には，ICT 普及以前の科学知は，科学共同体—（マス）メディア—公衆，と垂直統合されたメディアによって社会に分配されていた．しかし現代のメディア構造は，ネットワークの中で水平分散した環境となっており，このなかでは科学もメディアのひとつであり，直接に公衆に晒され，また公衆に干渉する（Schäfer 2016）．こうした環境のもとで，科学知はどのような意味を持つようになってきているのだろうか．以下では，専門家，媒介専門家というアクター，そして科学知というテクストがこの変わりゆくメディア環境のなかで直面しているジレンマ群を描写してみよう．

（1）　議題構築の実現性と現実の壁

　まず，メディアの機能主義的観点からは，ICT 以降のメディア環境は「開か

れた科学的議論を可能にする一方で，科学の特権性を剥奪する」というジレンマを生んでいる．

　20世紀の伝統的マスメディアの支配する時代においては，マスメディアが圧倒的に「いま社会で取り組むべき議題」を設定し，フレーム形成を主導する機能を担っていた．そして科学の専門家は，この議題設定（agenda setting）とフレーム形成（framing）の権力を強く有するかたちで，知の上流に位置づけられていた．

　しかしICTの普及によるメディアのフラット化は，この議題設定の権力をメディア空間全体に分配した．もちろん，伝統的メディアは依然として情報のヘゲモニーを握っているが，同時にICT空間においては大衆の批評的娯楽のための情報素材の提供者でもある．ことにソーシャルメディア（以下ではメディア技術としてのSocial Network Sites: SNSと略す）は，もともとは多様であるが内的で個人的なものであった人々の「能動的な読み方」を相互に観察可能なものにしていった（Bruns 2008; Schmidt *et al.* 2020）．人々がどのように情報を読み解いているかを人々が自ら表明することによって，それまでは情報ヘゲモニーの上位によって認定されるまで存在し得なかった「大衆の意見」は，より具体的・集合的な力を獲得していったのである．こうして，情報構造のネットワーク化・水平化により分配された権力は，メディアの議題設定機能を変化させ，議題構築（agenda building）を前提とした議論空間へと向かわせる．このICTによって成立した新たな「ネットワーク公共圏（networked public: Papacharissi 2011; 2015）」は，1980年代以降の市民社会を包摂した議題構築を行うべきというジャーナリズムの規範的悲願の技術的達成とみなすことも，あるいは同じく80年代に始まる科学の社会回帰運動としての「科学コミュニケーション」運動が，より実質的な対話と公共参画の技術を獲得したとも言える．

　ところが，この議題構築の可能性が拓かれたことは，科学知の神話的機能を生み出してきた「メディア化された中心」の環境を毀損する[32]．これは例えば，メディアにおけるテクストとしての科学知とそれ以外の境界線の消失というかたちで顕出する．すなわち，ICTのハイパーテクストのなかでの報道は，純粋な科学知の探求とその経済的・社会的応用を隔てていた境界的状況（リミナリティ）を日常

的に短絡する（Couldry 2005）．新聞紙面で科学面と経済面へと分けて掲載されていたテクストは，同一のウェブページのなかで混合される——たとえば，再生医学上の新たな発見を伝える記事の下には，再生医療ビジネスの法規制の話題へのリンクがページの背後で駆動するアルゴリズムによって配置されるのである．

　さらにこれに，人々による知の生産的所有（prod-usage: Bruns 2008）の結果として起こる文脈性（コンテクスト）の混乱が拍車をかける．例えば，元来，科学的イシューを伝える新聞記事の中では，専門家の発言はその記事の科学的観点を要約し，保証するものとして位置づけられていた（現在でも，科学記事の多くは最後に専門家が登場し，一言で現状をまとめる役割が分配されている）．しかしひとたびその記事がハイパーテクスト空間の中に置かれると，そのコメント欄やSNSでは公衆——他の専門家，準専門家，市民あるいは当事者性を持つ素人専門家——が，それらに対してむきつけの批評を重ね書きする．遅れてやってきた観測者にとっては，（わざわざプロフィールを閲覧したり，あるいは検索の労を厭わないのでない限り）それらの人々が専門家なのか素人なのかは判別できない．結果として，記事の中で肩書きと配置によって付与されていた専門家の権威性は容易に剥奪され，科学のコンテンツもアドホックな議題として消費されていくのである（e.g. Nisbet and Markowitz 2015）．

　こうしてフラットな議論に晒された専門家，媒介専門家そして聴衆は，それぞれに議題構築に参加する機会を得るが，それは専門家と媒介専門家にとっては議題設定機能を失うことにつながる．当然のようにこれらのアクターは喪失した議題設定機能を取り戻そうと反動に傾くが，それは後で述べるように「異なる合理性の衝突する，感情的な議論空間」につながっていくのである．

(2)　儀礼的観点から——客観主義への懐疑と議論の分極化

　次に触れておくべきは，メディア変容に伴い，科学の儀礼的振る舞いがジャーナリズムの儀礼を抑圧していく構造だろう．

　科学報道は，その本質として「メディア・イベント」（Dayan and Katz 1994; Couldry 2005）としての儀礼的要素を持ち合わせる．まず，科学共同体の内部で情報が「準備」され，日常の中に挿入される点でイベント的である．さらに

216

科学レポーティングの多くの情報源である，学術誌文化に絡め取られた「発見」の発表は，ピア・レビューからプレスリリース，エンバーゴといった儀礼的な手続きの一環として挙行される．さらには科学ジャーナリズムにおいても問題解決に向けた範型化（modeling）の手段として，科学論争がメディアで上演されるのである．しかし，現代においてはこうした儀礼的観点からも，科学とジャーナリズムの営為の間に従来から存在してきたジレンマは，より露わになっている．これを客観主義（objectivism）という科学とジャーナリズムの双方に馴染み深い戦略を皮切りに概観してみよう．

　もとより，ジャーナリズムの実践的規範である客観主義という手法には，繰り返し疑義が呈されてきた（Reese 1990）．しかしそれでも，少数派の意見に対するアクセス性を担保するため，ひいては民主主義の根幹としての言論の多様性を確保するため，ジャーナリズムは「戦略的儀礼としての客観性（Tuchman 1972）」を許容してきたのである．しかし，フラット化したメディア空間のなかでは，ジャーナリズムの言論における特権性も剥奪され，批判に晒される．例えば科学的論争の趨勢が明らかなときには，ジャーナリズムが培ってきた客観性戦略のための「両論併記」という戦術は批判の対象となる（Boykoff and Boykoff 2007）．

　「仮説 A と B を並立し，検証の後に仮説 A がもっとも確からしい，と結論づける」こと自体は科学とジャーナリズムの双方に期待されている行為である．しかし，ICT によるメディア空間は，少数派意見［への／からの］双方向的なアクセス性を担保した．この結果として，専門家は彼らの意見に与しない「わからず屋」たちに悩まされることになった．境界領域を喪失したメディア空間で，彼ら専門家は，例えば自身のコメントを引用した記事への論評において，あるいは自ら書いたブログ記事へのコメント欄を通じて，マスメディア時代には正面切って対峙する必要は無かった「ワクチン否定論者」や「温暖化懐疑論者」の言説を目撃し，また直接の批評に晒されるようになったのである．

　もともとは情報エリートである専門家は，聴衆を情報の下流にある受動的な存在として認識しがちである．こうした環境変化の圧力は，しばしば専門家によるジャーナリズムの公平・中立性を担保する伝統手法としての両論併記の否定に向かっていく——「報道が両論併記に拘り，科学の圧倒的多数の意見と

極少数の意見を対等に扱うから，わからず屋に私たちは悩まされるのだ」といった具合である．そしてこれはまた，専門家たちに啓蒙の必然性を思い起こさせ，「欠如モデル的」振る舞いに導くのである．科学者たちの観点は，専門知のコミュニケーション研究の否定的成果にもかかわらず，欠如モデルに代表される大衆社会観に固執し続けている——曰く，大衆は愚かであり，科学的真実を知らないので操作されるべき対象である（Besley and Nisbet 2013)[33]．むしろここで問題になるのは，本来の欠如モデル議論，すなわち非対称的な情報ヒエラルキーの上位からの知識付与が，必然的に権力性を伴うことであることの無自覚であり，また現代においてはその情報ヒエラルキー自体が，かつてほど強固ではないことへの無自覚でもある．こうした無自覚を背景に，ことに不確実な科学的イシューが議論の俎上にあるとき，SNS時代の欠如モデルは，可視化された「わからず屋」たちの言説空間からの排除を指向することとなる．

メディア・コミュニケーション社会学の蓄積は，聴衆を単に受動的な存在として捉えることは，多くの点において誤った判断に繋がると示唆する（e.g. McNair 1998)．実際には，科学的イシューに関心ある市民は，特定の観点に偏った情報よりも，複数の論点を扱った「バランスのよい」情報に惹きつけられる（Brossard and Nisbet 2006)．しかし，こうした事実は現代のメディア環境が突きつける現実の前に霞んでしまう．現代のSNS空間で集合的に可視化されるのは，例えば地球環境問題は問題であるか／ないかのいずれかに，既に態度決定した層である．こうした空間の作用は，多くの科学的イシューにおいて事実上の多数派である「無関心層」及び逆の「熟慮層」からなる分厚い中間層の存在を，情報の発信者と受信者の双方に見失わせる．議論空間に参入した専門家と媒介専門家は，ともに自身の発信に対する極端な反応のみを受け取るが，そこでは中間層は捨象されている．

さらに個人のレベルでは，情報の発信者の意見と大きく異なる反応は，大きなストレスを与えるため，この発信者は情報の遮断を行うようになる．この変化は能動的であると同時に，受動的にもなされる．SNSにおいて直接的に繋がっている人々が，自身の意見に合致する意見を紹介してくれるし，こうした人々に対する「いいね」ボタンのクリックを通じた能動的評価は，アルゴリズムによって学習され，閲覧者にとってより「快適な」言論環境が演出さ

れていく．このようにして，人々は「フィルター・バブル（filter bubble: Pariser 2011）」と呼ばれる，居心地の良い自分専用の情報空間を作り出していく．このフィルター・バブルは重ね合わせられることによって堅牢さを増す．こうして両論併記を否定する一方で，科学の専門家は（あるいは対抗的な懐疑論者は）その支持者とともに，強固なフィルター・バブルの「社会」をそれぞれに形成していくのである[34]．

3 信頼，感情・情動とナラティブ

　本章では，科学とジャーナリズムの営為を中心に，現代における科学とメディアの接点を探ってきた．最後に，今後の議論では避けては通れない，しかし実証的観点からは大きな困難となりうる「信頼」，「感情」と「情動」そしてまとめにかえて，それらをつなぐ「ナラティブ」という視点を追加しておこう．

　科学報道において科学レポーティングの成立から科学ジャーナリズムへ，という流れをもたらしたのは，まずは科学とマスメディアの共振による知識のヒエラルキーの確立と，次に科学の権威を媒介専門家として単純に支える立場への懐疑としてのジャーナリズム意識の目覚めであったと言える．しかし同時に，この総体としての「科学報道」は，知の情報分配における科学共同体とメディア組織の優位の自明性のうえに成り立っていた．

　科学ジャーナリズムの主要なテーマは，科学がもたらすリスクの社会的共有の問題でもある．そして古典的な信頼研究では，リスクに際しての判断を対象に委ねる際には，対象の専門性と信頼こそが重要視されてきた（e.g. Peters *et al.* 1997）．この観点に重なるように，科学ジャーナリズムの問題は，メディアを通じた科学の信頼構造を巡る問題として取り扱われてきたのである．そして，勃興する PR が目指すのは，科学に対する信頼の獲得と回復であろう（cf. Fiske and Dupree 2014）．

　ところが，科学者自身の観点は，あくまで科学の営みを継続することにある．科学コミュニケーションの正当化に際して掲げられる「公衆の科学的意思決定に対する参画」というテーゼは聞こえこそよいが，科学者自身は信頼の獲得にはさほど興味がないのだ（Dudo and Besley 2016）．もちろん，これは

合理的ではある．ある個人の科学的議論に際しての科学的態度は，科学知の質と量のみならず，科学の権威性に対する観点，科学者への信頼度，問題への関与度や科学的議論の政治的状況など多様な変数によって決定される（Sturgis and Allum 2004; Dunwoody *et al.* 2009）．実のところ，近年の科学コミュニケーション研究の成果は，科学的イシューに際して，個人が専門家を信頼する態度の強力な説明因子は，その人の科学的知識よりも政治的党派性などのイデオロギーであることも示唆している（Nisbet and Markowitz 2015; Lewandowsky and Oberauer 2016）．

　垂直統合されたマスメディア空間ではヒエラルキーの強固な構造に依拠して仮託してきた「信頼」とは，ネットワーク公共圏においては分散してしか存在し得ず，個々のフィルター・バブル内で実現される．そして信頼に代わりネットワークのダイナミズムを駆動するようになったのは，社会的感情という信頼の別側面である（cf. Cvetkovich and Winter 2007）．この，従来は社会学よりも社会心理学の領域にあった「感情（emotion）」という因子，そしてその社会的作用としての「情動（affect）」が，現代のメディア論では重視されている．

　これまでの多くの理論は，感情という，理性と対立すると見なされがちな因子にあまり注力してこなかった（Wahl-Jorgensen 2019）．ことに科学の話題となると，感情は合理性とは別の次元のものとされてきたと言える．しかし「科学の合理性を巡る衝突」と見なされてきた科学的イシューは，「社会的感情に起因する，科学にまつわる衝突」という観点から捉え直すほうが早道になってきている（cf. Papacharissi 2015）．

　まず，感情の社会的意味を押し上げた1つの要因として，ネットワーク公共圏の成立があげられる．こと現在に至って，バーチャルはリアルの虚像に過ぎない，といった議論は過去のものである．この公共圏はフィルター・バブル化した想像の共同体が，没交渉のままに平行して存在し，ジャーナリズムが科学的イシューをフレーミングした際に，相互干渉して衝突を生み出すことを許容する．ワクチンの効果を謳い，公衆衛生という合理的観点を掲げて推進を試みる人々は，ワクチンの薬害を訴え続ける人々との間に感情的離齟を維持したままに終わりのない議論を展開するのである（cf. Radzikowski *et al.* 2016）．

　次に，現状のレジームに対する感情表出が社会的な力を持ったことが挙げ

られる（Castells 2012）．特に重要なのは，この感情的諸力が日常的に向かう先は，主に集合名詞を持つ対象であることだろう．これにより，一見すると個々人の調停者が何らかの熟議作用をもたらそうとして，成功したとしても失敗したとしても，それは組織体への感情的評価として社会に定着する．福島第一原発事故後に SNS 空間で増幅されていった，「東京電力」や「原子力ムラ」という集合名詞への評価について，私たちはその評価の合理性を議論しがちであるが，それは感情の範囲を逸脱するものではない．これは科学の評価においても同様であろう．低線量被曝のようなリスクを巡る議論において，不確実性の漸近線を更新する新たな研究結果が得られたとしても，それらは科学の信奉者が期待するほどには「科学的」裁定としては受け入れられない．そして調停を試みる専門家やジャーナリストは，いきおい多様な感情に支えられた多様な合理性の，科学的＝客観的かつ画一的な合理性の記述を目指してしまう．それは対立する感情に対しては異化の情動的作用しか持たないゆえに，社会の合意形成に影響を及ぼすことはできないのである（cf. Anderson *et al.* 2013）．

　さらにこの傾向を，アルゴリズムによる感情の有形化作用が触媒する（Andrejevec 2011）．個々人の感情は，明白なフレームの規定要因をなす．そして私たちの感情を増幅するかたちでアルゴリズムは作用する．私たちは感情を観測し，感情的関与でそれを克服しようとする．SNS における「いいね」ボタンのクリックやシェアによる伝播亢進を通じて情動的に増幅されるのは，単なる「情報」ではなく，その情報担体に載った感情である[35]．科学的意見の相違が増幅されるのでは無く，科学的イシューにまつわる感情が増幅されていくのである．

　ネットワーク公共圏が「感情的公共圏（affective public）」へと発達していくなかで，科学知の社会共有の仕組みは大きな混乱に晒されている．もはや科学知は，その合理性に依拠した科学レポーティングによる説得的コミュニケーションも，あるいは媒介専門家による社会的位置づけを企図した科学ジャーナリズムの実践も機能しなくなってきている．科学的イシューにおいても政治的・社会的イシューと同様，対立する社会的感情といかに折り合いをつけ，そのうえで専門知の社会的意味を見いだすかが問われているのである．

4 おわりにかえて——ナラティブの可能性

　現代メディアの情動的機能により，上下・左右に感情的分断が進む社会．そのなかで社会の構成員が違いに「折り合いをつける」ための緩衝材として再検討が求められているものこそ，情動的テクストとしての「ナラティブ」である．このナラティブの検討への道筋を示すことで本章のまとめとしよう．

　メディアを通じて科学知が社会に流通する際には，数式やデータのままに意味を伝えていくことはできず，日常的な認識的・情動的理解を助けるナラティブ（語り）のかたちを採らざるをえない．すなわち，ナラティブこそが知識の社会流通の定常状態であるために，科学のメディア研究でもナラティブ分析が重視されてきた（山口・日比野編 2009）．近年の科学コミュニケーションの実践における物語り（storytelling）への注目もまた，この傾向を促進している（NASEM 2017）．ナラティブはことに萌芽的な科学技術の説明や，不確実性を含む科学のような，論争的観点を効率的に伝達するうえで有効である（Macnaghten *et al.* 2015）．ある課題事象についてのメディア反応は特定の循環パターンを示し，この過程の初期において，専門家は精確さに固執し，コメントを差し控える傾向にある（Wien and Elmelund-Praestekaer 2009）が，この時期にこそナラティブは強力な効果を持つ（Bakker *et al.* 2018）．こうした背景のもと，科学のフェイクニュースや議論の分断化，陰謀論と正統科学の闘争に対処するためにも，ナラティブの利用が検討されている（Sangalang *et al.* 2019）．

　しかし同時に科学へのナラティブの導入は，本質的にパラドクスを抱え込む（Dahlstrom and Scheufele 2018）．数値など，より科学の原語に近い表現とナラティブは，それぞれ厳密さやわかりやすさといった相反する要素を交換せざるを得ない．「純粋な」科学の言語をそのまま流通させることができない以上，科学のナラティブは特定の視点に基づいた党派的な物語の生成に他ならない．また，科学のナラティブ化は日常の中に科学を埋め込む利点をもたらすが，同時にこの日常化ゆえに，聴衆に対しては科学の不定性の印象を増大させることになる（Muurlink and Mcallister 2015）．また，そもそも現在の分断状況がナラティブの累積結果としての物語の分断結果であることも無視できない（e.g.

Dieckmann *et al.* 2012).

　結局のところ前述のパラドクスを念頭に置けば，現状のナラティブへの操作的関心の高まりは，オーディエンスの関心の奪い合いと議論フレームの置換合戦としての「ゼロ‐サム言語ゲーム（zero-sum language games: Provençal 2011）」へと落ち込んでいく可能性が高いと思われる．エビデンスが直接的な情動作用を持ちえない以上，エビデンスのナラティブの導入が，対立側の主張を凌駕する余地は小さくなる（cf. Longnecker 2016）．そもそも不確実性を語るうえでは，正直さ，正確さ，聴衆との関連性，過程の透明性，不確実性の特定が重要である（Keohane *et al.* 2014）．こうした「対話」に関する論点は科学社会学が蓄積してきたものではあるが，現代に合わせた議論のアップデートが求められている（cf. Hornsey and Fielding 2017）．その戦術的転換は，実践上の妥協の産物のように見えるかもしれない．しかしそれこそ，社会を想像／創造する媒介空間としてのメディアの機能を取り戻すために必要な作業だと考えられるのである．

1)　Collins and Evans（2007）において主に科学知・科学政策を巡って議論された "Interactional Expertize" は「相互作用の専門性」と訳されているが（cf. 松本 2009; コリンズ‐和田訳 2011），本章ではメディアのジャーナリストに注目する主旨に沿い，あえて狭義の「媒介専門家」と訳す．

2)　この分類は，必ずしも広く学術的に共有された厳密な定義があるわけではないが，さりとて筆者独自のものではなく，この問題について議論する場合に同種の分類は必然的に行われている（cf. Hansen 1994）．

3)　巷間用いられる「科学コミュニケーション」という表現は，洋の東西を問わずこの色彩が強い．これは恐らく「科学コミュニケーション」の必要性が，科学の当事者及び政府から叫ばれ，「アウトリーチ」といった運動性を伴って実施されるケースが大半であることに起因している．

4)　しかし同時に，これらで科学イシューの報道を行う媒介専門家は「科学ジャーナリスト」を名乗るとは限らないことには注意が必要だろう．

5)　2014 年に起こった「STAP 細胞騒動」はこの典型例とも言える．同事件は単なる科学内部の「捏造・偽造・盗用」の問題にとどまらず，組織論の問題，パブリック・リレーションズの問題など多様な側面を含んでいたが，その全体像へと社会的議論が及ぶ前にうやむやに幕引きを見た．

6)　1934 年に米国科学ライター協会（National Association of Science Writers），1947 年に英国科学ライター協会（Association of British Science Writers）が組織されている．

7)　1946 年，長崎の原爆投下を目撃したニューヨーク・タイムズ紙の科学レポーター，ウィリアム・ローレンス（William L. Laurence）が，専門家のコメントを引用しながら「長

崎からの放射線障害報告は，日本のプロパガンダである」と指摘し，ジャーナリストにとっての栄誉であるピューリッツァー賞を受賞したことは，当時の体制的科学観を伝えることが科学報道の役割であったことの証左と言えよう（Evans 2003）.

8) 主要新聞各社の年次別の設置動向は次の通り：読売新聞「科学報道本部」（1956 年，1968 年に「科学部」に改組），朝日新聞および毎日新聞「科学部」（1957 年），日経新聞「科学技術部」（1972 年）.

9) 各新聞社の「科学部」の黎明期を築いた人々の貴重な証言については土屋（2014）を参照されたい.

10) しかし現在はまだ過渡期にあり，この 2 つの概念は実践者の中では未分化であり，いずれも科学ジャーナリストと名乗る. 現代の実践者による宣言はたとえば尾関（2013）など.

11) 公有制（Communalism），普遍性（Universalism），無私性（Disinterestedness），系統的懐疑主義（Organized Skepticism）の頭文字を取ったもの. マートンは科学共同体の漸進性がこれらの内的規範に拠っていると分類した（Merton 1942（1973））.

12) マートン CUDOS に対しザイマンが，科学者の現実的営為は「独占的（Proprietary），局所的（Local），権威主義的（Authoritarian），請負主義的（Commissioned）な専門仕事（Expert work）」である，と指摘した頭文字を取ったもの（Ziman 2002）.

13) 例えば，前世紀初頭においてもウォルター・リップマン（Walter Lippmann）は，民主主義の根幹を支えるために「科学的精神（scientific spirit）」を持って報道することの重要性を説いている（Lippmann 1914[2012]: Ch.XXV-3）. またハッカーであり現代型のアナーキストでもあるジュリアン・アサンジ（Juliane Assangi）は，自らの創始した「ウィキリークス（Wikileaks）」を単なる情報漏洩サイトと見なす向きに対して，「自分はカール・ポパーの衣鉢を継ぎ，科学的ジャーナリズムを目指しているのだ」，と反論している（Khatchadourian 2010）.

14) 近年では，コンピュータを用いて社会科学の検証手法を調査報道に援用する「精密ジャーナリズム（precision journalism）」や，ICT を活用した「データ・ジャーナリズム（data driven journalism）」といった取り組みが「科学的ジャーナリズム手法」として流行している（cf. 田中 2014）.

15) 例えば，「ピア・レビューが終わり，エンバーゴが解禁されるまで報道するべきではない」という科学共同体と商業学術ジャーナルが築き上げた現在の論文出版システムは，公共知の観点からは秘儀的に過ぎるだろう.

16) 科学とメディアの問題を研究する際，重要な手がかりとなるのがフレームの分析である. メディア研究におけるフレーム概念も，社会学における他のフレーム概念と同様に Goffman（1979）を祖とするが，Entman（1993）によるメディア研究への導入以降，複雑かつ精緻に発展してきている. 同時に自己流のメディア・フレーム分析の乱立による混乱も問題視されているので，この分野に興味のある方は，まずは D'Angelo and Kuypers（2010）や D'Angelo（2018）を参照されたい.

17) 一般にメディア論では，国家単位での「マスメディア」が完成したテレビ普及期よりも後の時代を「ニューメディア」として呼び習わす. このため，ICT のみならず，先進国で衛星放送とケーブルテレビが普及した 20 世紀後半以降を意味する.

18) 新聞社のサイトから Yahoo!などのキュレーションサイトに至るまで，科学の発見を伝えるニュースがあまりにも「クリックされない」情報であることは，報道者にとっての常識と化している. この結果，例えば 2010 年に米 CNN が大量解雇を行った際，真っ

先に取りつぶされたのは科学部であった.

19) メディアをエリートの支配の道具と見なした観点から分析する「支配モデル」は，70年代からのカルチュラル・スタディーズの隆盛の中で，メディア社会学では力を失っていたが，近年はその価値が再確認され，ことに 21 世紀に入ってからは「監視（surveillance）」概念とともに再検討されている．こうした議論については例えば Curran（2012）を参照せよ.

20) この点で，PR は「科学コミュニケーション」活動の掲げる理念と馴染みが良い．より正確な PR 概念の理解には，科学と社会のコミュニケーションにも触れている伊吹ら（2014）を参照のこと.

21) たとえば，ジャーナリズムが PR の言説を再生産する様子は Sissons（2012）に詳しい.

22) 本論からは外れるが，筆者の研究室で東日本大震災の直後に日本の 80 学会から発表された声明を分析したところ，そのほとんどが精神論の域を出ず，専門知を通じた具体的な社会貢献を企図したものは極めて少なかった．このように議論を通じて統一的な言説を構成していくなかで，専門知が脱落し，当たり障りのないメッセージへと純化していく傾向は，日本社会の集団的意思表示に際して特徴的であるように思われ，今後の検討が待たれる.

23) PR 効果測定の難しさは，『広報・PR 効果は本当に測れないのか？』という書籍が存在することを示すだけで事足りるだろう（Watson and Noble 2007）.

24) マートンは，新訳聖書の「おおよそ，持っている人は与えられて，いよいよ豊かになるが，持っていない人は，持っているものまでも取り上げられるであろう（マタイによる福音書 13 章 12 節：『口語 新約聖書』日本聖書協会（1954 年））」という記述を下敷きに，業績を出した研究者は研究資金の獲得などによって業績を重ねやすくなり，格差が増大していくことを論じた（Merton 1968）.

25) ここで，媒介専門家を PRP として雇用する余裕のある科学組織は，例えば日本では理化学研究所や旧帝大のような「外部資金の獲得が上手く回っている」組織であることにも注意されたい．地方国立大学や中小の私立大はこのような予算的余裕はなく，広報担当者は持ち回りである．予算の潤沢な組織はその成果を “PR” することが可能になり，その宣伝効果は次の予算を呼び込む．情報戦略上でもマタイ効果が生じることになるのである.

26) 日本においても 21 世紀に入ってから広報担当部署の強化・専門組織化が続いているが，広報専門家を配置できるのは旧帝大規模の大学や大型研究機関に集中している．それ以外の小組織においては，現在も広報は事務方がジョブ・ローテーションの中で一時的に担当する業務に過ぎない.

27) このことを示す実証例は少ないが，筆者が 2009 年に行ったインタビュー調査では，英王立協会，米国立衛生局の PRP が異口同音に「科学者は，具体的な科学的イシューがあってもなかなか動かないが，自領域の予算が削られる段になると科学的イシューへの対応を言い出し，コミュニケーションに熱心になる」と証言していたことを述べておく.

28) プロパガンダは，「自陣営に有利な嘘」を伝えることなどと誤解されがちだが，現代のスピンは，遙かに洗練されたものである．「あくまで自陣営にとって都合の悪い事実を伝えつつも，結果的には公衆に良い印象を与える」ような技術がスピンの真骨頂である.

29) 再生医療報道における倫理問題の周辺化・儀礼化の実例については Shineha（2015）を参照されたい.

30) こうした PR は「同一の結果をもたらす異なるリスク要因の情報は，個々のリスク要因に対する評価を低下させる」という社会心理学的効果に基づき，タバコに対するリスク認知を低下させる．同様の事例はリスク認知研究の分野に多数認められる（e.g. Weber 2006; 2010）．

31) 2014 年に起こった，いわゆる「STAP 細胞事件」は，特にその初期においては，この「科学の PR 問題」を色濃く露呈していたといえる（須田 2018）．

32) 「メディア化された中心（mediated centre）」機能の神話については Couldry（2005）．

33) Simis ら（2016）は，この科学者が欠如モデルに固執する理由を，⑴科学の訓練過程における多様な合理性教育の欠如，⑵科学の教育・組織構造におけるコミュニケーション教育の欠如，⑶公共概念の他者化傾向，⑷欠如モデルの科学政策上の利便性，の 4 点に整理している．

34) 最近では，ソーシャルメディアは当初考えられていたほどには政治的分極化もイデオロギー的分断も促進するものではないという知見もある（Barberá et al. 2015）．しかし，ここで科学の専門家が，マートン規範を奉じるうわべほどに，実際の社会的振る舞いにおいてもリベラルであるかについては，今後もより探求がなされるべきだろう．

35) フェイスブックは，閲覧する情報によって「感情汚染」が起こることを実験によって証明した（Kramer et al. 2014）．この研究は大きな倫理的問題を孕んでいるが，同時に私たちの感情がアルゴリズムによって操作されうることを示す強力な実証例である．

【文献】

Adams, R. C., A. Challenger, L. Bratton, J. Boivin, L. Bott, G. Powell, A. Williams, C. D. Chambers, and P. Sumner, 2019, "Claims of causality in health news: a randomised trial," *BMC Medicine*, 16 May 2019 (DOI: https://doi.org/10.1186/s12916-019-1324-7).

Anderson, A. A., D. Brossard, and D. A. Scheufele, 2013, "The 'Nasty Effect': Online Incivility and Risk Perceptions of Emerging Technologies," *Journal of Computer-Mediated Communication* (Available from: http://doi.wiley.com/10.1111/jcc4.12009 accessed 12 December 2013).

Anderson, A. and A. Marhadour, 2007, "Slick PR? the media politics of the prestige oil spill," *Science Communication*, 29(1): 96-115.

Andrejevec, M., 2011, "Social Network Exploitation," in Z. Paparcharissi, ed., *A Networked Self: Identity, Community, and Culture on Social Network Sites*, New York: Routledge, pp. 82-101.

Andrews, L., 2006, "Spin: from tactic to tabloid," *Journal of Public Affairs*, 6(1): 31-45.

Autzen, C., 2014, "Business as usual or new reasons and means for communicating science?" Paper presented at *13th International Public Communication of Science and Technology Conference*, Salvador, Bahia, Brazil (Available at: https://research.cbs.dk/en/publications/business-as-usual-or-new-reasons-and-means-for-communicating-scie).

Baistow, T., 1985, *Fourth-rate Estate: An Anatomy of Fleet Street*, Comedia.

Bakker, M. H., J. H. Kerstholt, M. Van Bommel, and E. Giebels, 2018, "Decision-making during a crisis: the interplay of narratives and statistical information before and after crisis communication," *Journal of Risk Research*, 9877(May): 1-16.

Barberá, P., J. T. Jost, J. Nagler, J. A. Tucker, and R. Bonneau, 2015, "Tweeting From Left to Right: Is Online Political Communication More Than an Echo Chamber?" *Psychol Sci.*, 26(10): 1531-1542.

Bauer, M. and M. Bucchi, 2007, *Journalism, Science, and Society*, New York: Routledge.

Bauer, M. and J. Gregory, 2007, "From Journalism to Corporate Communication in Post-war Britain," in Martin Bauer and Massimiano Bucchi, eds., *Journalism, Science, and Society*, New York: Routledge, pp. 33-52.

Besley, J. C. and M. Nisbet, 2013, "How scientists view the public, the media and the political process," *Public Understanding of Science (Bristol, England), 22*(6): 644-659.

Borel, B., 2015, "The problem with science journalism: we've forgotten that reality matters most," *The Guardian*, 30th December.

Boykoff, M. T. and J. M. Boykoff, 2007, "Climate change and journalistic norms: A case-study of US mass-media coverage," *Geoforum*, 38(6): 1190-1204.

Brossard, D., 2013, "New media landscapes and the science information consumer," *Proceedings of the National Academy of Sciences of the United States of America*, 110 Suppl.: 14096-14101.

Brossard, D. and M. C. Nisbet, 2006, "Deference to Scientific Authority Among a Low Information Public: Understanding U. S. Opinion on Agricultural Biotechnology," *International Journal of Public Opinion Research*, 19(1): 24-52.

Bruns, A., 2008, "The future is user-led: The path towards widespread produsage," *Fibreculture Journal*, 11: 1-10.

Bubela, T. M. and T. A. Caulfield, 2004, "Do the print media 'hype' genetic research? A comparison of newspaper stories and peer-reviewed research papers," *Cmaj*, 170(9): 1399-1407.

Castells, M., 2012, *Networks of Outrage and Hope: Social Movements in the Internet Age*, Wiley.

Collins, H., 2011, 和田慈訳・解題「科学論の第三の波——その展開とポリティクス」『思想』2011 年 6 月号: 27-63.

Collins, H. M. and R. Evans, 2002, "The Third Wave of Science Studies," *Social Studies of Science*, London: Sage Publications, 32(2): 235-296.

Collins, H. and R. Evans, 2007, *Rethinking Expertise*, SAGE.

Couldry, N., 2005, *Media Rituals: A Critical Approach*, Routledge.

Curran, J., 2012, *Media and Power*, Routledge.

Cvetkovich, G. T. and P. L. Winter, 2007, "The what, how and when of social reliance and cooperative risk management," in M. Siegrist, T. C. Earle, and H. Gutscher, eds., *Trust in cooperative risk management*, London: Earthscan Publications, pp. 187-209.

Dahlstrom, M. F. and D. A. Scheufele, 2018, "(Escaping) the paradox of scientific storytelling," *PLOS Biology*, 16(10): e2006720.

D'Angelo, P., 2018, *Doing News Framing Analysis II: Empirical and Theoretical Perspectives*, Routledge.

D'Angelo, P. and J. A. Kuypers, 2010, *Doing News Framing Analysis: Empirical and Theoretical Perspectives*, Routledge.

Davies, N., 2008, *Flat Earth News*, Random House.

Dayan, D. and E. Katz, 1994, *Media Events: The Live Broadcasting of History*, Harvard University Press.

Dieckmann, N. F., E. Peters, R. Gregory, and M. Tusler, 2012, "Making sense of uncertainty: Advantages and disadvantages of providing an evaluative structure," *Journal of Risk Research*, 15(7): 717-735.

Dudo, A. and J. C. Besley, 2016, "Scientists' Prioritization of Communication Objectives for Public Engagement," *PloS One*, 11(2): e0148867.

Dunwoody, S., D. Brossard, and A. Dudo, 2009, "Socialization or Rewards? Predicting U.S. Scientist-Media Interactions," *Journalism and Mass Communication Quarterly, 86*(2): 299-314.

Entman, R. M., 1993, "Framing: Toward clarification of a fractured paradigm," *Journal of Communication*, 43-4: 51-58.

Erjavec, K., 2005, "Hybrid Public Relations News Discourse," *European Journal of Communication*, 20(2): 155-179.

Evans, H., 2003, *War Stories: Reporting in the Time of Conflict from the Crimea to Iraq*, Bunker Hill.

Fiske, S. T. and C. Dupree, 2014, "Gaining trust as well as respect in communicating to motivated audiences about science topics," *Proceedings of the National Academy of Sciences of the United States of America*, 111 Suppl. (Supplement 4): 13593-13597.

Gaber, I., 2000, "Government by spin: an analysis of the process," *Media, Culture & Society,* 22: 507-518.

Goffman, E., 1979, "Frame Analysis: An Essay on the Organization of Experience," *Philosophy and Phenomenological Research*, 39(4): 601-602.

Göpfert, W., 2007, "The Strength of PR and the Weakness of Science Journalism," in M. W. Bauer and M. Bucchi, eds., *Journalism, science and society: science communication between news and public relations*, Routledge, pp. 215-226.

Hallin, D. C. and P. Mancini, 2004, *Comparing Media Systems: Three Models of Media and Politics*, Cambridge University Press.

Hansen, A., 1994, "Journalistic practices and science reporting in the British press," *Public Understanding of Science*, 3 (1994): 111-134.

Hornsey, M. J. and K. S. Fielding, 2017, "Attitude roots and jiu jitsu persuasion: Understanding and overcoming the motivated rejection of science," *American Psychologist*, 72: 459-473.

伊吹勇亮・川北眞紀子・北見幸一ほか，2014，『広報・PR論──パブリック・リレーションズの理論と実際』有斐閣．

Ivanova, A., M. S. Schäfer, I. Schlichting, and A. Schmidt, 2013, "Is There a Medialization of Climate Science? Results From a Survey of German Climate Scientists," *Science Communication*, 35(5): 626-653.

Keohane, R. O., M. Lane, and M. Oppenheimer, 2014, "The ethics of scientific communication under uncertainty," *Politics, Philosophy and Economics*, 13(4): 343-368.

Khatchadourian, R., 2010, "No Secrets: Julian Assange's mission for total transparency," *The New Yorker* (Retrieved from http://www.newyorker.com/magazine/2010/06/07/no-secrets).

Kovach, B. and T. Rosenstiel, 2014, *The Elements of Journalism, Revised and Updated 3rd Edition: What Newspeople Should Know and the Public Should Expect*, Crown/Archetype.

Kramer, A. D. I., J. E. Guillory, and J. T. Hancock, 2014, "Experimental evidence of massive-scale emotional contagion through social networks," *Proceedings of the National Academy of Sciences of the United States of America*, National Academy of Sciences, 111(24): 8788-8790.

LaFollette, M. C., 1990, *Making Science Our Own: Public Images of Science, 1910-1955*, University of Chicago Press.

Lewandowsky, S. and K. Oberauer, 2016, "Motivated Rejection of Science," *Current Directions in Psychological Science,* 25(4): 217-222 (doi:10.1177/0963721416654436).

Lippmann, W., 1914[2012], *Drift and Mastery: An Attempt to Diagnose the Current Unrest*, Classic Reprint, Forgotten Books.

Logan, R. A., 2001, "Science Mass Communication: Its Conceptual History," *Science Communication, 23*(2): 135–163.

Longnecker, N., 2016, "An integrated model of science communication—More than providing evidence," *Journal of Science Communication*, 15(5): 1–13.

Macnaghten, P., S. R. Davies, and M. Kearnes, 2015, "Understanding Public Responses to Emerging Technologies: A Narrative Approach," *Journal of Environmental Policy and Planning*, Taylor & Francis, 21(5): 1–19.

Macnamara, J., 2014, "Journalism—PR relations revisited: The good news, the bad news, and insights into tomorrow's news," *Public Relations Review, 40*(5): 739–750.

Marcinkowski, F., M. Kohring, S. Furst, and A. Friedrichsmeier, 2013, "Organizational Influence on Scientists' Efforts to Go Public: An Empirical Investigation," *Science Communication*, 36(1): 56–80.

松本三和夫，2009，『テクノサイエンス・リスクと社会学——科学社会学の新たな展開』東京大学出版会.

McNair, B., 1998, *The sociology of journalism*, Arnold.

McNair, B. and M. Hibberd, 2015, *Mediated Access: Transparency Barriers for Journalists' Access to Scientists and Scientific Information at Government Agencies*, Union of Concerned Scientists, pp. 269–284.

Merton, R. K., 1942[1973], "The Normative Structure of Science," in Robert K. Merton, ed., *The Sociology of Science: Theoretical and Empirical Investigations*, Chicago: University of Chicago Press.

Merton, R. K., 1968, "The Matthew Effect in Science: The reward and communication systems of science are considered," *Science*, 159(3810): 56–63.

Michaels, D., 2008, *Doubt is their product?: how industry's assault on science threatens your health*, Oxford University Press.

Muurlink, O. and P. Mcallister, 2015, "Narrative risks in science writing for the lay public," *Journal of Science Communication*, 14(3): 1–17.

National Academies of Sciences, Engineering, and Medicine (NASEM), 2017, *Communicating Science Effectively: A Research Agenda*, Washington, DC: The National Academies Press (doi: 10.17226/23674).

Nelkin, D., 1987, "The Culture of Science Journalism," *Society*, 1987, September: 17–25.

Nelkin, D., 1995, *Selling science: How the press covers science and technology*, New York: W. H. Freeman.

日本科学技術ジャーナリスト会議編，2004，『科学ジャーナリズムの世界——真実に迫り，明日をひらく』化学同人.

Nisbet, M. C. and E. M. Markowitz, 2015, "Expertise in an Age of Polarization: Evaluating Scientists' Political Awareness and Communication Behaviors," *The ANNALS of the American Academy of Political and Social Science*, 658(March): 136–154.

Nisbet, M. C. and D. A. Scheufele, 2007, "The Future of Public Engagement | The Scientist Magazine," *The Scientist* (Available from: http://www.the-scientist.com/?articles.view/articleNo/ 25447/title/The-Future-of-Public-Engagement/ accessed 15 March 2015).

尾関章，2013，『科学をいまどう語るか——啓蒙から批評へ』岩波書店.

Papacharissi, Z., 2011, *A Networked Self: Identity, Community, and Culture on Social Network Sites*, Routledge (Available from: https://books.google.com/books?id=fS0VAAAAQBAJ&pgis=1 accessed 13 December 2015).

Papacharissi, Z., 2015, *Affective Publics: Sentiment, Technology, and Politics*, Oxford University Press.

Pariser, E., 2011, *The Filter Bubble: How the New Personalized Web Is Changing What We Read and How We Think*, Penguin Publishing Group.

Peters, H. P., 2013, "Gap between science and media revisited: scientists as public communicators," *Proceedings of the National Academy of Sciences of the United States of America*, 110 Suppl.(Supplement_3): 14102‒14109.

Peters, R. G., V. T. Covello, and D. B. McCallum, 1997, "The Determinants of Trust and Credibility in Environmental Risk Communication: An Empirical Study," *Risk Analysis*, 17(1): 43‒54.

Provençal, J., 2011, "Extending the reach of research as a public good: Moving beyond the paradox of 'zero-sum language games'," *Public Understanding of Science*, 20(1): 101‒116.

Radzikowski, J., A. Stefanidis, and K. H. Jacobsen *et al.*, 2016, "The Measles Vaccination Narrative in Twitter: A Quantitative Analysis," *JMIR public health and surveillance*, 2(1): e1 (DOI: 10.2196/publichealth.5059).

Reese, S. D., 1990, "The news paradigm and the ideology of objectivity: A socialist at the wall street journal," *Critical Studies in Mass Communication*, 7(4): 390‒409.

Rensberger, B., 2009, "Science journalism: Too close for comfort," *Nature*, Nature Publishing Group, 459(7250): 1055‒1056 (Available from: http://dx.doi.org/10.1038/4591055a accessed 31 December 2015).

Sangalang, A., Y. Ophir, and J. N. Cappella, 2019, "The Potential for Narrative Correctives to Combat Misinformation," *Journal of Communication*, 69: 298‒319.

Schäfer, M. S., 2011, "Sources, Characteristics and Effects of Mass Media Communication on Science: A Review of the Literature, Current Trends and Areas for Future Research," *Sociology Compass*, 5/6: 399‒412.

Schäfer, M. S., 2016, "Mediated trust in science: Concept, measurement and perspectives for the 'science of science communication'," *Journal of Science Communication*, 15(5): 1‒7.

Schmidt, T. R., J. L. Nelson, and R. G. Lawrence, 2020, "Conceptualizing the Active Audience: Rhetoric and Practice in 'Engaged Journalism'," *Journalism* (https://doi.org/10.1177/146488492 0934246).

Shineha, R., 2015, "Attention to Stem Cell Research in Japanese Mass Media?: Twenty-Year Macrotrends and the Gap between Media Attention and Ethical, Legal, and Social Issues," *East Asian Science, Technology and Society*, 10: 1‒18.

Simis, M. J., H. Madden, M. A. Cacciatore, and S. K. Yeo, 2016, "The lure of rationality: Institutional, political, and social explanations for the persistance of the deficit model in science communication," *Public Understanding of Science*, 25(4): 400‒414.

Sissons, H., 2012, "Journalism and public relations: A tale of two discourses," *Discourse & Communication*, 6(3): 273‒294

Sturgis, P. and N. Allum, 2004, "Science in Society: Re-Evaluating the Deficit Model of Public Attitudes," *Public Understanding of Science*, 13(1): 55‒74.

須田桃子，2018，『捏造の科学者――STAP 細胞事件』文藝春秋.

Sumner, P., S. Vivian-Griffiths, J. Boivin, A. Williams, C. A. Venetis, A. Davies, and C. D. Chambers, 2014, "The association between exaggeration in health related science news and academic press releases: retrospective observational study," *Bmj*, 349: g7015.

田中幹人，2014，「データ・ジャーナリズムの現在と課題」遠藤薫編『間メディア社会の〈ジャーナリズム〉──ソーシャルメディアは公共性を変えるか』東京電機大学出版局．

Tuchman, G., 1972, "Objectivity as Strategic Ritual: An Examination of Newsmen's Notions of Objectivity," *The American Journal of Sociology*, 77(4): 660.

Tsfati, Y., J. Cohen, and A. C. Gunther, 2010, "The Influence of Presumed Media Influence on News About Science and Scientists," *Science Communication*, 33(2): 143-166.

土屋礼子，2014，『ジャーナリスト・メディア関係者 個人史聞き取り調査プロジェクト 第四回調査報告書 および現代政治経済研究所 2013 年度問題解決型プロジェクト「戦後日本の科学ジャーナリズムの経験知」調査報告書』早稲田大学政治経済学部土屋礼子研究室．

Wahl-Jorgensen, K., 2019, *Emotions, Media and Politics*, Polity.

Watson, T. and P. Noble, 2007, *Evaluating public relations: a best practice guide to public relations planning, research and evaluation*, Kogan Page　林正ほか訳『広報・PR 効果は本当に測れないのか？──PR 先進国の評価モデルに学ぶ広報の効果測定』ダイヤモンド社，2007．

Weber, E. U., 2006, "Experience-based and description-based perceptions of long-term risk: Why global warming does not scare us (yet)," *Climate Chance*, 77: 103-120.

Weber, E. U., 2010, "What shapes perceptions of climate change?" *Wiley Interdisciplinary Reviews: Climate Change*, 1: 322-342.

Wien, C. and C. Elmelund-Praestekaer, 2009, "An Anatomy of Media Hypes: Developing a Model for the Dynamics and Structure of Intense Media Coverage of Single Issues," *Eur J Commun*, 24(2): 183-201.

山口富子・日比野愛子編，2009，『萌芽する科学技術』京都大学学術出版会．

山崎茂明，2002，『科学者の不正行為──捏造・偽造・盗用』丸善．

Zelizer, B. and S. Allan, 2010, *Keywords in News and Journalism Studies*, McGraw-Hill Education (UK).

Ziman, J., 2002, *Real science?: what it is, and what it means*, Cambridge University Press.

あとがき

　いま，私たちはCOVID-19（新型コロナウィルス）によるパンデミックを経験しつつある．1929年の世界大恐慌以来の大きな社会変動の到来を予想する声もある．そして，ポストコロナ社会のあり方がさまざまに展望されている．持続可能性，民主主義の将来，社会的危機，緊急時対応，社会的距離と共感の関係，サプライチェーンの国内回帰とグローバル化の関係，イノベーション等々，語られるキーワードは枚挙にいとまがない．確実なことは，ポストコロナ社会の状態をいま言い当てることのできる人は誰もいないという点だ．そして，事前にパンデミックを予測した人もいなかった．そうした先の読めない状況で生きることを余儀なくされているなかでつぎの一歩を踏み出すとき，論拠に向き合う理性的な想像力が私たちの進路を照らしてくれるはずである．本書は，科学技術と社会の界面で生じる諸問題に理性的な想像力を用いてアプローチしようとする．

　考えてみると，そう遠くない過去に，私たちは似たような経験をしている．2011年に発生した東日本大震災・福島第一原子力発電所事故である．むろん，2つの出来事の内容はまったく異なる．かたや，地震，津波に被災した人工物が制御不能になるという危機，かたや未知のウィルスによるきわめて大規模な感染拡大の危機である．いっぽう，すくなくとも2つの点で両者はほぼ共通の特性をもっているように思われる．ひとつは，事前に危機を誰も予測できなかったこと，いまひとつは，危機の先行きを確実に予測できる人がほぼ誰もいない（いなかった）という状況である．いずれも，不確実性が日常生活のなかでじっさいにどのような事態を意味するかを如実にものがたっている．

　COVID-19との関連では，未知のウィルスや感染症に関する研究を分野や組織を横断してダイナミックに行い，その成果を社会のなかで偏在させることなしに流通させるには何が必要かについて考えるヒントを，この本は示唆しているかもしれない．はたせるかな，他国では，組織の境界をこえて

COVID-19 に関する研究が分野横断的に推進され，その情報がリアルタイムで共有されている．中国の IT 企業のアリババは COVID-19 に関するワクチン開発や感染予測モデルの開発を推進するためのプラットフォームを立ち上げ，AI を駆使してイタリア，スペイン，フランスといった，初期の局面において感染率の高かった地域の言語を自動翻訳していちはやく一次情報を流通させるしくみを構築してきている（アリババのウェブサイトによる）．アメリカでも，グーグルはハーバード大学のグローバルヘルス研究所と協力して，COVID-19 に関する感染予測モデルを公開している（グーグルクラウドブログ AI & Machine Learning による）．周知のとおり，日本では，PCR 検査という基礎データの収集においても，厚生労働省，民間企業，大学のあいだの連携が欠如していることが指摘されて久しい．こうした社会システムの部分セクター間の連携不足が社会システム全体に不利益をもたらすループをいかに突破するかを，東日本大震災・福島第一原発事故の先例を想定しつつ構想することに，本書の知的資源は生かせるかもしれない．

　より根本的には，ウィルスは人間や社会の側の思惑とは無関係に伝播し続けるという点が，自然や人工物と社会の界面を扱う科学社会学から見通せる示唆かもしれない．パンデミックを抑え込む対策を立案，実施，評価する過程には人間どうしの思惑がはたらく．前記のようなセクター間の連携不足による駆け引きにも時間を要する．そのあいだにウィルスは感染者を増やし続け，対策が実現するときには後手にまわるという状態が想定される．後手にまわるため，エビデンスのないうわさや風評で人が行動し，かえってうわさや風評を実現させてしまうという自己成就的予言（self-fulfilling prophecy）のもたらす混乱により時間を費やし，さらに後手に回る傾向を強化する．こういう悪循環のリスクを事前に察知する視点を，本書は提供しているかもしれない．

　もとより，どのような状態でも，科学社会学がたちどころに処方箋を与えてくれるわけではない．むしろ，処方箋の想定をこえる状況で，ささやかでも過去の轍と異なる一歩を踏み出すための知的資源や視点となることができれば幸いである．科学技術と社会の界面で生じる複雑な諸問題を学問の手法で掘り下げ，人知れず抱えている身近な問題に取り組む手がかりを得たい，という人間的な欲求に，本書がどこかでこたえていることを願っている．

本書の刊行にあたり，東京大学出版会編集部の宗司光治さんに大変お世話に
なった．謹んで感謝したい．

2020 年 12 月 3 日　　　　　　　　　　　　　　　　　　　　松本三和夫

人名索引

事項索引

テクノサイエンス・リスクと社会学　松本三和夫		A5・5000 円
〈社会的なもの〉の歴史　厚東洋輔		A5・7500 円
科学と文化をつなぐ　春日直樹［編］		A5・4200 円
NASA を築いた人と技術［増補新装版］　佐藤　靖		A5・5500 円
真理の工場　福島真人		46・3900 円

公共社会学［全 2 巻］　盛山和夫・上野千鶴子・武川正吾［編］　A5 各 3400 円
［1］　リスク・市民社会・公共性
［2］　少子高齢社会の公共性

ここに表示された価格は本体価格です．ご購入の
際には消費税が加算されますのでご了承ください．

編者略歴

1953 年生まれ

1982 年東京大学大学院社会学研究科博士課程修了

社会学博士（東京大学）

東京大学助教授，オックスフォード大学セントアントニーズカレッジ上席客員研究員，エジンバラ大学ゲノム政策研究所招聘研究員，東京大学教授などを経て

現在，東京大学名誉教授・事業構想大学院大学教授

主要著書

『科学技術社会学の理論』（木鐸社，1998 年，『科学社会学の理論』講談社学術文庫，2016 年）

『知の失敗と社会』（2002 年，岩波書店，岩波人文書セレクション，2012 年）

Technology Gatekeepers for War and Peace (Palgrave Macmillan, 2006 年)

『テクノサイエンス・リスクと社会学』（東京大学出版会，2009 年）

『構造災』（岩波新書，2012 年）

科学社会学

2021 年 2 月 5 日　初　版

［検印廃止］

編　者　　松本三和夫

発行所　　一般財団法人　東京大学出版会

代表者　　吉見俊哉

153-0041　東京都目黒区駒場 4-5-29
電話 03-6407-1069　Fax 03-6407-1991
振替 00160-6-59964
URL http://www.utp.or.jp/

印刷所　　大日本法令印刷株式会社
製本所　　牧製本印刷株式会社

ⓒ2021 Miwao Matsumoto *et al.*
ISBN 978-4-13-052029-4　Printed in Japan

JCOPY〈出版者著作権管理機構　委託出版物〉
本書の無断複写は著作権法上での例外を除き禁じられています．複写される場合は，そのつど事前に，出版者著作権管理機構（電話 03-5244-5088，FAX 03-5244-5089, e-mail: info@jcopy.or.jp）の許諾を得てください．

執筆者一覧 （執筆順）

松本三和夫 （まつもと・みわお）
編者. 奥付頁参照.

立石　裕二 （たていし・ゆうじ）
関西学院大学社会学部教授
[主要著作] 『環境問題の科学社会学』（世界思想社, 2011 年），「環境問題において不確実性をいかに議論するべきか」（『社会学評論』66 巻 3 号, 2015 年）.

伊藤　憲二 （いとう・けんじ）
総合研究大学院大学先導科学研究科准教授
[主要著作] "'Election Theory' and the Emergence of Atomic Physics in Japan," （*Science in Context*, 31(3), 2018 年），「竹内時男と人工放射性食塩事件」（『科学史研究』57(288), 2019 年）.

小松　丈晃 （こまつ・たけあき）
東北大学大学院文学研究科教授
[主要著作] 『リスク論のルーマン』（勁草書房, 2003 年），「科学技術の『リスク』と組織」（『年報科学・技術・社会』22 号, 2013 年）.

寿楽　浩太 （じゅらく・こうた）
東京電機大学工学部人間科学系列教授
[主要著作] *Reflections on the Fukushima Daiichi Nuclear Accident* （共編著, Springer, 2015 年），『科学技術の失敗から学ぶということ』（オーム社, 2020 年）.

定松　　淳 （さだまつ・あつし）
東京大学教養学部特任准教授
[主要著作] 『科学と社会はどのようにすれ違うのか』（勁草書房, 2018 年），「東京電力改革・1F 問題委員会の分析」（『年報 科学・技術・社会』第 29 巻, 2020 年）.

佐藤　　靖 （さとう・やすし）
新潟大学創生学部教授
[主要著作] 『NASA を築いた人と技術』（東京大学出版会, 2007 年, 増補新装版, 2019 年），『科学技術の現代史』（中公新書, 2019 年）.

山中　浩司 （やまなか・ひろし）
大阪大学大学院人間科学研究科教授
[主要著作] 『医療技術と器具の社会史』（大阪大学出版会, 2009 年），『医師と回転器』（昭和堂, 2011 年）.

田中　幹人 （たなか・みきひと）
早稲田大学政治経済学術院准教授
[主要著作] 『災害弱者と情報弱者』（共著, 筑摩書房, 2012 年），*Tracing the Fukushima* （共著, Palgrave-Macmillan, 2019 年）.